그림을 통한

아동의 진단과 이해

3판

HTP와 KFD를 중심으로

신민섭 외 공저

DIAGNOSIS AND UNDERSTANDING OF
CHILDREN THROUGH PROJECTIVE DRAWINGS

학지사

3판 머리말

『그림을 통한 아동의 진단과 이해』를 저술하고 출판한 지 어언 20년이 지났습니다. 그동안 임상심리전문가 수련 중인 선생님들뿐만 아니라 학회나 워크숍 등에서 만나게 된 상담심리, 미술치료 등 인접분야 전문가 선생님들로부터 『그림을 통한 아동의 진단과 이해』는 이 분야에서 공부하고 일하는 분들이라면 다들 한 권씩은 가지고 있을 거라는 말을 들은 적이 있습니다. 저자로서 제게는 너무 과분한 칭찬이었고, 무엇보다도 참 보람 있고 감사했습니다. 이 책이 오래도록 사랑받아 온 것은 아마도 아동·청소년들의 그림이 말로는 표현할 수 없고 표현되기 어려운 내면의 심리적 고통과 갈등, 소망 등을 생생하고 진정성 있게 보여 주기 때문이라 생각합니다.

그간 학지사 김진환 사장님께서 3판 저술을 수차례 요청하셨지만, 여러 가지 이유로 엄두를 내지 못했습니다. 그러다 정년퇴임이 가까워지면서 마무리해야 할 작업들을 생각하다가 이 책을 먼저 떠올리게 되었고, 조금 더 보완해야겠다는 생각이 들었습니다. 투사법 검사에 대한 책들을 찾아보다가 '별-파도 그림검사(Star-Wave-Test: SWT)'를 접하게 되었고, 이에 흥미를 느껴서 제가 직접 SWT를 아동·청소년들에게 실시해 보니, 심리진단 평가도구로 유용할 것이라는 확신이 들었습니다. HTP, KFD와 같은 투사적 그림검사는 제가 거의 40여 년간 심리진단 평가도구로 실시하고 해석해 본 경험이 있지만, SWT 수행 특성에 입각해서 아동·청소년들이 경험하는 내면의 심리적 고통과 갈등, 마음의 작용을 이해하고 정신병리를 진단해 본 임상경험이 부족하고 아직 배워야 할 것이 많아서 이 책의 제7장에서는 SWT를 간단히 소개했습니다. 물론 SWT에 대해 발표된 외국 자료들은 많은 편이지만, 그림에는 문화적 요인이 채색되어 나타나기 때문에 반드시 우리나라 자료에 근거해서 채점하고 해석해야 정확한 진단적·심리적 특성에 대한 이해가 가능하므로 이번에는 간단히 소개하였고, 추후에 SWT에 대한 임상경험이 쌓이고 이해가 넓어지면 보다 자세히 소개하고자 합니다.

어린 시절 라디오에서 나폴리 민요, "바다로 가자, 바다로 가자. 물결 넘실 춤추는 바다로 가자"를 들었을 때, 마치 춤을 추듯 넘실거리는 바다 물결에 황금빛 햇살이 눈이 부시게 금가루처럼 반사되는 풍광이 눈앞에 펼쳐지면서 바다는 가슴이 탁 트이게 상쾌하고 아름다운 곳으로 느껴지기만 했습니다. 또한 알퐁스 도데의 아름다운 단편 소설 「별」이나 윤동주 시인의 「별 헤는 밤」, 정호승 시인의 「별들은 따뜻하다」 등의 시를 통해 형성된 별에 대한 연상은 대체로 순수하고, 아름답고, 애틋하고, 낭만적입니다. 그러나 임상장면에서 심리진단평가를 실시하면서 만나게 된 환자분들 중에서 애정욕구가 좌절되거나 결핍된 사람들이 로르샤흐(Rorschach)와 같은 투사법 검사에서 종종 '별' 반응을 하며, HTP에서 간혹 별을 그리는 걸 관찰하면서 별이 가지는 심리적·무의식적 의미에 대해 깊게 생각해 보게 되었습니다. 밤하늘에 보이는 별은 실제로는 따뜻하거나 포근하지 않으며 너무 멀리 있어서 결코 가까이 다가가거나 가질 수 없으므로, 현실에서 충족되지 못하고 좌절된 내면의 애정 요구가 투사된 것일 수 있음을 깨닫게 되었습니다.

'별-파도 그림검사(SWT)'를 투사적 검사로 개발한 독일의 심리학자 울쥬라 아베-랄레만트가 SWT에서 가정하는 것은 "하늘에 떠 있는 별은 의식적이고 이성적인 내용이 투사되며, 바다 위의 파도는 감정적인 요소와 무의식적 내용이 투사된다."는 것입니다. 아주 오래전에 샌프란시스코에서 1번 해안도로를 타고 남쪽으로 내려가며 바닷가 호텔에서 숙박을 하였는데, 그때 어둠이 내린 망망대해 태평양을 바라본 적이 있습니다. 칠흑 같은 어둠 속에 하늘과 바다가 거의 구분되지 않았고 별도 보이지 않았고, 앞이 보이지 않는 어둠 속에서 밀려오는 파도소리만 적막을 뚫고 크게 들리니, 마치 거대한 우주에 혼자 있는 느낌이 들었고, '바다가 낭만이 아니라 누군가에게는 공포와 불안, 절대 고독이 될 수 있겠구나.'라고 느꼈던 경험이 있습니다. SWT를 처음 보았을 때 그때 기억이 떠오르면서, 인간의 정신세계 구조에서 가장 의식에서 멀리 떨어진 깊은 심연에 위치한 것이 무의식이며, 이것이 아득히 먼 '별'과 정형의 형태가 없는 바다의 '파도'에 상응한다고 볼 수 있기 때문에 바다 위의 파도는 감정적인 요소와 무의식적 내용이 투사된다는 SWT의 가정이 공감되었습니다. 집-나무-사람 그림에 비해 별과 바다와 파도는 크기를 가늠할 수가 없고, 정해진 형태를 알기 어려우므로 더 피검자의 무의식에 접근하기 용이하여 무의식적 소망이나 개인내적인 갈등과 정서적 어려움이 더 잘 투사될 수 있다고 생각됩니다. 앞으로 투사적 검사로서 임상적 유용성을 확인하기 위해서 SWT의 신뢰도, 타당도와 진단적 유용성을 검증하는 국내 연구가 활발히 이루어지길 기대합니다.

임상장면에서는 여러 가지 의뢰사유로 심리학적 평가가 실시됩니다. 아동 · 청소년들의 경우, 진단을 위해서뿐만 아니라, 현재의 발달수준이나 심리사회적 자원을 포괄적으로 평가하기 위해 심리검사가 의뢰되기도 하며, 치료 후 문제가 호전된 정도나 증상의 변화를 평가하고, 때로는 진단을 재확인하고 치료계획의 변경을 위한 목적으로 심리검사가 의뢰되기도 합니다. 투사적 그림에 증상이 호전되거나 변화된 정도가 잘 반영될 수 있으므로, 3판에서는 제11장을 새로 추가하여 투사적 그림 검사 자료에 입각하여 치료 전 · 후의 증상의 변화, 호전된 정도를 반영해 주는 구조적 · 질적 반응 특성을 살펴보았습니다.

임상장면에서 내면의 슬픔, 우울, 불안, 분노, 갈등, 소망 등을 투명하게 보여 주는 투사적 그림검사를 통해서 심리적 도움이 필요한 아동 · 청소년들의 마음에 다가가고 이해할 수 있도록 귀한 배움의 기회를 주신 환자 분들께 깊이 감사드립니다. 3판을 저술할 기회를 주신 학지사 김진환 사장님, 책을 예쁘게 새로 편집해 주신 편집부 김순호 이사님 그리고 박선민 과장님께도 진심으로 감사드립니다. 칼 세이건 교수의 『코스모스』를 읽으며 별을 감성보다는 이성적으로 바라보게 되었고, 과학적 사실과 심리적 소망 간의 차이를 확실히 인지하고 있지만, 대학 시절 도서실에서 공부를 마치고 관악캠퍼스를 걸어 내려오면서 밤하늘을 바라보며 목성, 금성, 북극성, 북두칠성, 오리온자리, 카시오페이아 등 별자리를 알려 주었던 남편과 가족 첫 해외여행에서 방문했던 런던 그리니치천문대에서 구입한 형광 별자리, 행성 스티커를 자기 방 천장에 붙여 놓고 별자리를 보며 행복한 꿈나라여행을 했던 7살 꼬

마 아들에 대한 훈훈한 기억 덕분에 여전히 심정적으로 제게는 별빛이 참 따뜻하다고 느껴집니다. 바쁜 딸을 대신해 아이 양육을 담당해 주시고 끊임없는 지지를 해 주셨던 부모님과 제 삶의 안전지대가 되어 주는 가족들에게 한정된 언어로는 다 담을 수 없는 깊은 사랑과 감사를 표현합니다. 지상에서 사랑만 베푸시다가 이제는 하늘의 별이 되어 포근하고 따뜻하게 저희를 비춰 주시는 부모님께 이 책을 바칩니다.

2023년 7월에
연건 캠퍼스에서 저자 드림

차례

그 림 을 통 한 아 동 의 진 단 과 이 해
House-Tree-Person test ＊ Kinetic Family Drawing

제1장

서론

House-Tree-Person test Kinetic Family Drawing

제1장

서론

심리장애를 지닌 사람을 진단하고 치료하는 데 있어 가장 주된 수단은 '언어'이다. 언어는 개인의 의식을 외부세계로 실어 나르는 중요한 표현도구임에 틀림없지만, 종종 언어는 개인이 애초 소통하고자 했던 느낌과 생각들을 온전히 담아내지 못하는 한계를 보이기도 하고, 때로는 개인의 내면을 왜곡하여 표현하는 우를 범하기도 한다. 무엇보다 스스로 알지 못하는 마음의 작용, 즉 '무의식'을 표현하기에 언어라는 도구는 큰 제한이 있다. 자신의 무의식을 표현하는 것뿐 아니라 타인의 무의식을 이해하고자 하는 경우에도 사실상, 언어를 통해 개인의 무의식적 자료에 접근하기란 거의 불가능하다. 따라서 언어를 매개로 하는 객관적 심리진단 검사를 보완해 줄 수 있는 검사가 필요한데, 그것이 바로 로르샤흐(Rorschach), 주제통각검사(Thematic Apperception Test: TAT), 집−나무−사람 검사(House-Tree-Person test: HTP)와 같은 투사적 검사(projective test)이다. 그중에서도 가장 실시하기 간편하고 경제적이며, 개인에 대한 풍부한 정보를 제공해 주는 검사가 바로 투사적 그림검사(projective drawing test)라 할 수 있다.

투사적 그림검사의 대가 중의 하나인 코핏츠(Koppitz, 1984)는 투사적 그림을 '비언어적 언어'라고 칭하면서, 그림이 그 사람의 내면을 표현하는 의사소통의 중요한 수단임을 강조하였다. 특히 아동에게 있어 그림은 아동이 세상을 어떻게 보고, 느끼고, 생각하고 있는지를 나타내 주는 세계 공통적인 언어라 할 수 있다. 논리적인 사고력과 언어적 유창성이 발달하기 이전인 11세 이하의 아동들에게 있어 그림은 자신의 내면을 나타내 주는 가장 자연스러운 표현수단이다. 그림에는 말로 표현하지 못하는 느낌과 생각, 공상, 갈등, 걱정, 그리고 자신을 둘러싼 세상에 대한 지각이 담겨 있기 때문이다.

임상가들에게 아동의 그림은 그 솔직함으로 인해 특히 매력적이다. 성인의 경우 사회적 상호작용의 폭이 넓어지면서 자기대상적 욕구 충족의 원천으로 경험하는 인물들이 다양해지고 대인관계 갈등 양상도 복잡해지며, 그에 따라 그림에 여러 가지 저항과 방어가 복합적으로 작용하게 되는 반면, 아동은 그림을 그릴 때 비방어적이며, 더 자발적으로 다가가므로, 아동 자신의 태도나 소망, 감정, 생각, 관심 등을 보다 투명하게 드러내는 경향이 있다.

이러한 이유로 그림은 아동의 심리적 상태와 특성을 평가하고, 심리적 어려움을 치료하는 데 있어 유용하게 사용되어 왔으며, 이에 대한 방대한 이론적·경험적 연구들이 축적되어 왔다. 먼저 아동의 그림이 임상적으로 적용되기 시작하여 투사적 그림검사로서 발전해 온 역사적 과정을 소개하는 것이 투사적 그림검사를 이해하는 데 도움이 될 것이다.

1. 그림검사의 역사

1) 지능 및 성격 평가도구로서 그림검사의 출현

19세기 말 유럽에서는 정신장애 환자들의 그림에 대한 관심이 증가하면서 그림이 정신병리의 진단에 도움을 주는 도구로 사용될 수 있다는 인식이 싹트기 시작하였고, 20세기 초에는 정신장애 환자들의 그림이 정신분열증(현재 조현병으로 명칭이 변경됨)과 같은 정신장애 진단을 확증해 줄 수 있을 만큼 타당성을 지닌다는 견해가 당대 학자들 사이에 광범위하게 퍼지게 되었다.

이러한 이론적 분위기에서 한스 프린존(Hans Prinzhorn)은 정신장애와 그림 간의 밀접한 관계를 경험적으로 입증하고자 하였다. 그는 1920년대 유럽 전역에 걸쳐

500명이 넘는 정신병원 환자들로부터 5,000여 점의 그림을 수집하였고, 이를 바탕으로 1972년에 『정신장애자의 예술성(Artistry of the Mentally Ill)』을 출판하였다. 그의 경험적 연구자료는 사람들에게 정신장애 환자들의 그림이 진단적 가치를 지닐 뿐 아니라 재활에 있어서도 중요한 역할을 한다는 인식을 심어 주는 초석이 되었다.

현대 심리학과 정신의학의 선구자라 할 수 있는 프로이트(Freud)와 융(Jung) 또한 20세기 초반 예술적 표현과 정신세계 간의 관련성에 대한 인식을 확장시키는 데 많은 기여를 하였다. 두 사람은 모두 예술과 상징, 성격 간의 관련성에 관심을 갖고 있었다. 프로이트는 개인이 갖는 어떤 '이미지'가 잊히거나 억압된 '개인적' 기억을 표상하는 것으로 보고, 이러한 표상적 이미지로서의 '상징'은 꿈이나 예술적 표현을 통해 표출된다고 생각하였다. 특히 환자들이 꿈을 그림으로 표현할 수는 있지만 말로 기술하기는 힘들어하는 경우를 자주 관찰한 프로이트는 그림을 통한 예술적 표현이 인간 내면의 세계를 이해하는 데 효과적인 수단이 될 수 있다는 믿음을 갖게 되었다.

융은 '이미지'를 보다 인류 보편적인 의미로 바라보았다는 점에서 프로이트와 구별될 수 있지만 정신세계를 표상하는 방식으로서 예술적 표현에 관심이 많았다는 점에서는 프로이트와 유사하다. 자신의 그림이나 환자의 그림에 나타난 심리학적인 내용에 관심이 많았던 융은 환자들에게 꿈을 그림으로 표현해 보도록 격려하곤 하였다. 융은 이미지와 마음 사이에 중요한 연결점이 있다는 것을 인식하였고, 이미지에 담겨 있는 상징적인 의미들을 이해하는 기반을 마련하고자 노력하였다.

어느 시대이건 아동의 그림은 사람들의 마음을 매혹시키는 힘을 발휘해 왔지만, 아동의 그림에 대한 공식적인 연구는 20세기를 전후로 정신장애 환자들의 그림에 대한 관심이 증대되고 프로이트와 융의 창조적인 저술들이 축적되어 가는 가운데 아동심리발달에 관한 이론적 · 경험적 연구들이 맞물리면서부터 시작되었다고 할 수 있다.

19세기 후반 아동의 그림에 대한 초기 연구들은 주로 '무엇을 그리는가'와 '각 연령별로 어떻게 그리는가'에 관한 것들이었다. 아동의 그림에 대한 본격적인 연구는 아동을 대상으로 한 연구를 통해서 지능을 측정하고자 하는 시도에서 출발하였다. 아동의 그림을 여러 지능검사들과 함께 사용한 버트(Burt, 1921)는 그림이 읽기, 산수, 쓰기 검사에 비해서는 지적능력과 상관이 낮긴 하지만, 후천적으로 습득된 지식에 영향을 받지 않는다는 점에서 지능검사로서 분명한 장점을 갖는다고 보았다.

굿이너프(Goodenough, 1926)는 그림을 심리학적 평가 도구로 사용한 최초의 학자로서, 그림의 특정한 측면들이 아동의 정신연령과 높은 상관을 보이기 때문에, 충분히 지능 측정의 수단으로 쓰일 수 있다는 가정 아래, 'Draw-A-Man(DAM)'이라는 그림검사를 개발하였다. 지능 측정수단으로 DAM 검사를 사용하던 중 굿이너프는 그림검사가 지능뿐만 아니라 성격 특질까지 드러내 준다는 사실을 또한 관찰하게 되었다. 이러한 가정은 이후 벅(Buck, 1948)이나 마코버(Machover, 1949) 등에 의해 지지되었다. DAM 검사는 20세기 전반에 걸쳐 그림검사에 대한 수많은 연구들의 주제가 되었고, 이러한 연구들에 힘입어 아동의 '사람 그림'은 자신과 다른 사람들에 대한 아동의 지각에 관한 중요한 정보를 제공해 주는 수단으로 받아들여지게 되었다.

2) '투사적' 그림검사의 발전

1940년을 전후하여 그림이 개인의 정서적 측면과 성격을 평가하는 도구로 사용될 수 있다는 주장이 대두되면서, '그림은 개인의 심리적 현실 및 주관적 경험을 드러내 준다.'는 인식에 바탕을 두고 '투사적 그림(projective drawing)'이라는 용어가 등장하였고 투사적 그림검사가 발전하게 되었다. 그림을 내적 심리 상태에 대한 시각적 표상으로서 바라보게 된 것이다.

투사적 그림검사는 '사람이나 집, 나무와 같은 특정한 형상에 대한 그림은 개인의 성격, 지각, 태도를 반영해 준다.'는 가정에 기반하고 있다. 그림이 '투사적'일 수 있다는 인식이 확산되면서 아동의 성격을 평가하기 위한 여러 가지 다양한 투사적 그림검사들이 심리학이나 심리치료 문헌에 등장하게 되었다.

가장 잘 알려진 투사적 그림검사 중의 하나가 벅(1948, 1966)의 '집-나무-사람 검사(House-Tree-Person Test: HTP)'이다. HTP는 원래 당시 벅이 개발하고 있었던 지능검사의 보조적인 수단으로 고안되었으나, 이후 지능과 성격 모두를 측정하는 수단으로 체계적으로 발전하게 되었다. 그는 집, 나무, 사람의 세 가지 주제가 어린 아동들에게도 매우 친숙하고 쉽게 그려질 수 있으며 무의식의 활동과 연상작용을 활성화하는 상징성이 풍부한 소재라는 점에서 채택하였다고 설명하였다. 이 당시에는 주로 집, 나무, 사람의 중요한 특징들이 다 그려졌는지, 비례, 조망, 색깔은 어떻게 사용되었는지, 그리고 사후질문단계(Post Drawing Inquiry: PDI)의 대답은 어떠하였는지를 기준으로 평가하였다.

이후 해머(Hammer, 1958)는 임상적 평가와 미술치료, 치료 전후 효과 분석에서 HTP의 유용성을 검토한 연구들을 망라하여 정리하였으며, HTP를 발달적 측면과 투사적 측면이 모두 포함된 평가도구로 더욱 정교하게 발전시켰다.

벅과 비슷한 시기에 활동하였던 마코버(1949)는 사람 그림의 상징적인 의미와 구조적인 요인을 모두 고려하여 투사적 그림에 심리학적 의미를 부여하고자 하였다. 마코버의 '사람 그림(Draw-A-Person: DAP)검사'와 사람 그림에서 일어나는 투사에 대한 연구는 '사람 그림검사'의 임상적 적용에 관한 대부분의 연구들에 중요한 영향을 미쳤다. 마코버는 정신분석적 이론에 입각하여 그림검사에 대한 '신체상(body-image) 가설'을 제시하였다. 이 가설에 따르면 사람 그림은 개인이 자신을 어떻게 지각하는가에 대한 표상이며, 어떤 의미에서 종이는 환경에 해당되고 사람 그림은 바로 그림을 그린 자신에 해당된다. 개인의 감각, 지각 및 감정은 특정한 신체 부위와 연결되고 그 과정에서 신체상이 발달하며, 그림에는 이러한 신체상이 투사됨으로써 개인의 충동이나 불안, 갈등 및 보상욕구가 표현된다. 즉, 개인의 신체적·생리적·심리적·대인관계적 측면이 모두 다 포함된 신체상이 개인에게 내면화되고 이것이 투사되어 그림에 나타나게 된다는 것이다.

마코버의 이론을 임상 실제에 적용하면서 불만을 느낀 코핏츠(Koppitz, 1968)는 전통적인 정신분석이론 대신 자아심리학을 강조하는 설리번(Sullivan)의 대인관계이론을 기반으로 하여, 그림을 통해 아동의 발달 단계와 대인관계능력을 탐색하고자 하였다. 코핏츠의 작업은 아동의 발달 수준과 정서 지표를 측정할 수 있는 별도의 척도를 만들었다는 점에서 독자적인 의미를 갖는다. 코핏츠는 마코버의 '신체상 (body-image) 가설'이 임상 실제에서는 그다지 타당하지 않으며 아동의 사람 그림이 반드시 아동의 고유하고 영속적인 성격 특성이나 신체 지각을 표상하지는 않는다는 것을 발견하였다. 오히려 아동의 그림은 아동의 정신적 발달 정도와 그림을 그릴 당시의 태도나 관심을 반영하며, 이러한 요인들은 아동이 성장함에 따라 변화하게 된다고 보았다. 이러한 입장에서 코핏츠는 굿이너프(1926)의 초기 작업에 기반하여 아동 그림의 '발달적 항목'을 개발하였다. 그는 초기 연구에서 5~12세에 이르는 아동 그림의 규준을 작성하였고, 이후에 14세까지를 대상으로 연구를 확장하여 사람 그림을 연구하였으며, 그 결과 사람 그림에서의 세부묘사는 11세 이후로는 체계적으로 발전하지 않는다고 결론지었다. 코핏츠는 또한 투사적 과제로서의 그림에 대해 연구하면서, 정서적 문제의 지표가 될 수 있는 그림의 특징들을 제시하였다. 설리번의 대인관계이론을 기반으로 한 코핏츠는 아동이 자기 자신과 중요한 타인, 그리고 자신의 문제와 갈등에 대하여 스스로 갖는 견해에 더 많은 관심을 두었는데, 이러한 관점은 '피검자의 현재'에 보다 초점이 맞추어진 것이라고 할 수 있다.

아동의 그림을 심리적 문제의 진단 도구로 사용하고자 하였던 디리오(Di Leo, 1970)는 유아기부터 후기 아동기에 이르기까지 그림의 발달과정을 연구하였다. 벅이나 마코버, 코핏츠에 비하면 보다 광범위한 주제를 다루고 있는 디리오의 작업은 아동의 그림을 예술이론, 인간발달과 성격이론에 연결시키려는 시도를 하였다는 점에서 주목할 만하다.

다른 한편으로, HTP 혹은 DAP를 응용한 많은 투사적 그림검사들이 개발되었는데, 대표적인 검사들로 가족 그림검사(Draw-A-Family), 빗속의 사람 그림검사 (Draw-A-Person-In-the-Rain test, Draw-A-Child-In-the-Rain test), 동물 그림검사 (Drawings of Animals test) 등을 들 수 있다. 이 외에도 다양한 투사적 그림검사들이 존재하며, 투사적 그림검사에 대한 채점 및 해석체계 개발과 신뢰도와 타당도 검증을 위한 연구들이 계속 진행되고 있다.

2. 투사적 그림검사의 종류

1) 사람 그림검사 및 관련 검사

(1) 사람 그림검사 Draw-a-Person(DAP) test

마코버(Machover, 1949) 등이 개발한 검사로, 사람을 그려 보도록 하고 사후질문 단계(Post Drawing Inquiry: PDI)를 통해서 자기상, 신체상, 이상적 자기, 성 정체감 등 성격 구조에 대한 다양한 정보를 얻을 수 있다. PDI에 대해서는 제2장에서 자세히 설명할 것이다.

(2) 집-나무-사람 그림검사 House-Tree-Person(HTP) test

벅(Buck, 1948, 1964)이 개발하고 벅과 해머(1969)가 발전시킨 것으로, 집, 나무, 사람을 그려 보도록 하는 검사이다. 따라서 이 안에 사람 그림검사가 포함되며, 사람 그림에서 얻을 수 있는 정보 외에 부가적으로 성격구조에 대한 정보를 얻을 수 있다. 특히 나무 그림은 무의식적인 수준의 성격 구조를 드러내 주는 것으로 알려져 있다. HTP에 대한 채점체계가 개발되어 있으며 사후질문단계(PDI)가 포함된다.

(3) 색채화 검사 Chromatic or Color Drawings test

HTP 개발자와 사용자들이 발전시킨 것으로, 먼저 연필로 HTP를 수행토록 한 다음 크레용으로 다시 그려 보도록 하는 검사이다. 해머는 유채색 그림이 무채색 그림보다 성격에 대해 훨씬 많은 것을 보여 준다고 주장하였다. 특정한 색채가 과도하게 사용되었을 경우에는 그 의미에 대해 특별히 주목할 필요가 있다. 일반적으로 환경에 잘 적응하고 있는 아동일수록 사용하는 색채가 다양하며, 반대로 경직되고 정서적으로 불안정한 아동일수록 제한된 색채만을 사용하는 경향이 있다. 그러나 특정한 색채가 지니는 의미를 기계적으로 경직되게 해석하거나 색채의 사용에 대해 과도하게 추론을 하는 것은 위험할 수 있으므로 지양해야하며, 색채가 지니는 의미는 성별과 연령, 그리고 개인의 주관적인 경험에 따라 얼마든지 달라질 수 있다.

(4) 빗속의 사람 그림검사 Draw-a-Person-in-the-Rain test

빗속에 서 있는 사람을 그리도록 하는 검사이다. 이는 그 사람이 현재 겪고 있는 스트레스의 양과 방어기제의 와해나 퇴행 없이 이를 얼마나 잘 다루고 있는가를 측정한다. 여기서 비는 스트레스를 나타내고, 비의 질은 그 사람이 느끼는 스트레스의 양을 나타내며, 스트레스에 대한 방어기제는 비에 대한 방어, 즉 우산이나 비옷, 혹은 나무로 상징되어 나타난다고 가정한다. 이를 아동들에게 적절하게 응용한 것이 '빗속의 아동 그림검사(Draw-A-Child-In-the-Rain test)'이다. 정신장애 환자들에게는 비교적 높은 타당도를 지니는 반면, 일반인들에게는 해석의 타당도가 낮은 것으로 알려져 있다.

(5) 동물 그림검사 Drawing of Animals test

동물 그림검사는 아동에게 자기가 원하는 어떤 동물이든 마음대로 그려 보게 하는 것으로서 자기구조(self-structure)의 보다 원초적인 측면을 파악할 수 있도록 개발되었다.

(6) 자화상 검사 Self-Portrait test

자화상을 그려 보도록 하는 검사로서, 자기개념과 신체상에 대한 부가적인 정보를 제공하여 주고, 문제를 명료화하고 치료를 계획하는 데도 도움을 준다고 보고된 바 있다.

(7) 부가적인 인물 검사 Additional Persons test

사람 그림 혹은 자화상을 그려 보도록 한 뒤 그 외의 다른 사람을 부가적으로 그려 보도록 하는 검사이다. 연구나 평가 목적에 따라 에스키모나 친구, 선생님 등 다양하게 변형시켜 실시할 수 있다. 주로 인물이 그려진 크기를 통해 중요한 타인의 존재나 자존감, 특정 인물에 대한 아동의 감정이나 생각 등을 알아보고자 하는 시도가 있었으나 경험적인 연구들을 통한 타당도 검증은 아직 이루어지지 않은 상태이다.

(8) 별-파도 그림검사 Star-Wave-Test(SWT)

'별-파도 그림검사(Star-Wave-Test: SWT)'는 독일의 심리학자 울쥬라 아베-랄레만트(Ave-Lallemant, 1978)가 개발한 투사적 그림검사이다. 직사각형의 테두리가 그려진 검사용지와 연필(2B, 4B), 지우개를 주고 "바다의 파도 위에 별이 있는 하늘을 그려 보세요."라고 지시하는데, SWT에서 가정하는 것은 하늘에 떠 있는 별은 의식적이고 이성적인 내용이 투사되며, 바다 위의 파도는 감정적인 요소와 무의식적 내용이 투사된다는 것이다. SWT는 임상장면에서 정서 및 성격 특성을 평가하고 무의식적 갈등을 이해하기 위해 실시하는 성격검사로 알려져 있으나, 별이나 파도를 그릴 때 직선이나 곡선의 필체 특성을 분석함으로써 대뇌피질이나 소뇌 기능상의 어려움(행동억제력, 운동 기능 등)에 대한 정보도 얻을 수 있다. 원래는 직사각형의 테두리가 그려진 검사용지를 사용하는데, 편의상 HTP, KFD 검사와 마찬가지로 A4 용지와 2B, 4B 연필과 지우개를 주고 그리도록 해도 무방할 듯하다. 3세 이상의 아동부터 성인까지 실시 가능하며, 약 5~10분이 소요된다. 그림을 그린 후에는 "어떤 그림인지, 좋아하는 것, 싫어하는 것, 그림에서 연상되는 것" 등을 질문한다(이근매 역, 2019). SWT의 실시 및 해석에 대해서는 제7장에 제시되어 있다.

2) 가족화 검사 및 관련 검사

(1) 가족 그림검사 Draw-a-Family(DAF) test

DAF는 헐스(Hulse, 1952)가 처음으로 고안한 비운동성(akinetic) 가족그림으로, 피검자로 하여금 자신의 가족을 그려 보도록 한 뒤에 그림 속의 인물들과 자신이 그린 그림에 대해 자유롭게 설명해 보도록 하는 것이다. 헐스는 그림을 해석할 때 무엇보다도 그림 전체의 형태(gestalt)를 중요하게 여겼다. 즉, 필압이나 음영, 색깔, 가족구성원이 그려진 순서, 특정한 인물에 대한 만화적 과장이나 특징적인 신체 묘사, 특정 구성원의 생략 등과 같은 구체적인 특징들도 중요하지만, 아동의 갈등에 대한 주요한 정보원으로서 진단적으로 가장 중요한 가치를 갖는 것은 '그림의 전체적 형태'라고 보았다. 가족화는 아동의 심적 갈등이 생겨나게 된 초기의 원인, 아동의 가족 관계에 대한 지각, 오이디푸스 갈등(Oedipus complex)의 해소 정도, 자기개념 및 불안, 그리고 공상세계에 대해 정보를 제공해 줄 수 있다.

(2) 운동성 가족화 검사 Kinetic Family Drawing(KFD) test

KFD는 번스와 카우프만(Burns & Kaufman, 1970)이 그들의 임상경험에 기반하여 개발한 것으로, 아동으로 하여금 자신의 가족을 모두 그리되 무언가를 하고 있는 내용을 그리도록 하는 검사이다. KFD의 해석은 정적인 인물 자체보다는 그림 내 인물의 행동이나 움직임에 초점을 두게 된다. 예를 들어, 가족구성원들을 각각 구획화시켜 그린 그림이나 누군가가 누워 있는 그림은 단절되고 불안정한 가족 분위기를 반영해 주는 것으로 해석될 수 있다. 엄마가 요리를 하고 있거나 아빠가 신문을 읽고 있는 그림은 긍정적으로 여겨지는 반면, 청소나 다림질을 하고 있는 엄마, 그리고 일하러 나가는 아빠 등의 그림은 부정적으로 간주되기도 한다. KFD는 비운동성 가족화와 마찬가지로 가족에 대한 아동의 지각이나 태도를 이해하는 데 중요한 정보를 제공하지만 비운동성 가족화보다 그 내용이 좀더 풍부하고 깊이가 있다고 알려져 있다.

(3) 집단 그림검사 Draw-a-Group(DAG) test

집단의 구조와 그 안에서 아동의 적응을 평가하기 위하여 가족 이외 다른 집단의 사람들을 그려 보도록 하는 검사로, 아동이 다른 사람들과 맺는 관계를 측정하는 수단으로 사용되어 왔다. 아동에게 함께 놀고 싶은 아이들과 운동장에서 무언가를 하고 있는 그림을 그려 보도록 한 다음, 그림에서 무엇을 하고 있는지 써 보도록 하는 것이 그 한 예가 될 수 있다.

(4) 운동성 학교 그림검사 Kinetic School Drawing(KSD) test

KFD를 변형한 형태로서 아동이 학교 상황에서 자신을 어떻게 지각하는지를 알아보기 위해 개발한 것이다. 아동에게 학교에서 아동 자신과 선생님, 친구 한 명이 무언가를 하고 있는 그림을 그려 보도록 한다. 그림을 해석할 때는 학교에서 자기 자신의 모습을 어떻게 그리는지, 선생님, 친구들에 대하여 아동이 어떤 행동을 하고 있는지가 중요한 요소로 고려된다. KSD는 아동의 학교 적응과 또래 관계 등에 대한 정보를 제공해 줄 수 있다.

(5) 비운동성 학교 그림검사 Akinetic School Drawing(ASD) test

아동이 학교 생활을 어떻게 지각하고 있는지를 알아보기 위한 검사이다. 아동에게 교실 그림을 그려 보도록 한 후 그림의 내용에 대하여 질문을 하며, 그림을 해석할 때는 교실 안의 친구들, 아동 자신, 선생님, 교실 안 사물들에 초점을 두게 된다.

3. 투사적 그림검사에 대한 이론적 접근

지난 한 세기 동안 정신분석적 관점은 투사적 그림검사의 해석에 매우 많은 영향을 미쳐 왔다. 임상가는 정신분석적 관점에서 제공하는 여러 가지 가정들을 통해 그림을 해석하고 개인의 정신역동을 보다 총체적으로 파악할 수 있는 기회를 얻지만, 다른 한편으로 정신분석적 관점은 그림의 세부적 특징에 단일한 의미를 부여하여 손쉬운 해석을 하고 싶은 욕구를 자극하기도 하고, 아동의 그림이 지니는 다면적 특성상 필요한 다른 접근법들을 제한하기도 한다. 아동의 그림에는, 아동 자신이 미처 인식하지 못하는 무의식적인 갈등이나 공상 등이 투사되어 있기도 하고, 아동의 현재 흥미나 관심이 뚜렷하게 표현되어 있기도 하다. 또한 아동의 그림은 아동의 인지발달이나 신체발달 수준 혹은 아동이 자라온 환경에 의해 제약을 받기도 한다. 이러한 아동의 그림을 보다 온전히 이해할 수 있기 위해서는 정신분석적 관점이 제공하는 풍부한 가정들 외에도 아동의 발달 특성에 맞추어 아동의 그림을 있는 그대로 이해하고 아동의 그림에 영향을 미칠 수 있는 여러 가지 요인들을 고려하는 태도가 필요하다. 아동의 그림에 접근하는 방법으로써 정신분석적 관점을 비롯하여 아동의 다면적 특성을 고려한 다른 접근방법들을 간략히 살펴보면 다음과 같다.

1) 정신분석적 관점

전술한 바와 같이, 투사적 그림검사를 해석하는 데 있어서 핵심 가정은 사람이 그린 그림은 내면의 핵심적인 정신역동적 요인에 의해 결정된다는 정신분석적 이론에 입각한 것이다. 이는 프로이트가 인간의 행동이 무의식적 요인에 의해 결정된다고 주장한 정신결정론과 같은 맥락에서 이해될 수 있다.

투사적 그림검사를 정신분석적 가정(psychoanalytic assumption)에 기반하여 해석한 대표적인 학자로는 마코버(Machover, 1949)와 레비(Levy, 1958), 해머(Hammer, 1958)를 들 수 있다. 마코버는 사람 그림은 자신을 어떻게 지각하는가에 대한 표상이며, 종이는 환경에 해당되고 사람 그림은 그 사람 자신에 해당된다고 가정하였다. 마코버에 따르면, 개인은 성장과정에서 신체 부위와 관련하여 여러 가지 감각이나 지각, 감정을 경험하고, 그 결과로 신체상이 발달하며, 그림에는 이러한 신체상이 투사됨으로써 그 사람의 충동이나 불안, 갈등 및 보상적 욕구가 표현된다고 한다. 즉, 개인의 신체적·생리적·정서적·대인관계적 측면이 모두 포함된 신체상이 개인에게 내면화되면, 이러한 신체상이 그림에 투사되어 인물상의 특징을 결정짓게 만든다는 것이다.

레비 또한 공상이나 행동, 증상뿐 아니라 그림도 역동적 과거력의 산물이라고 주장하였다. 이에 따라 나무, 집, 사람 그림에 드러나는 상징은 다음과 같다고 가정하였다. 집은 공상(fantasy), 자아(ego), 현실과의 접촉(reality contact), 현실에의 접근 가능성(accessibility)을 나타내며, 가정생활(home life)과 가족 내적 관계(intrafamilial relationship), 유년기 부모와의 관계를 나타내 주기도 한다. 나무는 신화, 종교, 전설, 무속 등에서 인생과 성장을 상징하는 가장 보편적인 은유로 사용되는데, 자신을 직접적으로 드러낸다는 느낌이 적어 방어적인 태도가 감소되기 때문에 상대적으로 보다 깊고 무의식적인 감정과 갈등을 반영한다. 사람 그림은 신체적 자기, 심리적 자기, 이상적 자기, 중요한 타인에 대한 지각상 등을 상징한다.

해머는 사람들은 세상을 자기 나름의 이미지로 의인화시켜 바라보는 경향이 있는데 이러한 의인법적인 관점의 핵심에는 투사(projection) 기제가 존재한다고 보았다. 투사는 인간이 자신의 특성, 느낌, 태도와 갈망을 환경 속의 대상에 귀인시키는 심리적 역동으로 정의될 수 있다. 투사된 내용은 그 사람에게 자기 자신의 일부라고 인식될 수도 있고 그렇지 않을 수도 있다. 해머는 투사가 방어적 의도에서 이루어질 때 왜곡이 일어나게 되고, 이것이 그림에 반영된다고 보았다. 그림에 그려진 실제 대상과 무관한 내용은 피검자의 주관적인 세계로부터 나온 것이라 할 수 있다.

2) 자기심리학적 관점

르보위츠(Leibowitz, 1999)는 코헛(Kohut, 1971, 1977)과 그 후속 연구자들의 자기 심리학(self-psychology)이 투사적 그림 해석을 뒷받침하는 훌륭한 이론이라고 주장 하였다. 자기심리학적 관점에서 보았을 때, 투사적 그림검사에서 피검자에 의해 '투 사'된 것은 자기대상(self-object)과 관련된 경험의 표상이라 할 수 있다. 자기대상은 개인이 자기(self)를 유지하고 지탱하기 위해 사용하는 주변의 사람이나 사물 혹은 상황으로서, 자기대상 현상은 특정한 자기대상적 욕구의 충족이라는 '경험 자체'와 그 경험을 제공하는 '원천'을 모두 포함한다.

코헛은 자신의 내적 세계를 관찰할 수 있는 유일하고 타당한 방법을 '내성 (introspection)'이라고 보았고, 타인의 내적 세계를 알기 위해서는 '대리적 내성 (vicarious introspection)', 즉 '공감(empathy)'이 필수적이라고 하였다. 그는 내성이나 공감 이외의 외성적 방식(extrospective)으로는 개인의 주관적 세계를 파악할 수 없 다고 보았지만, 과거력 자료나 성격검사 등의 객관적 자료들이 개인의 내적 세계를 파악하는 데 귀중한 단서가 될 수도 있음을 인정하였다. 임상가가 검사자료에 대해 공감적 태도를 취하면, 즉 검사자료가 표상하는 바를 가지고 그 사람의 입장이 되어 보려는 노력을 하면, 그림과 같은 표현물 역시 '분석 의자(couch)'에서 한 말만큼이 나 풍부한 정보를 줄 수 있다는 것이다. 실제로 그림은 언어적 표현이 어렵거나 얻 기 불가능한 상황에서는 이러한 정보를 얻는 유일한 수단이 된다.

아동 그림의 해석에서 자기와 자기대상의 요소를 파악하는 데 도움이 되기 위하 여 코헛의 자기 이론을 간략히 소개하면 다음과 같다. 코헛은 자기(self)가 세 가지 요소로 구성된다고 하였는데, 그 첫 번째는 '아동의 과시적이고 웅대한 욕구'이다. 이러한 자기가 적절히 발달하기 위해서는 공감적 자기대상(self-object)에 의해 자기가 존중되고 인정되어야 한다. 아동이 점차 성숙해 감에 따라 과시적이고 웅대한 욕구는 건강한 자존감과 야심, 주장성으로 발전된다. 자기의 두 번째 부분은 '이상화하고(idealizing) 싶은 욕구'로 구성되는데, 아동은 자신이 이상화할 수 있고, 자신이 고통스러울 때 힘과 안정감을 얻을 수 있는 강력한 자기대상을 필요로 한다. 적절한 발달이 이루어지면 이 기능은 자기 안정화 능력, 그리고 자기대상의 가치와 이상을 채택하는 것으로 내면화된다. 자기의 세 번째 부분은 '대체자아(alterego) 혹은 쌍둥이(twinship) 욕구'라고 불리는 요소로, 자기 자신을 타인과 유사하다고 느끼고 싶은 욕구, 다른 사람과의 신체 접촉에 대한 욕구로 구성된다. 이것이 적절하게 발달되면 공감적 자기대상과 경험을 공유함으로써 재능과 재주를 발전시키는 자기로 성숙해 가게 된다.

르보위츠는 투사적 그림을 통해 상술한 세 가지 부분의 자기를 알 수 있다고 보았다. 투사적 그림은 성숙한 자기를 나타내 줄 수 있고, 자기대상이 비공감적이었기 때문에 생겨난 발달적 결함이나 결핍의 현상을 드러내 줄 수도 있다. 혹은 반영이 불충분했거나, 이상화할 만한 자기대상이 없었거나, 친밀한 관계를 충분히 맺지 못했거나 하는 등으로 인해 생겨난 자기 분열(fragmentation)과 이후의 인지적ㆍ정서적ㆍ행동적 결함을 반영해 줄 수도 있다.

3) 현상학적 관점

아동의 그림에 대해서 어른들의 일방적인 해석 기준을 적용시키지 않기 위해서는 아동의 관점에서 그림에 접근하고 이해하고자 하는 노력이 필요하다. 즉, 여러 다양한 의미들에 가능성을 열어 두고, 그림이 그려진 맥락, 아동이 세상을 바라보는 관점에 입각하여 아동의 그림에 다가가야 하는 것이다(Malchiodi, 1998). 이를 강조한 것이 바로 현상학적 접근이다.

현상학적 접근의 첫 번째 단계는 '모른다'는 태도를 취하는 것이다. 아동이 그림에서 표현하는 것은 형태나 내용, 양식에 있어서 어느 정도 공통점을 지니게 마련이지만, '모른다'는 태도를 취하는 것은 표현의 주체로서 아동을 한 개인으로 존중해 주고 아동의 그림 표현이 여러 다양한 의미를 지닐 수 있도록 해 준다. 검사자가 그림에 나타난 이미지를 범주화하거나 내용이 지니는 의미를 기존의 해석 목록에 맞추어 설명하고자 한다면 아동의 다면적 측면이나 아동이 그림에 표현한 개인적 의미들은 제대로 전달되지 못하고, 잘못 이해되거나 혹은 무시되어 버릴 수도 있을 것이다.

현상학적 접근의 두 번째 단계는 아동의 그림에 영향을 미치는 여러 가지 발달적 요인들, 즉 인지적 능력이나 정서발달, 대인관계기술, 그리고 신체발달 등의 측면들을 고려하는 것이다. 아동은 그림을 자신의 내적 경험이나 내적 지각을 통합시키는 수단으로써뿐만 아니라 외부세계에 대한 경험을 내면의 자기와 연결시키는 통로로 사용함으로써 자기 자신, 그리고 자신과 타인, 환경, 더 나아가 사회와의 관계를 발견하고 확증해 나간다. 따라서 아동의 그림은 다양한 의미를 지니게 되고, 이러한 의미의 다중성으로 인해 검사자에게는 아동의 독특한 경험을 여러 관점에서 접근해 나가는 것이 요구된다.

아동의 그림은 종종 융통성 없이 기계적으로 해석되고 심지어는 단일한 심리학적 관점이나 이론에 의해 의미가 왜곡되기도 한다. 예를 들어, 아동이 X-ray 사진처럼 위장의 속이 다 들여다보이도록 물고기를 그렸을 경우, 정신분석학적 관점에서는 잡아먹히는 것에 대한 두려움이나(engulfment fear) 어떤 대상을 먹어치우고 싶은 잠재적 욕구로 해석할 수 있다. 인지적 접근에서는 그러한 그림을 그리게 된 사고과정에 초점을 맞추어 그림과 관련하여 최근에 아동이 보거나 들은 내용이 없었는지 살펴볼 것이다. 또 다른 접근법에서는 비유의 개념을 중시하여 그림에 나타난 이미지를, 자연의 원형적 이미지나 우주적 주제 혹은 존재론적 딜레마의 표상과 같은 상징적 이야기가 펼쳐진 것으로 볼 수도 있다. 이 모든 접근방법은 개인의 그림을 전반적으로 이해하는 데 각각 중요한 도움을 줄 수 있다. 아동의 투사적 그림검사와 그 해석체계들에는 문제점이 내재하긴 하지만, 어떠한 이론도 완전히 그릇된 것은 없으며, 각각의 해석체계는 아동의 그림 작업을 이해하는 데 있어 유용한 해석 틀을 제공해 준다. 단, 특정한 접근 방식을 적용하는 데 있어서는 무엇보다도 신중함이 요구되며, 검사자는 각 해석체계가 아동의 그림 표현에 대한 하나의 관점일 뿐이라는 사실을 잊어서는 안 된다.

　현상학적인 관점으로 아동의 그림을 바라본다는 것은 또한 각각의 아동이 그림에 접근하는 방식이 모두 다르고, 그림 표현에 있어서 색채나 형태, 구성 등의 요소에 대한 개개인의 선호도가 있다는 것을 받아들이고 기대한다는 것을 의미한다. 어른과 마찬가지로 아이들도 색채에 대한 선호가 있고, 그리고 싶어 하는 특정한 이미지를 가지고 있으며, 자신의 그림에서 반복적으로 사용하는 구성 양식이나 다른 특징들을 지니고 있다. 한편, 아동의 그림을 독특한 개인의 현상으로 이해하는 것에는 검사자 자신이 개인적으로 아동의 그림에서 어떤 이미지에 특히 마음이 끌렸는지, 또는 어떤 이미지에 강하게 반응하게 되고, 어떤 이미지에는 그렇지 않은지, 그리고 어떤 아동의 그림에 거부감을 느끼게 되는지를 깨닫고 이해하는 것 또한 포함된다. 검사자 자신의 이러한 심리적 반응은 아동의 그림을 판단하고 해석하는 데 중요한 영향을 미치기 때문이다.

4) 사회학적 관점

　데니스(Dennis, 1966)는 투사적 그림검사에 대한 횡문화적 조사 연구들을 통해 그림에는 사회문화적 가치와 선호도가 반영된다고 하는 사회학적 관점을 제안하였다. 사회문화적인 요인은 그림에 대한 아동의 동기나 태도 혹은 내용에 영향을 미칠 수 있다. 예를 들어, 예술적 표현에 대해, 그리고 어른과의 상호작용에 대해 가정에서 혹은 문화적으로 어떠한 태도를 교육받았느냐에 따라, 지시에 따른 그림 그리기를 선호할 수도 있고 자발적인 그림 그리기를 선호할 수도 있다. 혹은 표현의 발달 수준이 문화권에 따라 상대적으로 차이가 날 수도 있는데, 특정 문화권에서는 공손하고 예의 바르다고 생각되는 태도나 그림의 내용이 다른 문화권에서는 수줍고 위축된 모습으로 해석될 수도 있다. 인종이나 민족성, 사회경제적인 지위, 종교 등의 요인이 그림에 대한 아동의 동기나 태도에 얼마나 영향을 미칠 수 있는지에 대한 경험적인 연구들이 상대적으로 부족하긴 하지만, 이러한 요인들이 아동의 그림에 무시할 수 없는 영향을 미친다는 것은 검사자나 치료자들이 염두에 두어야 할 부분이다.

그 림 을 통 한 아 동 의 진 단 과 이 해

House–Tree–Person test ＊ Kinetic Family Drawing

제2장

실시방법

제**2**장

실시방법

투사적 그림검사는 검사라는 특성상 표준화된 방법으로 실시해야 한다. 동일한 재료가 제공되고, 일정한 지시와 절차에 의해 진행되며, 아동이 그림을 그리고 난 후 제시되는 사후질문에는 반드시 특정한 내용들이 포함되어야 한다. 단, 검사자는 아동에게 자신이 그리고 싶은 대로 자유롭게 그리도록 해야 하며, 그림의 모양이나 크기, 위치, 방법 등에 대해서는 어떠한 단서도 제공하지 않도록 주의해야 한다. 또한 아동이 그림에 대해 여러 가지 질문을 하더라도 단정적인 대답을 하지 말아야 한다. 예를 들어, "지우개를 써도 되느냐?" "하나 이상 그려도 되느냐?"고 질문을 한다면 검사자는 "네 마음대로 하면 된다."고 말해 줌으로써 상황의 모호성을 유지하도록 해야 한다. 검사가 비지시적으로 실시되어야 아동 내면의 갈등이나 소망, 정서, 태도 등이 더 자유롭게 투사될 수 있기 때문이다. 검사자는 아동이 그림을 그리는 동안, 혼자 중얼거리는 것과 같은 특정한 행동들을 보이면 이를 잘 관찰하고 기록해야 한다. 아동이 잘 그리지 못하면 옆에서 격려해 줄 수는 있으나, 그리는 것을 도와주어서는 안 된다. 이러한 검사 실시 절차는 성인을 대상으로 할 때에도 똑같이 적용된다.

1. HTP의 실시방법

1) 집 그림

A4 용지 정도 크기의 백지와 연필, 지우개를 아동에게 제시한 후, 집을 그려보도록 지시한다. 이때 종이는 가로 방향으로 제시되어야 하는데, 아동이 종이를 수직으로 돌려서 그림을 그리는 경우 의미 있는 반응으로 생각할 수 있다. 시간 제한은 없으며, 검사자는 아동이 그림을 다 그리는 데 걸린 시간을 기록한다. 아동이 다 그리고 난 뒤에는 사후질문을 하고 그에 대한 아동의 대답을 그대로 기록한다. 사후질문(Post Drawing Inquiry: PDI)에는 대개 다음과 같은 내용들이 포함된다.

- 누구의 집인가?
- 누가 살고 있는가?
- 이 집의 분위기가 어떠한가?
- 무엇으로 만들어졌는가?
- 나중에 집이 어떻게 될 것 같은가?

2) 나무 그림

A4 용지 정도 크기의 백지와 연필, 지우개를 아동에게 제시한 후, 나무를 그려 보도록 지시한다. 종이는 세로 방향으로 제시한다. 시간 제한은 없으며, 검사자는 아동이 그림을 그리는 데 걸린 시간을 기록한다. 아동이 그림을 다 그리고 난 뒤에는 대체로 다음과 같은 내용의 사후질문을 하고 그 답변을 그대로 기록한다.

- 이 나무는 어떤 종류의 나무인가?
- 나무의 나이는 몇 살인가?
- 나무가 죽었는가 살았는가?

- 나무의 건강은 어떠한가?
- 나무 주변에는 어떤 것들이 있는가?
- 나무의 소원은 무엇인가?
- 나중에 이 나무는 어떻게 될 것인가?
- 나무를 그리면서 생각나는 사람이 누구인가?

3) 사람 그림

A4 크기의 백지와 연필, 지우개를 아동에게 제공한다. 종이는 세로로 제시되어야 하며 책상은 다른 물건들이 없는 깨끗한 것이 좋다. 아동에게 사람 전체를 그리라고 지시하는데, 만일 아동이 선 하나씩만으로 마치 막대기 모양처럼 사람을 그리면 다시 그려 보도록 지시해야 한다. 따라서 사람을 그리라고 지시하면서 "어떤 종류의 사람을 그려도 좋지만, 막대기처럼 그리거나 만화 주인공을 그려서는 안 된다."고 덧붙이는 것이 좋다. '사람'을 그리라는 지시는 모호하기 때문에 아동은 보다 넓은 범위에서, 즉 남자나 여자 이외에도 아동이나 성인 중에서 하나를 선택하여 그릴 수 있다. 대부분의 아이들은 사람 그림검사를 5~10분 이내에 끝마친다. 다 그리고 나면 아동에게 반대 성의 사람을 그리도록 다시 지시한다. 어린 아동의 경우 그려진 그림의 성별을 파악하기가 어려운 경우가 종종 있으므로 첫 번째 그림이 남자인지 여자인지 물어보는 것이 필요하다. 시간 제한은 없으며, 검사자는 아동이 그림을 그리는 데 걸린 시간을 기록한다. 그림을 다 그리고 난 뒤에는 대체로 다음과 같은 내용의 사후질문을 제시하고 그 대답을 기록한다.

- 이 사람은 누구인가?
- 이 사람은 몇 살인가?
- 이 사람은 무엇을 하고 있는가?
- 이 사람은 어떤 생각을 하고 있는가?
- 이 사람의 기분은 어떠한가?

- 이 사람의 소원이 있다면 무엇일까?
- 나중에 이 사람은 어떻게 될 것인가?

2. KFD의 실시방법

A4 크기의 백지와 연필, 지우개를 주고, 아동에게 자신을 포함하여 가족들 모두가 무엇인가를 하고 있는 그림을 그려 보도록 지시한다. 이때 종이는 가로로 제시되어야 하며, 만화 그림이나 가만히 있는 사람 그림을 그리지 않도록 덧붙이는 것이 좋다. KFD 수행 시 아이들은 "각자 따로 따로 뭔가를 하고 있는 그림을 그려도 되느냐?"고 질문을 자주 하는데, 이에 대해서는 "네 마음대로 그리면 된다."고 말해 주면 된다. 시간 제한은 없고 아동이 그림을 그리는 데 걸린 시간을 측정하여 용지의 상단에 기록한다. 아동이 그림을 그리면서 자발적으로 설명을 할 경우 검사자는 이를 기록해야 하며, 아동이 그림을 다 그리면 가족구성원이 그려진 순서와 가족 중 빠진 사람이 있는지의 여부, 그리고 가족 이외에 그려진 사람이 있는지를 확인하고, 용지의 여백에 적어 둔다. 그리고 그려진 각 인물에 대하여 아동과의 관계, 나이, 해석에 필요한 사후질문을 하는데 그 내용은 대개 다음과 같다.

- 각 인물에 대한 질문
  - 이 사람은 지금 무엇을 하고 있는가?
  - 이 사람의 좋은 점은?
  - 이 사람의 나쁜 점은?
- 이 그림을 보면 무슨 생각이 드는가?
- 여기 가족화에 그린 상황 바로 전에는 어떤 일이 있었을 것 같은가?
- 앞으로 이 가족은 어떻게 될 것 같은가?
- 만일 이 그림에서 무언가를 바꿀 수 있다면 무엇을 바꾸고 싶은가?

그 림 을 통 한 아 동 의 진 단 과 이 해
House-Tree-Person test * Kinetic Family Drawing

제3장

아동 그림의 발달적 측면

아동 그림의 발달적 측면

　아동은 신체적 발달뿐 아니라 지적 기능, 정서, 성격구조와 같은 모든 심리적인 측면이 발달하고 성숙해 가는 '과정' 중에 있는 존재이다. 때문에 아동이 그리는 그림에도 이러한 발달적 요소가 포함되어 있으며, 이를 함께 고려하지 않으면 아동이 그림을 통해 드러내는 특성의 의미를 제대로 파악할 수 없다. 아동 그림검사의 해석에서는 성인의 그림검사와는 달리 이러한 발달적 측면을 반드시 고려해야 한다.

　아동은 표상능력이 발달해 가는 초기 단계에 있기 때문에, 자신이 보는 것을 있는 그대로 그리지 못하고 내면화되어 있는 그 대상의 형상에 따라서 그릴 수밖에 없기 때문에 매우 단순하고 도식화된 형태로 그림을 그리게 된다. 루케(Luquet)는 보이는 그대로 사실적으로 그리는 것을 '시각적 현실주의(visual realism)'라고 하였으며, 반대로 아동들이 내면의 도식에 의해서 그림을 그리게 되는 것을 '지적 현실주의(intellectual realism)'라고 명명하였다(Di Leo, 1973). 파울 클레(Paul Klee)와 같은 화가는 자신이 '보는 것'이 아니라 '알고 있는 것'을 그려 내는 아동의 능력을 되살려 냄으로써, 성인들에게 잊힌 '이지적 현실'을 표현해 낸 예술가라고 할 수 있다.

　피아제(Piaget)는 아동이 지적 현실에서 시작해서 시각적 현실로 이행해 가는 것은 그림 등의 예술적 표현에만 국한된 것이 아니라 어린 아동의 모든 정신과정에서 나타나는 전반적 특성이라고 보았다. 피오트로스키와 소버스키(Piotrowski & Soberski, 1941)도 아이들은 자기 나름대로의 현실을 그려 내기 때문에 아동의 그림은 정서적 요인에 영향을 받아 과장되는 경우가 많다고 하였다. 울프(Wolff, 1946)

또한 아동의 그림은 아동 자신의 내적 현실과 관련되며 정서적 요인이 아동의 개념 형성과 그림 표현에 가장 중요한 영향을 미친다고 보았다. 리드(Read, 1966)도 역시 아동의 그림은 시각적 관찰의 결과라기보다는 심리적 인상의 산물이며 이러한 표상에는 지적 요인뿐 아니라 정서적 요인들이 스며들어 있다고 설명하고 있다. 아동에게는 시각적 대상이 단서나 촉매 역할을 할 뿐이고, 실제 대상을 보고 그리든 아니면 기억으로부터 끌어내어 그림을 그리든 결과는 마찬가지라는 것이다. 여기서 우리는 여러 연구자와 이론가들이 일관되게 루케의 지적 현실주의와 유사한 주장을 하고 있음을 알 수 있다.

이러한 발달적 특성, 즉 일반 아동들이 발달과정에 따라 어떻게 그림을 그리는가를 알고 있어야, 임상 실제에서 각 아동이 그린 그림이 정상에서 얼마나 벗어난 것이며, 어떤 부적응적인 측면을 나타내는 것인지를 파악할 수 있다. 따라서 아동의 연령 수준을 고려했을 때 각 그림이 정상적인 미성숙 정도를 반영하는 것인지 아니면 발달 지체나 심리적 어려움을 반영하는 것인지를 분별해 내기 위해서 정상 아동 그림의 발달적 특성을 이해하는 것은 매우 중요하다. 그러므로 이번 장에서는 발달 단계별로 정상 아동 그림의 특성이 어떠한지를 구체적으로 살펴보고자 한다.

1. 1단계: 무질서한 낙서 시기

약 18개월에서 3세에 이르는 시기가 이에 해당되는데, 이 무렵이 되면 아이는 종이나 벽, 책 등에 아무렇게나 낙서를 하기 시작한다. 피아제의 인지발달 단계상 감각운동기(sensorimotor)의 후반부에서 전조작기(preoperational phase) 초반부에 해당되는데, 이때부터 자신이 어떤 동작을 한 결과 생겨나는 신체 내적 정보를 파악하고 사고할 수 있게 된다. 즉, 운동감각적 사고(kinesthetical thinking)를 할 수 있게 되는데, 예를 들어 '내가 손을 이렇게 아래위로 움직였더니 이런 선이 생겼다.'라고 이해할 수 있는 능력이 생기는 것이다. 또한 시각운동 협응력이 향상되기 시작하고, 걸음마를 할 뿐 아니라 뛰어다니기 시작하며, 점차 목표 지향적이고 의도적인 행동을 할 수 있게 되고 말을 하기 시작한다. 그리고 이 단계 후반부가 되면 상징적 사고가 시작되고 언어발달이 가속화되며, 주변환경에서 본 것들을 형태나 색채, 크기를 기준으로 분류할 수 있게 된다.

18개월~2세 정도 시기에는 그저 손이 움직이는 대로 아무런 질서가 없는 낙서를 하는 정도이지만, 점차 '아, 내가 움직임으로써 뭔가 자국이 나는구나, 무언가가 그려지는구나!'라는 사실을 인식하게 되면서 손의 움직임을 통제하기 시작하고, 그림 그리기를 즐기게 된다. 어른의 입장에서 보기에는 낙서 그림이 아무런 의미가 없겠지만, 유아가 종이에 아무렇게나 낙서를 하는 것은 언어와 몸짓을 통해 자기를 표현하는 능력이 한창 발달하고 있다는 것을 의미한다. 따라서 이 시기의 낙서도 유아가 종이 위의 선과 형태를 통해 주변 환경의 사물들을 표상하고자 하는, '개념'에 대한 자각이 초보적인 형태로 표현된 것이라고 할 수 있다.

2. 2단계: 기본적인 사물의 형태가 갖추어지는 시기

3~4세 무렵이 되면 그림이 여전히 낙서 수준이기는 해도 어느 정도의 형태가 갖추어지기 시작하며, 이것이 무슨 그림인지, 무엇을 그린 것인지, 어떤 내용인지에 대한 이야기를 아동 스스로 할 수 있게 된다.

이 시기는 피아제의 분류상 전조작기 초기, 특히 2~4세에 이르는 전개념기(preconceptual phase)에 해당하는데, 이때 아동은 자기중심적인(self-centered) 사고, 사건의 인과관계에 대해 주관적인 사고를 하기 시작한다. 또한 언어의 역할이 더욱 중요해지고, 상징적 사고가 확연해지며, 형태나 색깔, 크기를 통해 자기 자신과 세상을 더욱 잘 분류할 수 있게 된다.

이 시기의 그림도 어른이 보기에는 여전히 그 의미를 파악하기 어렵지만, 기본적인 사물의 형태가 나타나고 자신의 그림에 대해서 아동 스스로 적극적으로 설명하고 싶어 한다. 아동이 자신의 그림에 대해 어떻게 설명하는가는 그림을 이해하는 데 매우 중요하므로, 아동의 설명을 귀담아 듣는 것도 중요하다.

3. 3단계: 사람을 그릴 수 있고 내적 도식이 형성되는 시기

4~6세경에 이르면 아동은 초보적인 형태의 사람을 그리기 시작하고, 그림에 색깔을 사용하게 된다.

이 시기는 피아제의 분류상 전조작기의 후반부로, 상징적 사고가 더욱 증가하고 분류능력, 관계 파악능력, 수개념 및 수리능력, 공간개념 등이 생겨나는 시기이다. 때문에 아동은 자기 자신, 자기 신체와의 관계성 속에서 공간을 개념화할 수 있게 된다. 그러나 주변환경에 대한 아동의 지각은 여전히 자기중심적인 수준에 머물러 있다. 예를 들어, 유리컵이 떨어져서 깨지면 아동은 자신의 감정과 관련지어서 유리컵이 아파할 것이라고 생각하게 된다. 이 시기 그림의 가장 중요한 특징은 전술한 바와 같이 초보적인 형태의 사람을 그리기 시작한다는 것이다. 처음에는 마치 올챙이 모양처럼 단순한 수준으로, 동그라미를 하나 그려서 머리와 몸통을 나타내고, 그 밑에 선을 두 개 그어 다리라고 하고 옆쪽에 선을 두 개 그어 팔이라고 하는 정도이다. 이때는 누구를 그리든 다 이러한 형태로 비슷하게 그린다. 안하임(Arnheim, 1974)은 이 시기의 아동에게는 회화적 어휘(graphic vocabulary)가 너무 제한되어 있기 때문에 형상을 단순한 기하학적 형태(geometric shapes)로 나타낼 수밖에 없으며, 사람 그림 또한 마찬가지라고 하였다. 그런데 이 단계의 후반부인 6세경에 이르면 사람의 신체 부위를 점차 분화시켜서 그리기 시작한다. 즉, 머리와 몸통을 따로 나누어 두 개의 원으로 그리고, 발가락이나 손가락, 치아, 눈썹, 머리카락, 귀와 같은 부분들을 그려 넣을 수 있게 된다.

그뿐 아니라 아동은 이 시기에 집, 태양, 꽃, 나무들과 같이 주변환경에서 쉽게 접하는 사물들에 대한 내적 도식(schema)을 발전시키게 되고, 이에 따라 초보적인 수준의 그림을 그릴 수 있게 된다. 이 단계가 지나면 아동은 그러한 도식을 토대로, 외부 사물의 구체적인 사실적 특성에 좀더 주의를 기울이게 되고, 단순한 그림에서 벗어나 보다 사실적이고 복잡한 그림을 그릴 수 있게 된다.

또한 이 단계부터는 색깔을 사용하기도 하는데, 이 시기 아동은 색깔 자체보다는 모양을 그리는 데 더 큰 관심을 두는 경향이 있다. 색깔도 사물에 맞게 택하는 것이 아니라 주관적으로 선택하는 수준이므로, 그 색깔이 아동에게 갖는 의미가 무엇인지 판단하는 것이 중요하다. 정상 아동의 경우, 이 시기의 색깔 선택은 매우 자유롭고 독창적이어서, 자줏빛 태양이나 파란 소 등과 같이 어떠한 것도 자연스럽게 그릴 수 있다.

4. 4단계: 시각적 도식의 발달 시기

6~9세 무렵이 되면 아동의 미술적 표현능력이 급격히 발달하게 되고, 여러 가지 복잡한 특성들의 그림이 나타나게 된다.

피아제의 분류상 전조작기 후반과 구체적 조작기(concrete operational period) 초반에 해당하는 시기로, 아동은 보존과 무게에 대한 개념을 이해하고, 항목들을 순서대로 배열하며 개념적으로 조직화할 수 있게 된다. 또한 사물을 지각하는 데 있어 자기중심성이 점차 줄어들어, 사물들을 자기 자신과의 관련성 속에서보다는 사물들 상호 간의 관련성 속에서 표상할 수 있게 된다.

이 시기가 되면 사람, 동물, 집, 나무 등 여러 사물에 대한 시각적 상징과 사실적 도식이 보다 정교하게 발달하여, 아동은 이를 토대로 보다 사실적인 그림을 그릴 수 있게 된다. 또한 색깔과 사물 간의 관계를 이해함으로써 나뭇잎은 녹색으로, 장미꽃은 빨간색으로 칠하게 된다. 하지만 나뭇잎을 칠해야 될 때 연두색이나 단풍잎의 색 등 다양한 색으로 칠하지 못하고 경직되게 녹색으로만 칠하는 등 여전히 융통성이 부족한 모습을 보인다.

7~8세가 되면 깊이를 표상할 수 있는 능력이 발달하여 그림을 삼차원적, 입체적으로 그릴 수 있게 되며, 위에서 내려다보거나 아래에서 올려다보는 식으로 그리는 그림도 가능해진다. 이와 관련하여 투시적인 그림도 나타나게 되는데, 예를 들어 탁자 뒤에 서 있는 사람을 그릴 때 탁자에 가려졌어야 할 모습까지 모두 그리기도 한다.

크기를 과장해서 그리는 것 또한 이 시기 아동이 자주 보이는 특징이다. 특정 사물의 중요성을 강조하기 위해 그림을 크게 그리는 것, 예를 들어 자신을 집보다 더 크게 그리는 것은 매우 흔하고 정상적인 표현 양상이다. 마지막으로 이 단계에서는 날아오는 야구공을 방망이로 치는 그림과 같이 연속하여 일어나는 일련의 사건을 그림으로 표현할 수 있게 된다.

5. 5단계: 현실주의 시기

피아제의 발달 단계 분류에 따르면, 9~12세경에 이르는 이 시기는 구체적 조작기 후반에 해당한다. 이 시기부터는 자기중심적인 사고에서 벗어나 다른 사람의 생각, 견해, 감정을 고려할 수 있게 된다. 대인관계, 인과관계, 상호의존성에 대한 이해가 움트기 시작함으로써, 집단 내에서 사람들과 어울리고 문제를 해결할 수 있는 능력을 갖추게 된다. 또한 점차 자신의 주변 세계를 자각하게 되고, 자신이 지각한 바를 표상하고 이를 표현하는 방식이 더욱 세련되고 정교해진다.

9, 10세경부터 아동은 자신이 가지고 있는 도식적 표상, 즉 전형적인 모습에 의존해서 그리는 수준에서 벗어나 사물의 사실적이고 구체적인 모습을 묘사하고자 하는 시도를 하게 되고, 그러면서 그림의 표현 양상이 더욱 복잡해진다. 또한 이 시기부터 원근감을 표현하려는 노력을 처음으로 하게 되는데, 예를 들어 나무를 그릴 때 밑에 땅을 표현하는 선 하나만 그리는 것이 아니라, 하늘과 만나는 지평선의 모습을 깊이감 있게 그리려고 할 수 있다.

이와 더불어 주변 사물을 묘사하는 색깔도 더욱 정교해져서 나뭇잎을 녹색으로만 그리지 않고, 연두색, 노란색, 단풍잎의 색 등 여러 가지로 다양하게 표현하기 시작하며, 사람 그림도 더욱 정교하고 세부적으로 그릴 수 있게 된다. 그러나 그림의 독창성과 표현의 자유로움이 줄어들고, 대신 좀 더 관습적인 표현방식을 구사하며 구체적이고 사실적인 묘사를 주로 하게 된다. 그림을 정확하게 그리는 것이 가장 잘 그리는 것이라는 생각을 하게 되는 것이다. 다른 한편으로 이 시기의 아동들에게 그림을 그린다는 것은 더 이상 칭찬받거나 새롭게 주목받을 만한 일이 되지 못한다. 때문에 대부분의 경우 회화능력의 발달은 이 단계에서 멈춰진다.

6. 6단계: 청소년기

이미 언급한 바와 같이 10세 무렵이 되면 그림을 잘 그리지 못한다는 데 대한 좌절감이나 실망으로 인해서, 혹은 그림 외의 다른 영역에 대한 관심 때문에 미술 실력이 향상될 수 있는 기회가 차단되는 경우가 많다. 그러므로 10세 이후 청소년들도 회화 능력이 이전 단계 정도의 수준에 머물게 된다. 다만 13~14세경에 좀더 발달하는 측면이 있다면 이는 깊이나 원근감을 보다 정확하게 표현하고, 깊이 차원을 효과적으로 표현할 수 있게 된다는 점이다. 또 세부적인 부분에 대한 묘사를 비롯한 묘사의 정확성이 향상되며, 추상적인 이미지를 구성하는 능력도 생기게 된다.

회화에 소질과 적성이 있는 일부 청소년들은 이 시기에 미술 실력이 매우 발달하여, 예술적 기교까지 익힐 수 있게 되기도 한다. 아동들이 사람, 동물과 같이 '주변 환경의 이미지를 만들어 내는 데' 주력한다면, 청소년들은 이를 뛰어넘어 그림을 통해 철학이나 가치관, 자신에 대한 생각을 '스스로 의도하여' 상징화하고, 그럼으로써 자기를 표현하고 외부세계와 의사소통할 수 있게 된다.

그림을 통한 아동의 진단과 이해
House-Tree-Person test ✳ Kinetic Family Drawing

아동 그림의 해석

제**4**장

아동 그림의 해석

1. 해석의 기본 지침

그림검사뿐만 아니라 여러 가지 심리검사, 행동관찰, 면담에서 피검자는 자기 자신에 대한 다양한 정보를 '드러낸다'. 검사자 혹은 임상가는 이렇게 피검자가 제공한 자료들에서, 피검자에 대한 정보들을 '읽어 낼' 수 있어야 하며, 이것이 바로 검사의 해석이다.

그림검사의 해석은 다른 모든 심리검사의 경우와 마찬가지로, 여러 가지 심리검사 결과, 행동관찰, 과거력, 면담자료를 고려하고, 피검자에게 적용하기에 가장 적절하고 유용할 것으로 판단되는 이론적 틀에 따라 종합적이고 전체적으로 이루어져야 한다. 다시 말하면, 여러 이론적 관점을 고려하여 그림에서 피검자에 대한 여러 가지 가설들을 도출하고 다른 검사 및 임상적 자료들을 통해 각 가설을 비교, 검토하여 피검자에게 가장 적절한 결론을 이끌어 내는 것이다. 여기에서 소개하는 그림검사 해석의 지침은 아동뿐 아니라 성인의 그림에 대해서도 유사하게 적용될 수 있다.

여러 다른 검사 해석과 마찬가지로, 해석에는 '어떤 정보'를 '어떻게' 읽어 낼 것인가 하는 두 가지 문제가 있다. 전자는 검사 결과에서 '무엇을' 읽어 낼 수 있는가 하는 해석 대상의 문제, 즉 해석의 틀을 이루는 이론 및 구성개념의 문제와 관련되며, 후자는 이를 '어떻게' 읽어 낼 수 있는가 하는 방법의 문제와 관련된다.

우리는 그림검사에서 피검자의 심리적인 측면들 가운데 무엇에 관한 정보를 얻을 수 있으며, 또 무엇을 읽어 내야 하는가? 예를 들어, 자기 자신에 대한 표상, 부모에 대한 표상, 부모 표상에 부가되어 있는 감정들, 애착의 안정성 여부, 사회적 불안감, 사회적 상황에서 보이는 대처능력 등 여러 가지 심리학적 측면들을 파악할 수 있을 것이다. 무엇을 파악할 수 있는가는 임상가가 어떤 이론적 틀의 잣대를 갖다 대는가, 그리고 임상가가 이론적 구성개념 틀을 얼마나 많이 가지고 있으며, 그때그때 적절하게 이를 응용하여 아동을 이해할 수 있는가에 달려 있다. 이러한 구성개념들은 무수히 많기 때문에 어떤 이론적 틀이 각 아동에게 가장 적절하고 중요하고 유용한가를 판단하고 적용하는 것 또한 임상가의 능력이라 할 수 있다.

두 번째는 그러한 심리학적 측면에 대한 정보를 '어떻게' 알 수 있는가 하는 것이다. 여기에는 크게 '인상주의적 해석방법'과 '구조적 해석방법' 두 가지가 있다. 전자는 그 그림이 임상가에게 주는 주관적 인상에 근거하여 해석하는 방법이고, 후자는 그림의 여러 가지 구조적 요소, 예를 들어 그림의 크기, 선의 질과 같은 것들이 어떤 특성을 보이는가에 근거하여 해석하는 방법이다. 임상 실제에서는 이 두 가지 방법을 종합하여 사용한다. 구체적인 방법에 대해서는 다음 두 장에 걸쳐 자세히 소개할 것이다.

2. 인상주의적 해석방법

인상주의적 해석이란 말 그대로, 그 그림이 임상가에게 주는 주관적인 인상에 근거하여 피검자의 심리적 특성에 대해 해석하는 방법을 말한다. 이는 다음 장에서 소개하고 있는 구조적 해석, 즉 그림의 구성요소에 따라 해석을 하기 이전에 이루어진다.

예를 들어, 임상가는 어떤 그림을 보고 '무언가 공허해 보인다.' '왠지 불안한 느낌이 든다.' '화가 난 것 같은 무서운 인상을 준다.'와 같은 인상을 얻을 수 있다. 직관적이고 정서적인 수준에서 '이 집은 왠지 유령이 나올 것 같다.' '이 사람은 한없이 약해 보인다.'와 같은 인상이 들 수도 있고, 좀 더 인지적으로 '이 나무는 균형이 잡혀 보인다.'와 같은 느낌을 받을 수도 있으며, 때로는 '이 집은 마치 공중에 붕 떠 있는 것 같다.'처럼 비유적인 인상을 얻을 수도 있다.

　이러한 인상을 예민하게 느끼기 위해서는 임상가에게 풍부한 공감능력과 직관력, 예민함이 요구되며, 많은 임상적 경험이 필요하다. 특히 심리치료에 있어서 임상가의 충분한 공감능력을 강조하는 자기심리학적 이론에 대해 지식이 많고 이와 관련된 임상경험이 풍부할수록 좋다. 또한 이렇게 그림이 주는 인상을 느낄 때 그 안에 임상가 자신의 감정이나 욕구가 얼마만큼 개입되었는지를 관찰하고 파악해 낼 수 있는 능력 또한 중요하다.

　이러한 인상을 얻는 데는 '피검자가 그림을 그리는 과정에서 어떤 경험을 했는가'를 대리적으로 체험할 수 있는 '공감'이 필수적이다. 이를 위해서 임상가는 그 사람 그림에 그려진 모습과 비슷한 몸짓이나 자세를 취해 봄으로써 운동감각적(kinesthetical)인 공감을 할 수도 있다.

　이렇게 그림의 전반적 느낌에서 인상을 얻는 해석과정은 그림을 보자마자 금방 떠오를 수도 있고, 처음에는 별다른 느낌을 받기 어렵지만 여러 번 반복해서 보면서 서서히 떠오를 수도 있다. 따라서 그림을 한눈에 처음 보고서 인상을 형성해야 한다고 느낄 필요는 없고, 관찰과정을 반복하면서 자유롭게 첫인상을 바꾸거나 수정해도 된다. 때로 다른 임상가와 함께 이 그림에서 어떤 인상이 드는지를 토론해 보는 것도 귀중한 통찰을 줄 수 있다.

　그러나 그림에 대한 인상주의적 해석만으로 피검자의 심리적 특성 혹은 상태를 정확히 이해할 수는 없으며, 또 그래서도 안 된다. 피검자를 전체적이고 종합적으로 이해하기 위해서는 반드시 구조적인 해석을 함께해야 한다.

3. 구조적 해석방법

　구조적 해석방법이란 그림의 여러 가지 구조적 요소들, 예를 들어 그림의 크기, 그림을 그려 나간 순서, 그림을 종이의 어느 위치에 그렸는가 하는 것과 같은 요소들이 무엇을 의미하는가를 하나하나 고려하는 해석방법이다. 즉, 각 요소의 특징이 의미할 수 있는 바가 무엇인지에 대한 가설들을 도출하고, 그것이 다른 구조적 요소에 근거했을 때도 일치하는가, 그림이 주는 인상과도 일치하는가, 다른 심리검사자료나 임상적 관찰, 면담자료와도 일관되는가 등에 근거하여 가설을 채택하거나 기각하는 것이다. 예를 들어, 그림을 과도하게 크게 그렸다면 첫째, 경조증 상태에서의 자아팽창(ego-inflation)을 나타내줄 수 있고, 둘째, 과도하게 성취 수준이 높을 수 있고, 셋째, 충동 조절에 어려움이 있을 수 있다는 등의 가설을 세울 수 있을 것이다. 이 가운데 가장 적절한 가설이 무엇인지를 다른 자료들에 근거하여 채택하는 것이 구조적 해석방법이다.

구조적 해석을 하는 데 있어서 가장 유념해야 할 점은 절대로 일대일 해석을 해서는 안 된다는 것이다. 예를 들어, 나무 그림 밑에 지면선을 그릴 경우 '안정감에 대한 욕구가 있는 것이므로, 내적 불안정감이 있을 수 있다.'는 가설을 세울 수 있다. 그러나 이 가설은 다른 임상자료를 함께 고려하여 채택하거나 기각해야 하는 가설이지, 그런 선을 그렸다고 해서 '이 아동은 불안정하다.'라고 해석해서는 안 된다. 이렇게 밑에 선을 그리는 것을 유치원 같은 곳에서 배우거나 습관적으로 그냥 그리는 것일 가능성도 배제할 수 없기 때문이다. 또, 집 그림에서 굴뚝에 연기를 그릴 경우 '채워지지 못한 애정욕구가 강하다.'라는 가설을 세울 수 있다. 그러나 굴뚝이나 연기를 그렸다고 해서 반드시 '이 아이는 애정욕구가 강하다.'고 해석해서는 안 되며 이를 뒷받침하는 다른 임상자료들이 있는지 반드시 확인해야 한다.

다음에서는 여러 가지 구조적 요소들이 무엇을 의미할 수 있는가를 제시할 것인데, 설명의 간결성을 위해 이러한 해석 지침이 여러 가지 가능한 가설을 제시하는 것일 뿐이며, 각 구조적 요소에 'A이면 B이다.'와 같은 식으로 일대일로 대응되는 의미를 부여하는 것은 아님을 반복해서 언급하지 않을 것이다. 그러나 독자들은 이러한 사실을 반드시 염두에 두고 피검자를 이해하는 데 유용하면서도 올바른 방식으로 다음 해석 지침을 적용해야 한다.

그림의 구조적 요소는 크게 13가지 정도로 구분할 수 있다. ① 그림을 어떻게 그려 나갔는가, ② 그림의 크기가 적절한가, ③ 그림을 종이의 어느 위치에 그렸는가,

④ 연필을 얼마나 힘주어 눌러 그렸는가, 즉 필압이 얼마나 강한가, ⑤ 선의 질이 어떠한가, ⑥ 그림의 세부 특징을 어떻게 묘사하였는가, ⑦ 그림을 그리다가 지운 적이 있는가, 무엇을 지웠는가, ⑧ 그림의 대칭적인 측면을 강조했는가, ⑨ 눈이나, 코, 혹은 창문과 같은 그림의 일부분을 왜곡하거나 빠뜨린 것이 있는가, ⑩ 척추 뼈가 보이게 사람을 그리는 등 투명성(transparency)이 나타났는가, ⑪ 그림의 대상이 움직이고 있는 모습으로 그렸는가, ⑫ 종이의 방향을 돌려 가며 그렸는가, ⑬ 그리라고 지시한 것 이외의 것을 더 부가해서 그렸는가, 무엇을 더 그렸는가 등이다.

1) 그림을 그려 나간 순서

그림을 그리는 순서 및 그리는 양상의 추이를 살펴보면, 피검자의 내적인 갈등과, 그러한 갈등이 주는 심리적 위협을 어떻게 방어하는가에 대한 양상을 알아볼 수 있다.

⑴ 그림을 그리다가 다시 그렸을 때 변화된 점

그림을 그리다가 먼저 그렸던 그림을 지우고 다시 그릴 때 어떤 점이 달라졌는지를 살펴보아야 한다. 예를 들어, 처음에는 어깨가 왜소한 사람을 그렸다가 이를 지우고 크고 건강한 어깨를 가진 사람을 그렸다면, 이 피검자는 어떤 새로운 상황에 처했을 때 쉽게 열등감을 느끼지만 다음 순간 다른 사람에게 강해 보이려고 노력하고, 때로는 그렇게 가장해 보이려는 경향이 있다는 등의 가설을 세울 수 있다.

⑵ 그림과 그림의 순서 비교

그림과 그림의 순서를 비교하는 것도 매우 중요하다. 만일 남자 피검자가 사람을 그릴 때 먼저 딱 버티고 서 있는 크고 위협적인 여자를 그리고 난 다음에, 움츠리고 서 있는 작은 남자를 그렸다면, 이 피검자는 여성에 대해 위협적이라는 표상을 가지고 있지만 남성에 대해서는 위축되고 수동적인 존재라는 표상을 가지고 있다고 추론할 수 있다.

(3) 선의 질의 변화

그림을 그려 나감에 따라 선의 질이 변화한다면 그것도 중요한 정보가 될 수 있다. 예를 들어, 처음에는 옅게 스케치하듯이 그리다가 그 선 위에 점차 여러 번 덧칠을 하여 진하게 하려고 한다면, 이는 이 피검자가 매우 자신감이 없기 때문에 어떤 일을 수행할 때 불안감을 느끼거나, 이를 보상하기 위해 여러 가지 노력을 기울이는 사람이라는 가설을 세울 수 있다. 또 처음에는 선을 정교하게 그리다가 점차 진행될수록 대충 아무렇게나 그려 버린다면, 이 피검자는 어떤 익숙하지 않은 과제에 꾸준히 집중하기 어렵고 산만한 스타일이거나 다소 충동적이며, 무슨 일에나 쉽게 싫증을 내는 면이 있을 수 있다.

(4) 그림을 이상한 순서로 그릴 경우

그림을 특정한 순서로 그려야 한다는 것이 정해져 있는 것은 아니나, 순서가 너무 이상할 정도로 왜곡된 경우가 있다. 예를 들어, 사람을 그릴 때 발을 가장 먼저 그린 다음 다리, 무릎, 몸통, 팔, 머리 순으로 그렸다면, 이는 매우 일반적이지 못한 것으로 사고장애나 간혹 자폐스펙트럼장애(ASD) 환자에게서 관찰되는 특성이다.

(5) 그림을 그리는 과정 동안의 수행 수준의 변화

HTP와 같이 서너 장의 그림을 그릴 때 그 추이를 분석하는 것도 피검자의 에너지 수준, 피검자의 주된 추동 및 이를 통제할 수 있는 능력 등에 대한 단서를 제공해 줄 수 있다. 예를 들어, 그림을 그려 가면서 점차 그림 그리는 속도가 느려지고 에너지 수준이 감소해 보인다면, 이는 '피검자가 심적 에너지를 투여해야 하는 자극 상황에서 쉽게 지치고 피로감을 느낀다.', 혹은 '이 피검자에게 가용한 심적 에너지는 매우 적은 편이다.', 혹은 '현재 우울한 상태에 있다.'와 같은 가설을 세울 수 있을 것이다. 또 반대로 처음에는 윤곽선만 겨우 그렸으나 점차 적극적으로 정교하게 그리기 시작했다면 이는 이 피검자가 심리적 자극을 받을 때 연상과정이 활발해지고 심적 에너지 수준이 높아짐을 의미할 수도 있고, 처음에 어떤 자극 상황에 처하면 쉽게 상황적 불안을 느끼지만 점차 안정되어 갈 수 있음을 의미할 수도 있다.

또 집이나 나무와 같은 사물을 그릴 때는 수행을 잘 하였으나 대인관계적 혹은 자기개념적 요소가 더욱 명백하게 반영되는 사람 그림을 그릴 때 불안감의 징후가 현저하게 나타났다면, 이는 대인관계 영역에서의 어려움, 갈등, 결핍 등과 관련한 문제가 있음을 시사할 수 있다.

2) 그림의 크기

그림을 얼마나 크게 혹은 작게 그렸는가 하는 것은 피검자의 자기존중감, 자아팽창 여부, 자기에 대한 과대평가 여부 등을 나타낼 수도 있고, 또는 공격성, 충동적인 성향, 행동화(acting out) 가능성에 대한 단서를 제공해 줄 수도 있다.

(1) 보통 크기

보통은 종이 크기의 약 2/3에 해당하는 정도로 그리며, 이는 피검자가 자신감이나 자기 자신에 대해 느끼는 적절감(adequacy feeling)이 적정한 수준임을 의미할 수 있다. 코헛의 자기심리학적 용어를 표현하자면, 이 사람의 자기(self)는 적절한 수준의 자신감과 과시성을 가지고 있다고 추론할 수 있는 것이다.

(2) 크게 그린 경우

그림을 종이에 꽉 찰 만큼 지나치게 크게 그리거나 때로는 종이 크기가 모자랄 정도로 과도하게 크게 그려 책상에까지 선을 긋고 전체를 다 그리지 못할 경우도 있다. 이는 종이라는 주어진 한정된 공간 안에서 자기 표현을 적절히 조절하지 못했다는 점에서, 공격성이나 충동 조절의 문제, 이와 관련된 행동화(acting out)의 가능성을 시사할 수 있다(〈그림 1〉).

또는 현재 피검자가 자아경계(ego boundary)가 취약해지는 수준에 이르러 자아팽창(ego inflation 및 expansiveness), 과대망상이나 웅대한 과대평가(grandiosity) 등을 동반하는 조증 상태에 있음을 반영할 수도 있고, 주의력결핍 과잉행동장애(Attention Deficit Hyperactivity Disorder: ADHD)와 관련된 충동성과 과활동성의 문제가 있음을

| 그림 1 | 크게 그린 집

시사할 가능성도 있다. 혹은 내면의 열등감과 무가치감이 매우 심하나 이를 과잉보상하려는 시도를 지나치게 하고 있음을 반영할 수 있다.

　나이가 어린 아동이 그림을 크게 그릴 경우 이는 주로 과활동성, 공격성, 인지적 미성숙과 더 관련되며, 청소년의 경우에는 내면의 열등감과 부적절감에 대한 과잉보상욕구, 행동화 경향성, 충동성을 시사하는 경우가 더 많다. 성인이 그림을 과도하게 크게 그렸다면 이는 주로 조증 상태와 관련되는 경우가 많다.

　종이 크기를 벗어날 정도로 크게 그렸을 경우에는 환경이 주는 압박감이 매우 크고, 이에 따른 좌절과 실망감을 과잉보상하려는 욕구가 강하게 내재되어 있음을 반영할 수도 있다(〈그림 2〉).

| 그림 2 | 종이 테두리를 벗어 날 정도로 크게 그린 나무

(3) 작게 그린 경우

종이의 크기에 비해 그림을 지나치게 작게 그리는 경우가 있다. 이는 피검자 내면에 열등감, 부적절감이 있거나, 자신감이 없고 자기효능감이 부족함을 나타낼 수가 있다. 또 매우 수줍어하거나 사회적 상황에서 불안감을 느끼고, 지나치게 억제되어

| 그림 3 | 작게 그린 사람

있으며, 스스로를 통제해야 한다는 당위명제를 내면화하고 있을 가능성도 있고, 어떤 압박감을 느끼고 있을 가능성도 있다. 스스로 자신이 없다는 위축감 및 이와 관련된 우울감, 사회적으로 실제로 위축되어 있음을 의미할 수도 있고, 자아 구조가 매우 약하고 자아강도가 낮음을 나타낼 수도 있다. 자기심리학적 용어로 설명하자면 환경 내에서 혹은 자기 내면 안에서 자기대상으로부터의 충족감이 매우 부족하여 상당한 우울감이나 고립감을 느끼고 위축되어 있음을 반영할 수도 있는 것이다.

경험적으로 보면, 종이의 위쪽에 치우쳐서 아주 작게 그렸을 경우에는 에너지 수준이 낮고, 자기 자신에 대한 통찰이 부족하며, 자신감이 없고 자존감이 낮으며, 또 자신의 상황에 맞지 않게 낙천적일 수 있음을 반영할 수도 있다고 한다(〈그림 3〉).

3) 그림을 그린 위치

그림을 종이의 어느 부분에 그렸는가 하는 것도 피검자에 대한 여러 가지 단서를 제공해 줄 수 있다. 이러한 위치 요소가 어떻게 해서 그러한 심리적인 의미를 갖는가는 사실 이론적으로는 분명하지 않으나, 여러 가지 경험적 연구에 기반을 둔 다양한 가설들이 제시되고 있다.

(1) 종이 가운데 그렸을 경우

일반적으로 그림을 그릴 때 종이의 중앙 부분에 그리는 것이 가장 흔하며, 모든 연령층에서 이러한 양상이 나타난다. 이는 적정한 수준의 안정감을 느끼고 있음을 반영하는 경우가 많다.

그러나 지나치게 가운데 부분에 그리려고 애를 썼다면, 피검자가 불안정감을 느끼거나, 인지적 · 정서적으로 경직된 특성(rigidity)이 있거나, 혹은 대인관계에서 지나치게 완고하고 융통성이 없는 스타일일 수도 있다.

(2) 오른쪽에 치우져 그렸을 경우

그림을 오른쪽에 치우쳐 그리는 것이 이론적으로 어떤 의미를 가질 수 있는가에 대해서는 분명치 않다. 그러나 여러 경험적 연구들에 따르면 그림을 종이의 오른쪽 부분에 그리는 사람은 좀더 안정되어 있고 행동 통제를 잘하며, 욕구 만족 지연능력이 갖추어져 있고, 지적인 만족감을 선호하는 경향이 있다는 연구도 있고(Buck, 1948), 인지적으로 감정을 통제하려는 경향이나 억제적 경향을 반영한다는 연구도 있다(Koch, 1952). 또한 내향성이나, 검사자 혹은 권위적 대상에 대한 부정적이고 반항적인 경향을 나타낸다는 연구도 보고되고 있다(Wolff, 1946).

(3) 왼쪽에 치우쳐 그렸을 경우

이 역시 어떠한 의미를 갖는지 이론적으로 추론하기는 어려우나, 경험적 연구에 따르면 이러한 그림은 충동적으로 행동하려는 경향성, 욕구와 충동의 즉각적인 만족을 추구하려는 경향성, 변화에 대한 욕구, 외향성 등을 반영할 수 있다고 한다.

(4) 위쪽에 치우쳐 그렸을 경우

여러 연구에 따르면, 그림을 종이의 위쪽에 그릴 경우 욕구나 포부수준이 높고, 달성하기 어려운 목표를 설정해 놓고 갈등과 스트레스를 느끼고 있을 가능성이 있으며, 현실세계에서보다는 자신만의 공상 속에서 만족감을 얻으려는 경향성이 있을 수 있다고 한다. 한편, 이러한 경향이 상황이나 처지에 맞지 않는 과도한 낙관주의나 대인관계 혹은 사회적 상황에 대한 지나친 무관심과 고립적 경향과 관련된다는 연구도 보고되었다(Machover, 1949).

(5) 아래쪽에 치우쳐 그렸을 경우

그림을 과도하게 종이 아래쪽에 치우쳐 그릴 경우 생각해 볼 수 있는 가능성은 내면에 상당한 불안정감과 부적절감이 내면화되어 있거나 혹은 우울한 상태에 있을 수 있다는 것이다. 혹은 공상에 자주 빠지거나 이상을 추구하기보다는 확실하게 현실에 뿌리를 두고 분명하고 실제적인 것을 추구하는 경향성을 나타낼 수도 있다.

(6) 구석에 몰아서 그렸을 경우

그림을 종이의 네 귀퉁이(corner)에 몰려서 그리는 것은 일반적으로 위축감, 두려움, 자신 없음과 관련될 수 있다.

① 왼쪽 상단 구석

왼쪽 상단 부분에 몰아서 그리는 경우 가장 일반적으로 생각할 수 있는 가설은 피검자 내면에 퇴행적인 공상(regressive fantasy), 즉 정신분열적·자폐적 공상이 있다는 것으로 볼 수 있기 때문에 이를 '정신분열성 구석(schizoid corner)'이라고도 한다(DSM-5 진단명에 따르면 '조현성' 구석). 주로 퇴행적인 경향성, 불안정감, 위축감, 불안감이 있음을 시사할 수 있다. 또 연령이 올라갈수록 점차 왼쪽 상단에 그리는 경향이 감소한다는 연구 결과도 보고되었다(〈그림 4〉).

② 오른쪽 상단 구석

오른쪽 상단 구석에 몰아서 그릴 경우에는 불쾌한 과거 기억을 억압하고자 하는 바람, 미래에 대한 과도한 낙관주의, 미래 지향적인 환상을 나타내는 것으로 해석될 수 있다고 한다.

③ 하단 구석

하단 왼쪽 구석은 과거와 관련된 우울감, 하단 오른쪽 구석은 미래와 관련된 무망감을 나타낼 수 있다고 한다.

④ 검사지 밑바닥이나 가장자리

검사지 밑바닥이나 가장자리에 지나치게 붙여서 그린 경우, 불안정감, 자신감이 없음, 타인에게 지지받고자 하는 욕구, 의존적인 경향, 스스로 독립적으로 행동하는 것에 대한 두려움(Hammer, 1969), 새로운 경험을 회피하는 경향이나 환상 속에 머물러 있으려는 경향(Jolles, 1964)과 관련된다는 연구들이 보고되었다(〈그림 5〉).

| 그림 4 | 왼쪽 상단 구석에 그린 나무

| 그림 5 | 검사지 밑바닥에 붙여서 그린 집

4) 필압

연필을 가지고 얼마나 힘을 주어 그림을 그렸는가를 나타내는 필압(pressure)은, 피검자의 에너지 수준, 긴장 정도, 공격성 및 충동성에 대한 정보를 제공해 줄 수 있다.

획(strokes)을 힘주어 그리는 아이는 그렇지 않은 아이들보다 더 자기주장적이며 충동적인 반면, 약하게 그리는 아이는 에너지 수준이 낮거나 억제적이고 억압적이다(Alschuler & Hattwick, 1947).

(1) 필압이 강할 경우

힘을 주어 눌러서 그린 경우 생각할 수 있는 가능성은 먼저 현재 상당한 긴장감과 불안감을 느끼고 있거나, 성격적으로도 스트레스 상황에 처하면 쉽게 불안해지고 위축되는 경향이 있거나, 성격이 단호하고 자기주장적이고 야심이나 포부수준이 높거나, 편집중적인 경향이 있거나, 공격적이고 그러한 공격성이 외현화되는 스타일이거나, 충동적인 경향이 강하다는 것 등이다.

반사회성 성격장애, 기질적 장애, 뇌염이나 뇌전증 환자, 지적장애 아동들도 힘을 주어 진하게 그리는 경우가 많다.

(2) 필압이 약할 경우

선을 연하게, 약하게 그린 경우에는 다음과 같은 가설들이 가능하다. 적응을 잘 못하고 부적절하게 대처하거나, 자신이 없고 우유부단하고 소심하고 자주 망설이고 두려움과 불안정감을 느끼거나, 불안증상과 관련된 신경증적 상태에 있거나, 우울증 및 의지를 상실한 상태에 있다는 것 등이다(〈그림 6〉).

| 그림 6 | 약한 필압으로 그린 사람

특히 불안을 넘어 공포나 두려움과 관련된 신경증, 만성 조현병, 긴장증 동반 조현병 환자들의 경우는 필압이 아주 약한 경우가 많다.

(3) 필압이 변할 경우

한 장의 그림 속에서도 강하고 약한 필압을 다양하게 사용하는 것이 더 일반적이며, 융통성과 적응능력을 반영할 수 있다고 한다. 반면 시종 진하게 혹은 옅게만 그리는 경향은 긴장증 동반 조현병, 혹은 지적장애가 있는 경우에 흔하게 나타난다.

5) 획이나 선의 특징

(1) 획을 길게 그릴 때

이는 행동을 적절히 통제하는 경향 혹은 지나치면 과도하게 억제하는 경향이 있음을 시사할 수 있다. 그림을 그리는 과정에서 단호하게, 별다른 주저함 없이 획을 잘 그렸을 경우 이는 안정감, 완고함, 야심이 있고 포부수준이 높음을 시사할 수 있다.

(2) 획을 짧게 그릴 때

지나치게 짧게 툭툭 끊어서 그릴 경우는 충동성이 강하거나 과도하게 흥분을 잘하는 경향성과 관련이 있다는 연구 보고가 있다(Alschuler & Hattwick, 1947; Hammer, 1969)(〈그림 7〉).

(3) 획을 직선으로 그릴 때

이는 자기주장적인 경향, 민첩성, 우유부단하지 않게 의사결정을 잘 내리는 능력, 단호함 등과 관련될 수 있다고 한다. 그러나 지나칠 경우 경직성이나 융통성 부족혹은 충동적인 경향을 반영할 수도 있다.

| 그림 7 | 획이 짧고 끊어지게 그린 사람

(4) 획을 곡선으로 그릴 때

이는 의존성, 불안감, 불확실감, 우울감, 수줍음이나 사회불안적 경향, 우유부단성과 꾸물거림, 여성성, 순종적인 경향성과 관련될 수 있다.

(5) 수평적 움직임을 강조하여 그린 경우

때로 선을 그릴 때, 가로나 세로 방향을 좀 더 강조하여 그리는 경우가 있다. 가로방향, 즉 수평적 방향의 선을 강조하여 그린 경우는 연약함, 두려움, 자아보호적 경향성 혹은 여자다움과 관련될 수도 있다.

(6) 수직적 움직임을 강조하여 그린 경우

세로 방향, 즉 수직적 방향의 선을 강조해서 그린 경우는 남성적인 단호함이나 결정력 혹은 과잉활동성을 시사한다.

(7) 획을 여러 방향으로 바꾸어 그린 경우

획이 한 방향으로 나가지 않고 여러 번 방향을 바꾼 경향이 아주 현저하고 일관되어 보이지 못할 때는 불안정감, 정서적인 동요, 불안감을 시사한다.

(8) 선을 빽빽하게 그린 경우

선을 빽빽하게 그려 넣어 마치 면을 구성하는 것처럼 그리는 경우가 있는데, 이것이 과도할 경우 내적인 긴장감이 매우 높거나, 공격적인 경향이 있음을 시사한다.

(9) 선을 지그재그로 그린 경우

선을 지그재그로 마구 그렸을 때는 내면에 적대감이 있을 가능성을 고려할 수 있다.

(10) 선이 연결되지 않게 그린 경우

그림의 선들이 적절하게 연결되어 있지 못할 경우, 예를 들어 팔의 한쪽 선만을 그리거나, 팔이 몸통에 붙어 있지 않고, 떨어져 있거나 하는 등의 그림은 현실 접촉의 문제, 정신증적 혼돈, 사고의 기괴함과 비논리성을 반영할 가능성이 매우 높다. 이러한 양상은 주로 정신증 환자 혹은 심한 뇌손상 환자에게서 자주 나타난다.

(11) 선에 음영을 넣은 경우

선에 음영을 넣은 것처럼 어둡게 표현하는 경우가 있다. 그러한 음영처리가 그림에 3차원적이고 입체적인 원근감을 표현하기 위해서 의도적으로 이루어진 것이라면 이는 적응적인 양상을 나타내지만, 그렇지 않다면 대인관계 불안감이나 민감성을 시사할 수 있고, 심할 경우 불안감, 내적 갈등, 우울감 등을 나타낼 수 있다(〈그림 8〉).

| 그림 8 | 음영을 넣은 집

6) 세부묘사(detailing)

그림을 지나치게 자세하게 표현해서 그리거나, 그림의 어떤 부분을 특히 자세하게 표현했을 경우에는 그 부분과 직접적으로 관련되거나 혹은 그 부분이 상징하는 심리적 측면과 관련하여 내적인 갈등이 있음을 시사할 수 있다.

(1) 세부묘사를 부적절하게 했을 경우

예를 들어, 나무, 굴뚝, 사람의 눈 등과 같이 세부적인 부분을 전체 그림과 조화롭지 못하게 부적절하게 그렸을 경우에는 내적인 불안감, 위축감, 부적절감을 시사할 수 있다(〈그림 9〉).

(2) 적절한 세부묘사를 생략했을 경우

적절한 수준의 세부묘사가 생략되어 있다면 이는 사회적인 위축, 공허감, 에너지 수준의 저하와 같은 우울증적 특성을 시사할 수 있으며, 심할 경우 정신병적인 상태를 반영할 수도 있다.

(3) 세부묘사를 과도하게 했을 경우

이런 경우 가장 먼저 생각할 수 있는 가능성은 강박적인 경향성, 즉 지나치게 깔끔하거나, 현학적이고 주지화를 잘하며, 과도하게 억제적인 경향이 있을 가능성이다. 예를 들어, 강박적인 아동은 집 그림에서 지붕의 기와 한 장 한 장은 물론, 벽의 벽돌 모양, 울타리의 나무 모양까지 하나하나 꼼꼼하게 그리기도 한다.

왜냐하면 이들은 자기 주변 세계가 불확실하고 예측을 할 수가 없고 위험하다고 느끼기 때문에 자신의 내적 혹은 외적 혼란감과 불안감을 방어하기 위해서 스스로 엄격하게 질서 정연하고 구조화된 세계를 창조해 내고자 하기 때문이다. 이들이 그림을 지나치게 정확하고 정밀하게, 또 반복적인 요소를 강조하여 그리는 이유도 바로 이것이다.

이러한 경향은 강박증에서 초기 조현병으로 이행하는 과정에 있거나, 급성 기질

| 그림 9| 세부묘사가 부적절한 사람

| 그림 10 | 세부묘사가 과도한 나무

적인 장애를 가진 피검자에게서 나타나는 경우가 가장 많다. 내면의 불확실감과 불안감이 신경증적인 수준에서 그치는 것이 아니라, 자아가 붕괴되어 완전히 통제력을 상실할 것만 같은 '정신증적 불안'을 통제하고자 하는 강박 성향이 그림에 반영될 수 있다는 것이다.

이러한 경향은 또한 딱딱하게 굳은 포즈로 사람을 그리거나, 팔다리를 몸에 딱 붙여 그리거나, 나무를 곧고 바르게만 그리는 것과 같은 양상에서도 찾아볼 수 있다 (〈그림 10〉).

7) 지우기(erasure)

그림을 그리다가 자주 지우거나, 특히 그림의 어떤 부분을 지웠을 경우는 그 피검자에게 독특한 내적 갈등이 있음을 추론해 볼 수 있다.

(1) 지나치게 여러 번 지우는 경우

이는 내면의 불확실감, 내적 갈등으로 인한 우유부단함, 내면의 불안감과 초조함, 자기 불만족 등과 관련될 수 있다. 특히 지운 다음에 다시 그렸는데도 그림이 향상되지 못했다면 이는 내적인 불안감을 좀더 강하게 지지해 주는 징후로 볼 수 있다.

(2) 지우고 나서 다시 그린 그림의 향상 여부

지우고 나서 다시 그렸을 때 그림이 나아진다면 이는 적응적인 상태를 나타낼 수 있다. 그러나 오히려 더 나빠졌다면 이는 그림을 그린 대상이나 그것이 상징하는 대상과 관련하여 강한 정서적 갈등을 느끼고 있음을 시사할 수 있다. 세부적인 요소, 예를 들어 눈이나 팔 등을 그렸다가 지운 다음에 다시 그리지 않았다면 이는 그 부분 자체나 그 부분이 상징하는 바에 대해 강한 내적 갈등을 느끼고 있음을 반영할 가능성이 높다.

8) 대칭(symmetry)

(1) 대칭성이 지나치게 부족할 경우

대칭성이 너무 결여되어 있을 때, 예를 들어 한쪽 팔은 젓가락처럼 그리고 다른 쪽 팔은 씨름선수의 것처럼 그렸다면 이는 정신병적 상태나 뇌기능 장애를 시사할 가능성이 높으며, 지적장애 아동에서도 흔히 나타나는 양상이다.

(2) 대칭성을 지나치게 강조했을 경우

이는 성격적으로 과도한 경직성이나 융통성 부족, 지나친 억압이나 주지화 경향성, 강박적인 감정의 통제 등을 시사할 수 있다. 이러한 대칭성의 강조는 강박증 환자, 편집증, 우울증 환자들에게서 자주 나타난다는 연구 보고가 있다(Waehner, 1946).

9) 왜곡 및 생략(distortions and omissions)

(1) 왜곡이나 생략이 있을 때

그림의 어떤 부분을 생략했다는 것은 내적인 갈등과 불안을 시사할 가능성이 높다. 특히 특정 부분을 생략하거나 왜곡하는 것은 피검자의 내적 갈등이 무엇과 관련된 것인지를 추론할 수 있는 단서가 될 수 있다(〈그림 11〉).

(2) 그림을 극단적으로 왜곡하였을 때

왜곡이 도저히 이해할 수 없을 정도로 극단적으로 나타날 경우는 현실검증력의 장애를 시사하며, 드물기는 하나 부정적인 자기개념을 반영할 수도 있다고 한다. 주로 정신증 환자, 뇌손상 환자, 심한 지적장애인의 그림에서 나타나는 특성이다(〈그림 12〉).

| 그림 11 | 특정 부분을 생략한 사람

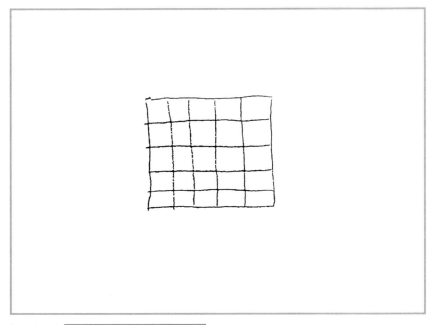

| 그림 12 | 극단적으로 왜곡하고 생략한 집

10) 투명성(transparency)

사람을 그리고 내장이 보이게 그리거나, 옷을 입은 그림인데 유방이나 배꼽 등이 보이게 그리는 경우이다. 이는 대체로 판단력 결함, 현실검증력의 문제, 정신증적 상태를 시사할 가능성이 높으며 때로는 성적인 갈등을 시사할 수도 있다. 그러나 6세 미만인 아동의 경우는 이러한 양상의 그림이 흔하게 나타나며 지적장애 아동들도 이러한 양상을 많이 보이므로, 투명성은 인지능력의 미숙함을 반영하는 것이라고 할 수도 있다.

11) 움직임(motion)

사람이 걷거나 뛰는 모습을 그리거나, 새가 날아가는 모습을 그리는 등 그림에 움직임이 표현되는 경우 그것이 지나치지 않다면 이는 내적 유능성을 반영할 가능성이 높다. 우울감이 내면화된 아동의 경우에는 움직이는 모습을 그리는 경우가 거의 없다. ADHD 아동이 지나치게 움직이는 모습을 많이 그린다고 한다.

12) 종이를 돌리는 경우(paper-turning)

종이를 이리저리 돌려 가며 그리는 경우 가장 먼저 생각할 수 있는 가능성은 반항성 혹은 부정적(negativistic) 경향성이다. 이것이 지나칠 경우 내적인 부적절감이 심함을 의미할 수도 있다. 계속해서 같은 방향으로만 종이를 돌린다면 이는 보속성(perseveration)을 나타내기도 한다. 한편, 시각-운동 협응력의 어려움이 있을 때 종이를 자주 돌린다는 견해도 있다.

13) 그림에 다른 것을 부가해서 그렸을 경우

예를 들어, 집을 그리라고 했는데 산이나 해를 덧붙여 그리거나, 사람을 그리라고 했는데 의자나 자동차를 함께 그리는 등의 경우가 있는데, 이는 부가된 사물이 지니는 상징적 의미와 관련하여 여러 가지 가능성을 생각하게 해 준다. 일례로 해를 그린 경우, 해는 권위적인 인물의 상징일 수 있으며, 힘이나 따뜻함에 대한 욕구가 반영된 것으로 생각해 볼 수 있다(〈그림 13〉).

| 그림 13 | 다른 것을 부가해서 그린 집

그 림 을 통 한 아 동 의 진 단 과 이 해
House-Tree-Person test * Kinetic Family Drawing

제**5**장

HTP의 구조적 해석

제5장

HTP의 구조적 해석

1. 집 그림의 구조적 해석

집은 가족이 함께 모여서 사는 공간이다. 때문에 집 그림에는 아동이 내면에 가지고 있는 가족, 가정생활, 가족관계, 가족구성원 각각에 대한 표상, 생각, 그와 관련된 여러 감정, 소망들이 투영되어 나타나게 된다. 또 집은 일차적으로 '사람이 사는 곳'이기 때문에 그 사람의 자아, 그 사람이 현실과 관계를 맺는 정도와 그 양상, 그리고 그 개인만의 내적 공상에 대해서도 여러 가지 정보를 줄 수 있다.

다음에는 집 그림의 각 개별적 요소의 의미를 어떻게 해석할 수 있는지 구조적 해석에 필요한 여러 가지 가능한 가설들을 제시하였다.

1) 문

문은 집과 외부세계를 연결하는 통로이다. 그러므로 집 그림에서 문은 타인이 자신의 삶에 들어오도록 허용하는 것, 그리고 자신이 세상으로 나아가는 통로를 의미하며, 세상과 자기 자신 간의 접근가능성(accessibility)을 나타낸다. 이러한 접근가능성은 여러 가지 심리적인 특성이나 상태를 반영할 수 있다. 예를 들어, 친밀한 관계에 대한 욕구나 소망 정도, 친밀한 관계 형성에 대해 느끼는 불안감이나 두려움, 거부감, 양가감정, 자신을 공개하는 것에 대한 불편감이나 긴장감, 친밀한 관계 형성에 필요한 공감능력, 타인의 인정이나 애정에 의존적인 정도 및 이에 대한 욕구와 소망, 실제로 얼마나 현실 및 세상과의 접촉이 되고 있는가, 얼마나 고립되고 위축되어 있는가 등이다. 이는 창문의 경우에도 마찬가지로 적용될 수 있을 것이다.

일반적으로, 한쪽으로 여는 문, 적당한 크기로 손잡이가 그려지고, 장식을 너무 많이 그리지 않고, 선의 질이나 음영의 정도가 적당하고, 집의 바닥선과 높이가 같으며, 집에서 가장 큰 벽면에 그리고, 문이 다른 화분 같은 것으로 가려져 있지 않도록 그릴 때 이러한 해석이 적절하다고 추론할 수 있다.

(1) 문이나 문의 손잡이를 빠뜨린 경우

외부와의 접근 가능 통로인 문을 빠뜨리고 그린 경우는 다른 사람이 자기 자신의 삶, 세계 안에 들어오는 것에 대해서, 또 자기 스스로 세상 속으로 나아가는 것에 대해 불안감, 혹은 저항감을 느끼며, 자기만의 세계에 고립되고 위축되어 있음을 의미할 수 있다(〈그림 14〉).

| 그림 14 | **문을 생략한 집**

문은 그렸으면서도 실제로 문을 열기 위해 필요한 문 손잡이를 빠뜨리고 그렸다면, 이렇게 타인에게 자기를 열고 혹은 자신이 다가가는 데 대한 욕구가 있지만 어떤 이유에서든 양가감정을 느끼고 있을 가능성을 생각해 볼 수 있다.

(2) 문의 크기

문을 지나치게 크게 그렸다면 이는 사회적 접근가능성이 과다함을 의미하는 것으로 볼 수 있다. 즉, 사회적인 인정이나 수용에 지나치게 의존적이거나, 타인과의 친밀한 관계에 지나친 비중을 두거나 혹은 타인의 인정이나 수용에 대해 과도하게 예민하고 불안해하지만 이를 과잉보상하고 싶어 하는 등의 가설을 생각해 볼 수 있는 것이다.

반대로 문을 너무 작게 그렸다면, 이는 다른 사람들과 관계를 맺고 싶은 욕구는 있지만, 다른 한편으로는 이에 대한 거부감, 두려움, 불편감 등의 양가감정을 느끼고 있을 가능성도 있다. 다른 사람이 다가오는 것이 두렵고, 자신의 경계가 침범당하거나 남이 자신을 너무 많이 알게 될까 봐 두려워함을 의미할 수도 있다. 실제로 상호호혜적인(reciprocal) 관계를 맺기 어렵고, 사회적인 관계 자체가 적고 위축되어 있거나 대인관계능력이나 기술이 부족함을 반영할 수도 있다.

(3) 세부적인 장식

문에 손잡이 외에 초인종, 우편함과 같은 세부적인 것을 더 그려 넣었다면 이는 타인과의 관계나 세상과의 접근가능성에 과도하게 집착함을 의미할 수도 있다. 대인관계, 애정이나 인정과 관련하여 과도한 욕구가 있을 수도 있는 것이다. 또 이러한 것을 너무 자세하고 꼼꼼하게 그렸다면 애정 욕구와 사회적 관심을 강박적으로 보상하고 있을 가능성, 혹은 자신이 이렇듯 사람들과 좋은 관계를 맺고 있다는 데 대한 보상적 과시나 관계의 피상성을 의심해 볼 수도 있다.

(4) 문의 개수 및 위치

대문 혹은 현관문 외에 옆쪽에 문을 하나 이상 더 그리는 경우가 있는데, 이는 세상과의 접근가능성에 대한 불편감을 반영한 것이라고 볼 수 있다. 예를 들어, 예전 한옥집처럼 양쪽으로 여는 문을 그린 경우는 이러한 불편감에 대한 과잉보상성을 의미할 수 있고, 문을 하나 더 그린 경우 자신이 현재 세상과 맺고 있는 관계 통로 및 관계 방식에 대해 불확실감을 느끼고 있거나 세상으로 나아가는 좀 더 다른 길을 찾고 싶은 소망이 있음을 반영할 수 있다. 또 대문은 그리지 않고 옆의 쪽문만 그렸다면 세상과의 관계 맺음에 대해 양가감정을 느끼는 것으로 해석해 볼 수도 있다.

때로 그림에는 안 그렸지만 뒤에 뒷문이 있다고 말하는 피검자들이 있는데, 이는 이러한 접근가능성에 대한 거부감이나 두려움, 방어적 경향을 나타낸 것일 수도 있다. 또 문이 벽 안쪽에 숨겨지게 그렸다면, 이는 다른 사람들이 자신에게 다가오는 데 불편함을 느끼고 지나치게 신중하거나, 쉽게 사람을 믿지 못하고 시험해 보는 경향을 가지고 있음을 의미할 수도 있다.

(5) 문을 가리거나 마지막에 그린 경우

문 앞에 화분을 그리는 식으로 문을 가려지게 그렸다면, 이는 세상 및 타인과의 접근가능성에 대한 여러 가지 부정적 감정들, 혹은 양가감정을 느끼고 있음을 반영할 가능성이 높다. 집을 모두 다 그리고 나서 마지막에 문을 그렸다면, 이는 피검자가 최소한의 대인관계 접촉을 하기는 하지만 다소 꺼리고 불편해하는 경향이 있으며, 수줍음이나 사회 불안을 느낄 가능성이 있음을 의미할 수도 있다.

2) 창문

창문은 세상을 내다보고, 또 세상과 타인이 집 안을 들여다볼 수 있는 통로이다. 때문에 이는 대인관계와 관련된 피검자의 주관적인 경험, 자기 혹은 자기대상이 환경과 상호작용을 할 수 있는 능력에 대해 스스로 느끼는 감정들과 관련될 수 있다.

일반적으로 큰 창문을 하나 그리거나 작은 것을 두세 개 그리고, 크기가 적당하며, 집의 벽에 위치하고, 화분이나 커튼으로 창문이 많이 가려지지 않게 그린 것이 적절하다고 간주된다.

(1) 창문을 안 그렸을 경우

대인관계에 대한 주관적인 불편감과 관련되며, 대인관계에서 상당히 위축되어 있음을 반영할 수 있다(〈그림 15〉).

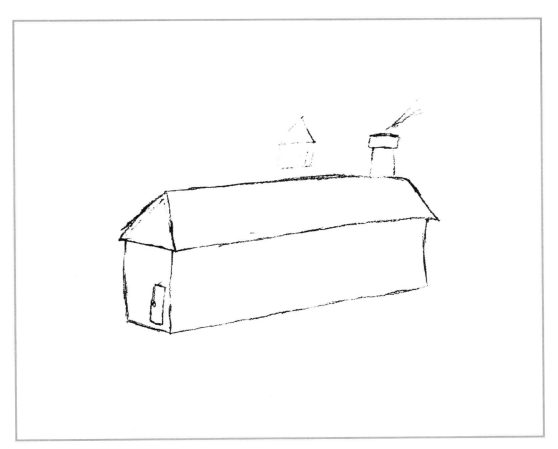

| 그림 15 | 창문을 생략하여 그린 집

(2) 창문을 너무 많이 그린 경우

창문을 지붕이며 벽에 너무 많이 그리는 경우가 있는데, 이는 과도하게 자신을 개방하고 타인과 관계 맺고자 하는 욕구, 때로 지나치게 타인에게 다가가고 타인이 수용할 수 있는 것 이상으로 가까워지고자 하는 소망을 반영할 수 있다. 또 타인에게 인정받고 싶고 보여 주고 싶은 소망을 나타낼 수도 있다(〈그림 16〉).

벽에만 창문을 4~5개 그렸다면 이는 관계를 맺는 것에 대해 실제로는 불안감을 느끼면서도 이를 과도하게 보상하려고 노력하고 있음을 의미할 수도 있다.

| 그림 16 | 창문을 너무 많이 그린 집

(3) 창문의 위치

창문은 문 높이보다는 다소 아래쪽에 그리는 것이 일반적이다. 만약 창문을 지붕에 그렸다면, 이 창문으로는 자신은 밖을 내다볼 수 있지만 다른 사람은 집을 들여다보기 어려울 것이다. 때문에 이는 자신의 모습이 드러나는 것을 감추고 싶어 함을 의미할 수 있으며, 내적인 고립감과 위축감을 시사할 수도 있다(〈그림 17〉).

경험적으로 보면 창문을 적절히 배열해서 그리지 못하는 경우 시공간적 조직화 능력의 어려움이 반영된 것으로 볼 수도 있고, 초기 조현병 환자들이 보이는 징후로 해석할 수도 있다.

| 그림 17 | 창문을 지붕에 그린 집

(4) 창문의 크기

이는 문의 경우와 마찬가지로 해석할 수 있다.

(5) 세부적인 장식

창문을 그릴 때 창문에 커튼이나 화병, 사람 등을 덧붙여서 그리는 경우가 있다. 이런 부가적인 것을 한두 가지 정도만 그리되 창문을 가리지 않는 범위에서 했다면 이는 그 사람이 환경에 좀 더 능동적으로 관여하고 개입하고자 함을 의미할 수 있다. 그러나 창문이 가려질 정도였다면 이는 대인관계에서 자신이 상처받지 않도록 보호하고자 하는 방어적인 태도나 감정이 있음을 나타낼 수 있다.

때로 창문에 두 개 이상의 가로세로 창살을 그려 넣는 경우가 있는데, 이는 자신의 가정의 내적 울타리가 안정적이기를 바라고 있거나, 혹은 가정을 감옥처럼 답답하게 느끼고 있음을 반영하는 것일 수 있다.

3) 벽

벽은 집이 견고히 서 있도록 지탱해 주고, 외부와 내부를 분리시키며, 외적인 환경에서 집의 내부를 보호해 주는 역할을 한다. 그러므로 집 그림에서 벽은 외적인 위협은 물론 정신증으로 자아가 붕괴되는 것으로부터 자기 자신을 보호하는 역할, 즉 자아강도와 자아통제력을 나타낸다.

대개 벽의 선이 적절히 연결되어 있고, 직선으로 그려지고, 벽이 투명하게 비치지 않으며, 적어도 벽이 두 개이고, 3차원적으로 그리며, 선의 질이나 음영이 적당할 때 이러한 자아강도나 자아통제력이 적절한 수준에 있음을 의미한다.

(1) 벽의 형태

벽이 견고하지 못하고 허술하게 그려졌다면 이는 자아강도가 약화되어 있고 자아통제력이 취약해져 있음을 시사할 수 있다. 반대로 벽의 견고함을 강조해서 그렸다면 이는 자아강도가 강함을 의미할 수도 있지만, 자아가 위협받는 데 대한 두려움

이 있고, 예민하거나 자기를 통제하고자 하는 과도한 욕구가 있음을 나타낼 가능성
도 있다.

(2) 벽을 안 그리거나 선이 연결되지 않은 경우

이는 매우 드문 경우로 심한 현실 왜곡, 자아의 붕괴, 자아통제력의 와해, 현실검
증력의 손상을 의미하며, 주로 조현병 환자에게서 나타난다.

정신증적 상태에 있지 않으면서도 벽을 그린 선이 잘 연결되어 있지 않은 경우가
있는데, 이는 자아통제력이 많이 약화되어 있고, 자아의 힘이 상당히 고갈되어 있음
을 의미할 수 있다(〈그림 18〉).

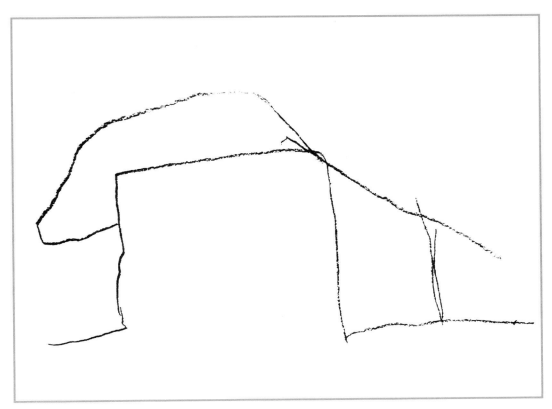

| 그림 18 | 벽의 선이 잘 연결되어 있지 않은 집

(3) 벽의 개수와 위치

집을 2차원적으로 그려서 벽을 하나만 보이게 하는 경우가 종종 있다. 이는 자신에 대해 표현되는 것, 즉 남에게 보여지는 자신의 부분에 대해 통제하고자 하며, 자신에 대해 제한되고 피상적인 부분만 드러내고자 하는 욕구와 관련될 수 있다.

그런데 옆쪽과 앞쪽의 벽을 모두 그렸으면서도 이를 3차원적으로 그리지 못하고 마치 2차원인 것처럼 그렸다면 이는 신경학적 손상이나 사고장애, 현실검증력의 장애를 시사할 소지가 높다(〈그림 19〉).

(4) 선

벽의 선은 일반적으로 직선으로 그리는데, 그렇지 못하고 휘어지게 그리거나 비

| 그림 19 | 앞면과 옆면을 함께 그린 집

스듬히 쓰러질 듯이 그렸다면 이는 자기통제력이 매우 약화되어 있고 현실검증력
이 불안정할 수 있음을 의미할 수 있다.

(5) 투명성

매우 드물지만 벽을 그려 놓고는 그 벽면에 방 안의 모습을 그리는 등 밖으로 비
춰지는(투명성, transparency) 모양으로 그리는 경우가 있다. 이는 대개 자아통제력
의 상실, 현실검증력의 장애를 시사한다. 그러나 5세 이하의 아동은 인지발달 수준
을 감안할 때 이렇게 그리는 것이 정상적인 수준으로 간주된다(〈그림 20〉).

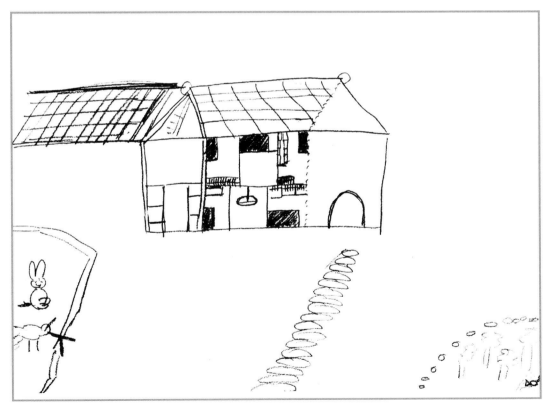

| 그림 20 | 내부가 투명하게 드러나는 집

(6) 벽돌이나 돌, 통나무 결 무늬 등을 벽에 그려 넣는 경우

이러한 것을 너무 정교하고 자세하게 그려 넣는 경우가 있는데, 이는 주로 사소한 것에 대한 과도한 집착, 자기통제감을 유지하려는 강박적, 완벽주의적 성격 경향을 시사하는 경우가 많다(〈그림 21〉).

자폐스펙트럼장애(Autism Spectrum Disorder: ASD) 아동의 그림에서도 종종 이러한 양상이 나타나는데, 이때는 주로 이러한 아동들의 상동증적 보속성, 기계적인 자극처리 경향을 반영하는 것이다.

| 그림 21 | 벽돌이나 돌로 벽을 채워 넣은 집

4) 굴뚝

굴뚝은 집에서 난로를 피웠을 때 연기가 나오는 곳이고, 난로는 가족들이 함께 모여 불을 쬐거나 요리를 하는 것과 같이 온정적인 일들과 관련된다. 때문에 굴뚝은 가족구성원 간의 관계와 분위기, 가족들 간의 애정과 교류에 관한 정보를 제공해 줄 수 있고, 굴뚝의 연기 등은 이러한 애정욕구, 애정욕구와 관련된 좌절감이나 상실감, 우울감 등에 대해 시사해 줄 수 있다.

그런데 외국의 경우는 이러한 굴뚝과 벽난로가 있는 것이 일반적이지만 우리나라는 그렇지 않은 경우가 많으므로 간혹 동화책이나 그림책에서 많이 보았던 굴뚝을 그리게 되는 경우가 있다. 이러한 경우라면 가정 내에서 애정욕구의 좌절이나 우울감이 내재되어 있지만 이를 주로 공상세계에 빠짐으로써 보상해 왔을 가능성을 의심해 볼 수도 있다.

외국 아동의 그림에서는 굴뚝을 적당한 크기로 지나치게 정교하지 않게 그리고, 적당한 정도로 연기가 나오게 그릴 경우 이를 적절한 특성으로 해석한다고 한다. 그러나 우리나라 아동의 그림에서는 그 의미가 다소 다를 수 있다.

(1) 굴뚝에서 연기가 나는 그림

외국 연구에 따르면 적당한 양의 연기가 나는 것은 일반적이지만, 연기가 나도록 그렸다는 것 자체가 가정 내 불화나 가족 내에서의 정서적 긴장감을 반영할 수 있다. 또 너무 짙게 많이 그렸다면 이는 애정이나 따뜻함에 대한 과도한 욕구와 관심, 그 기저의 좌절감이나 결핍감을 나타내는 경우가 많다. 경험적으로는 남성성에 대한 성적 관심, 권력에 대한 관심을 나타낼 수도 있다는 연구도 있다(〈그림 22〉).

(2) 굴뚝을 안 그렸을 경우

외국 아동의 그림에서라면, 이는 따뜻한 가족관계를 맺는 데 대한 양가감정, 회피 등을 의미할 수 있다. 그러나 우리나라 아동의 경우는 안 그리는 경우가 더 많으므로 특별한 임상적인 의미를 둘 필요는 없다.

| 그림 22 | 굴뚝에서 연기가 나는 집

(3) 굴뚝에 벽돌 무늬를 그려 넣는 경우

이를 너무 자세하게 그리려고 하면 다른 경우와 마찬가지로 강박적인 성격 경향을 반영할 가능성이 높으며, 특히 가족 간의 따뜻한 교류와 상호작용, 애정의 교류에 대해 강박적으로 집착하고 있을 가능성을 시사할 수 있다.

5) 지붕

지붕은 사람으로 치면 머리에 해당하는 부분이므로, 내적인 공상활동, 자기 자신의 생각이나 관념, 기억과 같은 내적 인지과정과 관련되는 것으로 가정할 수 있다.

(1) 지붕을 안 그렸을 경우

이는 매우 드문 경우로, 내적인 공상활동, 내적인 인지과정을 표현하지 못하고 있음을 의미하므로 사고장애, 현실검증력의 장애를 시사할 가능성이 매우 높다. 주로 조현병 환자의 그림에서 나타날 수 있다.

(2) 지붕을 지나치게 강조해서 그렸을 경우

선을 짙게 그리고, 반복적으로 덧칠하고, 빗금을 그려 넣는 등으로 지붕을 너무 강조해서 그렸다면, 이는 내적 공상과 인지과정에 대한 강조이므로 실제로 어떤 종류이든 공상에 많이 몰두하는 아동의 그림에서 많이 나타날 수 있다. 이는 조현병이나 조현형 성격 특성을 가진 경우에서의 자폐적 공상일 수도 있고, 내적으로 우울한 아동들이 보이는 소망 충족적 공상일 수도 있다.

때로는 자신의 공상이나 내적 인지과정을 통제하지 못할지도 모른다는 불안감이 있어 이를 보상하고자 하는 의도로 지붕을 강조했을 가능성도 있는데 이때는 주로 정신증 초기를 의심해 볼 수 있다.

(3) 지붕의 크기

지붕을 너무 크게 그렸다면 이러한 내적 인지활동을 매우 강조하거나 중요하게 여김을 의미할 수 있으므로, 대인관계에서는 좌절감을 느끼고 위축되어 내면의 공상 속에서 즐거움과 욕구충족을 추구하거나, 자폐적 공상에 과도하게 몰두하는 경향성을 나타낼 수 있다(〈그림 23〉).

반대로 너무 작게 그렸다면 이는 내적인 인지과정이 활발하지 않거나, 이에 대해 회피하고 억제, 억압하는 경향성을 반영할 수 있다.

(4) 기와나 널빤지를 그려 넣어 정교하게 표현하려 한 경우

이 역시 다른 경우와 마찬가지로 강박적인 경향을 나타내며, 강박적 방식을 통해 통제하고자 하는 대상이 내적 인지과정, 내적 공상과 관련된 불안감이라고 추론해 볼 수 있다(〈그림 24〉).

| 그림 23 | 지붕을 지나치게 크게 그린 집

| 그림 24 | **지붕에 기와나 널빤지를 채워 넣어 그린 집**

(5) 지붕에 문과 창문을 그렸을 경우

　　내부와 외부로 통하는 통로인 문과 창문이 지붕에 위치했다는 것은 내적 사고활동을 주된 매개로 세상과 소통함을 의미할 수 있다. 때문에 이러한 그림은 주로 자신의 자폐적인 공상세계 속에 몰두해 있는 조현병, 혹은 조현형 성격장애 환자에게서 나타나며, 단순히 지붕을 크게 그린 경우보다 자폐적 공상이 더욱 활발하고 그 안에 위축된 정도가 더 심함을 의미할 수 있다.

6) 계단이나 출입로

　　현관으로 향하는 계단이나 오솔길 모양으로 출입로를 그리는 경우가 있다. 이는 세상과 문 간에 직접적인 연결통로를 그렸다는 의미에서 타인과 접촉하고 관계를 맺고 있다는 느낌, 즉 근접성(approachability)을 의미한다.

　　대개 종이 밑 쪽에 직선 모양으로 그린다면 이러한 근접성이 적절한 수준임을 나타낸다고 한다.

(1) 계단이나 출입로를 안 그린 경우

외국 아동의 경우에는 그림을 그리는 데 들인 노력이나 성의가 다소 부족하거나 자신을 덜 관여시키려고 하는 경향 또는 사회적 관계에 있어 다소 수동적이거나 회피적인 태도를 가지고 있음을 의미할 수 있다.

그러나 우리나라에서는 이런 계단이나 출입로가 있는 집이 흔치 않으므로 오히려 안 그리는 경우가 흔하며, 별다른 임상적 의미를 부여하지 않아도 된다.

(2) 형태 및 위치

외국 연구에 의하면 출입로가 너무 길거나 짧은 경우, 출입로의 너비를 너무 좁게 그리는 경우 타인과 가까워지는 것에 대해 접근과 회피의 갈등, 양가감정이 있을 수 있음을 의미한다고 한다. 또 집의 입구에서는 길을 넓게 그리다가 점차 좁게 그릴 경우, 이는 상징적으로 처음에는 대인관계에 대해 좀더 개방적이지만 다른 사람과 가까워질수록 주저하게 됨을 나타낼 수도 있다. 반대로 현관문 부분에는 좁게 그리다가 점차 넓게 그린다면 이는 관계 초기에는 다소 주저할 수 있지만 점차 마음이 편해지고 타인 수용의 폭이 넓어짐을 의미할 수도 있다.

7) 집과 지면이 맞닿은 선

집과 지면이 맞닿는 것을 표시하기 위해 선을 그리는 경우가 있다. 이 선은 상징적으로 그 사람과 현실과의 접촉 및 그 접촉의 안정성을 나타내는 것으로 가정해 볼 수 있다. 또한 현실로부터 떨어져서 공상에 몰입해 있는 조현병 환자는 땅에 닿지 않고 공중에 떠 있는 듯한 그림을 그리기도 한다. 다시 말해서, 집의 바닥이 땅에 닿아 있는 방식은 안정성, 현실과의 접촉을 나타낸다.

| 그림 25 | 지면선을 생략한 집

(1) 지면선을 안 그렸을 경우

이 선을 안 그리고도 비교적 집의 밑부분을 안정되게 그린다면 별다른 임상적인 의미를 갖지 않을 수 있다. 그러나 때로는 이것이 현실과의 접촉에 문제가 있음을 나타낼 가능성이 있다(〈그림 25〉).

8) 집을 바라보는 관점

(1) 위에서 내려다보는 모습으로 그린 경우

벅(Buck, 1948)은 이러한 모습의 그림을 '새가 하늘에서 내려다보는 것처럼 그린 그림'이라 하여 '새의 관점(bird-eye-view)'이라고 명명하였다. 대체로 이는 현재 가정 형편이나 상황에 대한 불만감, 벗어나고 싶은 욕구를 느끼고 있음을 시사할 수

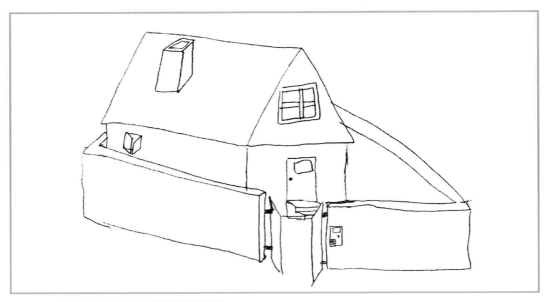

| 그림 26 | bird-eye view의 관점으로 그린 집

있으며, 사회적인 가치규준에 대해 거부적인 태도가 있음을 나타낼 수 있다. 아동 청소년의 경우 특히 사춘기 및 정체감 형성과 관련된 부분에서, 가정에서 가르치고자 하는 전통적인 가치에 대한 반감을 가지고 있고 자기 또래집단과 동일시된 보상적인 우월감을 양가적으로 가지고 있을 때 종종 나타낸다(〈그림 26〉).

(2) 아래서 위로 올려다보는 모습으로 그린 경우

'벌레가 땅에서 하늘을 올려다보는 것처럼 그린 그림'이라 하여 '벌레의 관점(worm's eye view)'이라고 불린다. 자신이 집보다 아래쪽에 위치함을 의미하므로, 상징적으로 가족관계 속에서 수용되지 못하고 거부당하는 느낌과 애정욕구에 대한 좌절감, 열등감, 부적절감, 자기존중감과 자기가치감의 결여를 시사할 수 있다.

(3) 멀리 떨어져 있는 듯이 그린 집

이는 상징적으로 집과 멀리 떨어지고자 하는 소망과 관련될 수 있으므로, 현재 자

| 그림 27 | 관찰자로부터 멀리 떨어진 듯이 그린 집

신의 가족상황에 대해 대처할 수 없다는 무력감을 느끼고 있음을 시사할 수 있다(〈그림 27〉).

　드물게 집의 뒷부분을 그리는 경우가 있는데, 특히 뒷문조차 그리지 않았을 경우 위축감, 수동-공격적 경향, 저항이 투사되었음을 의미한다고 볼 수 있으며, 주로 방어적으로 위축되어 있는 초기 편집형 조현병 환자에서 나타날 수 있다는 연구 보고가 있다.

9) 부수적인 사물을 그려 넣었을 경우

집을 그리라고 지시했을 때 집만을 그리는 것이 일반적이나, 집 외에 울타리나 산, 나무 같은 것을 더 그려 넣는 경우가 있다. 이때에는 추가된 사물이 그 아동의 특징적인 모습을 반영해 주므로 그 의미를 잘 살펴야 한다(〈그림 28〉).

(1) 태양
성인의 경우 하늘 부분에 해를 그리는 것은 매우 흔치 않은 일로, 마치 어린아이와 같이 강력한 부모와 같은 자기대상 존재를 갈망하고 있음을 시사할 수 있다.
아동의 경우에는 발달적으로 미성숙하므로 이러한 양상이 나타나는 것이 더 일

| 그림 28 | 부수적 장식이 많은 집

반적이나, 태양을 지나치게 강조해서 그릴 경우는 강한 애정욕구 및 이에 대한 좌절 감을 시사할 수 있다.

(2) 잔디나 나무

집 주변에 잔디나 나무와 같은 것을 적당한 정도로 그렸다면 이는 내적으로 생동 감과 에너지가 있음을 의미할 수 있다. 그러나 예를 들어, 나무를 너무 크게 그려 집 의 지붕을 다 덮어 버릴 정도라면 자기를 돌보거나 지배하는 강력한 부모와 같은 자 기대상을 경험하고 있음을 의미할 수 있다.

2. 나무 그림의 구조적 해석

여러 그림 가운데 특히 나무와 사람 그림에는 '신체상' 혹은 '자기개념'과 같은 성 격의 핵심적 측면이 나타나게 된다. 그중에서도 나무에는 좀 더 깊고 무의식적인 핵 심감정이 드러나는 한편, 사람 그림에서는 좀 더 의식적인 수준에서 자기 자신과 환 경과의 관계에 대해 가지고 있는 스키마(schema)가 반영된다. 즉, 나무는 좀 더 심 층적인 수준에서의 자기와 자기개념에 부여된 내면 감정이 투영되는 반면, 좀 더 현 실생활에서 느끼고 있는 자기 자신에 대한 태도와 감정들은 사람 그림에 투사된다 는 것이다. 이러한 가정은 사람 그림보다 나무 그림에서, 나중에 다시 한번 그려 보 도록 했을 때도 나무의 기본적인 특징이 그다지 달라지지 않는다는 연구 결과에서 도 지지되고 있다.

다른 여러 가지 검사 결과들도 마찬가지이지만 특히 장기적인 심리치료를 하였 을 때 나무 그림에서 병리적인 징후들이 감소되었는지 여부를 통해 치료적 호전 여 부를 가늠할 수 있다. 또 나무 그림은 피검자의 입장에서 보았을 때 자기상이 투영 되리라는 짐작이 덜 되므로 방어가 덜 일어날 수 있다는 장점이 있다.

벅(Buck, 1948)은 나무 그림에 대한 가정을 논하면서, 나무의 기둥은 피검자의 내 적 자아강도에 대한 주관적인 느낌을 나타내고, 나무의 가지는 환경으로부터 만족

을 추구하는 피검자의 능력을, 그리고 나무의 전체적인 조직화는 피검자의 개인 내
적인 균형감을 반영한다고 주장하였다.

다음에는 나무 그림의 각 개별적 요소가 무엇을 의미하는가에 대해, 구조적 해석
에 필요한 여러 가지 가능한 가설들을 제시하였다.

1) 나무 기둥

나무의 기둥은 나무를 지탱해 주는 기능을 하는 가장 기본적인 부분이므로, 상징
적으로 그 피검자의 성격구조가 얼마나 견고한지, 즉 자기 혹은 내면화된 자기대상
의 힘을 나타내 준다.

(1) 기둥의 윤곽선
윤곽선을 그릴 때 지나치게 필압을 강하게 그렸다면, 이는 자기 자신의 성격구조
에 대한 위협에 지나치게 방어하려는 경향, 때로는 자아가 혼란스러워지고 분열되
는 것에 대한 두려움과 이에 대한 방어적 경향성을 의미할 수 있을 것이다.

반대로 너무 흐리고 연하게 그렸다면 이는 정체성 상실, 성격구조, 즉 자아의 붕
괴에 대한 긴박감, 강한 불안감을 나타낼 수 있다.

(2) 나무 기둥을 안 그렸을 경우
이는 극히 드문 경우로, 자아강도가 극도로 악화되었거나 와해되어 정신증적 상
태에 있음을 나타낼 가능성이 높으며, 때로는 심한 자기 부적절감, 지나친 억제 경
향성 및 회피성, 수동성을 의미할 수도 있다.

(3) 기둥의 모양과 크기
기둥을 지나치게 넓고 크게 그렸거나 너무 높이 그린 경우, 실제로는 내적 성격구
조가 약하고 자아강도가 부족하면서도, 이로 인한 불안감을 과잉보상하고자 시도
하고 있음을 의미할 수 있다. 반대로 너무 좁고 약하게 그렸다면 실제로 자기 자신

에 대해 위축되고 약하게 느끼고 무력해 있음을 의미할 수 있다.

나무 기둥을 너무 휘어지거나 기울어지게 그린 경우는 내적 자아의 힘이 어떤 외적인 요인에 의해 손상되거나 압박을 받고 있다는 느낌을 가지고 있음을 나타낼 수 있다. 드물지만 기둥의 끝쪽이 땅 쪽으로 휘어지게 그렸다면 이는 우울감을 시사할 가능성이 높다. 기둥의 위쪽 부분을 둘 이상으로 갈라서 그리는 경우가 있는데 이를 '분열된 나무(split tree)'라고도 부른다. 이는 세상 속의 자기 자신에 대한 혼란감, 자기분열감을 시사하는 것으로 가정되며, 주로 조현병 환자에게서 나타난다.

(4) 그루터기만 그린 경우

나무 기둥이나 가지 등을 그리지 않고 나무 밑동이나 그루터기만 그리는 경우가 드물게 있는데, 이는 심한 유약감, 위축감과 우울감을 의미한다.

(5) 기둥에 옹이구멍을 그려 넣은 경우

나무 기둥이 그 사람의 성격구조와 자아라면, 거기에 그려진 옹이구멍은 흔히 성장과정에서 경험한 외상적 사건, 자아의 상처를 의미하는 것으로 볼 수 있다. 기존 연구에 의하면, 옹이가 기둥의 한쪽 면에서 반대쪽 면까지 그려졌을 경우는 기둥의 전체적 통합성을 해치는 것이므로, 상당한 자아의 손상감과 상처를 유발했던 외상적 사건이 있었음을 의미하는 것일 수 있다. 또한 옹이가 기둥 옆을 파먹은 것처럼 그렸다면 그러한 외상이 신체적 손상감과 관련된 것일 수 있다. 또 옹이가 기둥의 어느 정도 높이에 그려졌는지가 그러한 외상경험이 언제쯤 있었는지를 시사할 수 있다. 예를 들어, 기둥이 그 사람의 실제 나이 30세를 나타낸다면, 옹이가 밑에서 1/3 지점에 그려지면 그 사건이 10세에 일어났다고 추정해 볼 수 있다는 것이다. 그러나 이러한 해석은 다른 경우와 마찬가지로 기계적으로 이루어질 수 있는 것은 아니다.

(6) 옹이구멍 안에 동물을 그려 넣은 경우

이는 상징적으로 좀 더 안전한 장소, 자신이 위축되어 그 안에 숨고 싶은 그런 장

| 그림 29 | 옹이구멍에 동물을 그려 넣은 나무

소를 찾고 싶다는 소망을 의미할 수 있다. 다시 말하면, 일시적으로 퇴행을 함으로써 그동안 손상되고 고갈된 자아의 힘을 회복하고 보상하고 싶은 욕구를 나타낼 수 있는 것이다. 이때 피검자는 나무보다는 그 동물과 자신을 동일시하고 자기 자신을 투사하고 있는 것이며, 분석적인 의미에서 '자궁으로의 회귀(return to uterus)'를 의미할 수 있다(〈그림 29〉).

(7) 나무 기둥과 가지를 일차원적으로 그린 경우
이는 그리 흔하지 않은 경우로, 지능이 낮아 제대로 된 나무 그림을 그릴 수 없는지 혹은 기질적인 손상이 있는지를 의심해 볼 수 있다.

2) 뿌리

뿌리는 땅에 그 나무가 설 수 있도록, 땅에 든든히 기반할 수 있도록 해 주는 부분이다. 때문에 나무 그림에서 뿌리는 상징적으로 그 사람이 내적으로 느끼는 자기 자신에 대한 안정감, 자기 자신의 근본적인 모습에 대한 이해와 관련될 수 있다.

(1) 뿌리를 그리지 않은 경우
현실이나 세상에 안정되게 설 수 있는 기반을 그리지 못했음을 나타내므로 현실 속에서의 자기 자신에 대한 불안정감, 자신 없음을 나타낸다.

(2) 뿌리는 그리지 않고 땅은 그린 경우
이는 상징적으로 내적 자기와의 단절감을 느끼기는 하지만 어느 정도의 안정감을 느끼고 있음을 의미할 수 있다. 그러나 지면에 나무가 닿아 있는 것이 아니라 붕 떠 보이는 인상을 준다면 이는 현실과의 접촉, 현실검증력이 불안정하거나 내적인 불안정감을 느끼고 있음을 나타낼 수도 있다.

(3) 나무 기둥을 종이 밑면까지 그린 경우

이렇게 종이 밑면을 나무가 땅과 맞닿아 있는 부분으로 표현한 경우는, 자기 자신의 내적 자원을 통해 안정감을 얻지 못하고 무언가 외적인 자원을 통해 안정감을 얻고자 하는 욕구를 의미할 수 있다. 그러므로 좀더 미숙하고 퇴행적이며 의존적인 성향을 반영할 수 있으며, 상당한 자기부적절감, 이와 관련된 우울감을 시사할 수 있다.

(4) 뿌리를 강조하여 그린 경우

뿌리를 지나치게 강조해서 그렸다면, 이는 실제로는 자기 자신에 대해 불안정하게 느끼지만 이에 대해 과도하게 보상하려고 시도하고 있음을 의미할 수 있다(〈그림 30〉).

때로 뿌리를 마치 동물의 발톱처럼 뾰족뾰족하게 그리는 경우가 있는데, 이는 자아가 붕괴할 것 같은 상태에서 심한 공포감과 두려움을 느끼고 있는 초기 정신증적 상태, 혹은 전정신증적 상태(prepsychotic state)와 관련된다고 할 수 있다.

(5) 투명성

땅을 그려 놓고도 그 속으로 뿌리가 훤히 비치게 그리는 경우는 현실 검증력의 손상을 시사할 가능성이 매우 높다. 그러나 집 그림에서와 마찬가지로 5세 이하의 어린 아동들의 그림에서는 이러한 양상이 정상적인 현상일 수 있다(〈그림 31〉).

3) 가지

나무의 가지는 나무가 양분을 흡수하여 성장하고 세상을 향해 뻗어 나가는 부분을 나타낸다. 그러므로 나뭇가지는 피검자가 환경에서 만족을 추구할 수 있는 자원과 다른 사람들에게 접촉하는 데 필요한 자원, 현재 상황에 대처할 수 있는 능력, 지금보다 나아질 수 있는 자원, 그리고 성취하고자 하는 소망과 이를 위해 노력하는 태도 등을 반영할 수 있다.

| 그림 30 | 뿌리를 강조하여 그린 나무

| 그림 31 | 뿌리가 투명하게 비치는 나무

　좀 더 무의식적인 의미에서 나뭇가지는 사람 그림에서의 팔과 유사하다고 할 수 있다. 예를 들어, 사람 그림에서 강하고 튼튼해 보이는 팔을 그렸더라도, 나무 그림에서는 가지를 부러지거나 혹은 너무 빈약하게 그렸다면(〈그림 32〉), 이는 내면에는 이러한 내적·외적 자원에 대한 좌절감과 무기력감이 있으면서도 이를 다소 과잉보상하려는 경향성이 있음을 반영할 수 있다.

| 그림 32 | 가지가 부러진 나무

(1) 나뭇가지를 그리지 않는 경우

이는 드물게 나타나며 세상과의 상호작용에 있어서 매우 억제되어 있음을 의미할 수 있다. 사회적으로 심하게 위축되어 있거나, 자기 혹은 자기대상에 대해서도 위축감과 우울감을 느끼고 있음을 생각해 볼 수 있다.

(2) 나뭇가지의 크기

가지를 지나치게 크게 그렸을 때는, 성취동기나 포부수준이 매우 높거나, 혹은 환경과의 상호작용에서 자신이 없고 불안하지만 이를 과잉보상하려고 하고 있으며, 실제로도 과잉활동적인 행동을 보일 수 있음을 의미한다(〈그림 33〉).

반대로 너무 작게 그렸다면 이는 상황에 대처하는 데 있어서의 수동성, 세상과 환경을 향해 나아가는 태도에 있어서의 억제를 의미한다.

| 그림 33 | 가지를 너무 크게 그린 나무

때때로 나무 기둥은 키가 훌쩍 크고 좁게 그렸으면서 가지는 지나치게 주변으로 퍼지게 그렸다면, 이는 환경으로부터 만족을 추구하는 것을 두려워하고 있으며, 때문에 만족 추구의 원천을 자기 자신의 공상세계 속에서 찾고자 함을 의미할 수 있다. 실제 생활 속에서도 지나치게 소망 충족적인 공상에 몰입하는 사람들이 경험적으로 이러한 그림을 그리는 경우가 많다고 한다.

잎은 거의 그리지 않고 가지만 길쭉길쭉하게 그리는 경우도 있는데, 이는 주로 조현성 성격(schizoid)의 사람에게서 나타난다. 지나치게 내향적이고 위축되어 있어 조현성 성격으로 분류되는 사람은 나뭇가지를 위로 지나치게 뾰족하게 연장하여 그리는 경우가 있는데, 이는 그 사람이 사회적으로 위축되어 거의 가지의 끝에 위치해 있음을 의미할 수도 있다.

(3) 나뭇가지의 모양

나뭇가지를 일차원적으로만 그렸을 경우에는, 나무 기둥의 경우와 마찬가지로 먼저 기질적 손상이 있는지, 지적장애인지, 혹은 정신병적 상태인지를 의심해 봐야 한다. 이러한 가능성들이 배제될 수 있다면 이는 대인관계 상호작용에 대한 심한 부적절감을 의미할 수 있다.

또 나뭇가지 끝을 아주 날카롭게 그려서 마치 창이나 화살촉 같은 인상을 주는 경우가 있는데, 이는 피검자 내면에 적대감이나 공격성이 내재되어 있음을 시사할 수 있다. 나무를 매우 크고 또 진하게 그렸다면 이는 내적인 공격성을 행동화(acting out)할 소지가 있음을 의미한다. 한편, 이러한 그림에서의 나무 그림 바깥쪽의 여백은 피검자가 자신의 분노감을 억제하기 위한 노력을, 그리고 이로 인해 내면에 생겨난 긴장감을 시사할 수 있다.

(4) 나뭇가지와 잎을 땅에 닿을 정도로 휘어지게 그린 경우

가지가 '축 늘어져 있다.'는 인상을 주기 쉽다. 때문에 이는 전형적으로 심한 우울감, 무기력감을 의미하며, 또 사회적 상호작용 능력이 매우 억제되어 있음을 의미한다.

| 그림 34 | 잎이나 열매가 땅으로 떨어지고 있는 나무

(5) 나뭇잎이나 열매가 땅으로 떨어지고 있거나 떨어진 것을 그린 경우

나뭇잎이나 열매는 나무가 가장 최종적으로 만들어 내는 산물이다. 그러므로 이 것이 땅에 떨어져 있게 그린다는 것은 상징적으로 그 자신이 타인과의 상호작용에서 좌절을 겪었거나 이로 인해 정서적인 어려움을 느끼고 있음을 의미할 수 있다(〈그림 34〉).

또 이러한 잎이나 열매를 지나치게 자세하고 반복적으로 그렸다면 이는 여러 가지 강박적 보상행동을 통해 대인관계 좌절과 관련된 불안감을 상쇄하고자 하는 욕구, 그리고 그 이면에 숨겨진 강한 의존욕구를 시사할 수 있다. 때로는 대인관계 좌절과 관련하여 내적인 부적절감을 보상하고, 지나치게 '나는 두렵지 않다.'라고 과시하고자 함을 의미할 수도 있다.

(6) 나뭇가지 형태가 완벽한 대칭인 경우

이는 다른 그림에서의 대칭의 의미와 마찬가지로 해석될 수 있다. 내면에는 세상에서의 상호작용에 대해 두려움, 불확실감, 혹은 양가감정을 느끼고 있지만, 완벽한 균형을 유지하고자 애씀으로써, 이러한 두려움을 보상하고 통제감을 획득하고자 하는 것일 수 있다. 이러한 방어전략을 채택하는 사람들은 대체로 융통성이 부족하고 경직되어 있고, 스스로에게 한치의 실수도 용납하지 못하며, 늘 주변을 경계하는 경향이 있다.

(7) 나무 그림에 열매, 꽃, 새, 둥지, 동물, 그네 등을 더 그려 넣은 경우

이는 '종이'라는 상황적 구조의 한계 '내에서', 세상과의 상호작용에 대한 불안을 보상하려는 욕구를 반영해 줄 수 있다고 한다. 즉, 이러한 부가적인 것들을 자신의 주변에 둠으로써 든든함을 얻을 수 있다는 것이다. 이러한 양상은 성인보다는 아동의 그림에서 일반적으로 더 많이 나타나며, 특히 과일은 상징적으로 사랑과 관심을 받고 싶거나 주고 싶어 함을 의미할 수 있다(〈그림 35〉).

| 그림 35 | 열매를 그려 넣은 나무

4) 나무 그림의 주제

때로 나무에 좀 더 구체적인 내용이 포함되거나 단순하게 나무만 그리지 않고 어떤 주제를 담은 그림을 그리는 경우가 있다. 이때 그 주제는 그 사람이 개인적으로 경험하는 갈등과 정서적 어려움을 반영한 것일 수 있다.

(1) 나무에 개가 오줌 싸는 것을 함께 그린 경우

자기 자신을 상징하는 나무에 오물이 묻은 그림을 그렸다면, 이는 자신에 대한 가치감과 자기존중감의 결여, 부적절감 등을 함축한 것일 수 있다.

(2) 나무를 베는 남자를 함께 그린 경우

이는 매우 드물게 나타나는 그림이나, 상징적으로 나무를 베는 남자는 아버지상 (father image)이 투사된 것으로 해석된다. 그러므로 아버지와의 관계에서의 단절감, 거세불안, 억압된 분노, 손상된 감정 등을 시사하는 것으로 해석되기도 한다.

(3) 버드나무를 그린 경우

버드나무는 가지가 약하고 가지 끝이 밑으로 축축 늘어져 있는 나무이다. 대개 우울한 피검자들이 이러한 그림을 그리는 경향이 많다.

(4) 사과나무를 그린 경우

이렇게 열매를 가진 나무를 그렸을 때 피검자는 자기 자신은 과일에, 나무에는 어머니를 투사한다고 한다. 예를 들어, 애정욕구와 관련하여 어머니로부터 거절당한 느낌, 좌절감을 경험한 아동이라면 과일이 모두 땅에 떨어지거나 다른 사람이 과일을 모두 따 간 그림을 그릴 수 있다.

7세 이하의 아동이라면 사과나무는 일반적으로 자주 그리는 그림으로 위와 같은 해석을 할 필요가 없지만, 청소년이나 성인이 사과나무를 그렸다면 애정욕구와 의존욕구가 매우 높고, 다른 사람의 사랑에 목말라 있는 상태를 나타낸 것이라고 할 수 있다.

어떤 연구자에 의하면 임신한 여성이 사과나무를 그린 경우 출산에 대한 기대를 반영할 수 있다고 한다. 또 열매를 많이 그린 것이 결실을 맺고자 하는 소망을 의미할 수 있다는 점에서 강한 성취욕구, 포부수준을 반영할 수 있다.

(5) 죽은 나무를 그린 경우

사후질문단계(Post Drawing Inquiry: PDI)에서 피검자가 나무가 죽은 것이라고 대답한다면 이는 '나는 죽은 것과 다름없음.'을 상징할 수 있는 것으로, 대부분 상당한 부적응적 양상 혹은 정신병리적 특성이 있음을 의미한다. 사회적으로 매우 위축되어 있는 조현병 환자, 우울증, 기타 다른 신경증 환자에게서 나타날 수 있으며, 치료

예후가 부정적일 소지가 높다.

검사자는 이러한 경우에, 나무가 죽었다고 지각할 만한 외적 · 내적 사건이 있는지, 나무가 왜 죽었는지 반드시 질문해야 한다. 외적인 요인, 예를 들어 '아무도 돌봐 주지 않았다.' '공기오염 때문이다.' 등과 같은 대답을 할 경우 이는 피검자의 심리적인 어려움이 외부 환경적인 요인이나 스트레스 사건 때문에 유발되었을 가능성이 높다. 반대로 '원래 너무 약한 나무다.' '안에서부터 썩었다.'와 같이 내적인 요인으로 대답한다면, 이는 심리적 어려움이 그 사람의 성격구조적 취약성과 관련된 것일 가능성이 높다. 그러나 사실 이 둘을 명확하게 분리하기란 쉽지 않은 일일 수 있다.

또한, '나무가 죽은 지 얼마나 되었는가?'라고 질문을 해 보면, 피검자의 정신병리적 특성, 혹은 무망감이 얼마나 지속되어 온 것인지를 추정해 볼 수 있다.

(6) 열쇠구멍 모양으로 그렸을 경우

선을 하나로 죽 이어서 나무 기둥부터 잎까지 마치 열쇠를 집어넣는 구멍 모양으로 그리는 경우가 있는데, 이를 모양을 따서 '열쇠구멍 나무(keyhole tree)'라고 부른다(〈그림 36〉).

경험적으로 이러한 그림은 로르샤흐 검사에서 공백반응을 하는 것과 유사한 의미로 해석될 수 있으며, 저항적이고 부정적인 태도를 보이는 피검자들이 종종 그린다. 검사자가 지시하는대로 그리기는 하지만 최소한도의 노력만을 들이려고 하며, 면담이나 다른 검사에서도 저항적이고 방어적인 태도를 보이는 경우가 많다. 그러나 때로는 우울하고 위축된 아동의 경우 이러한 열쇠구멍 나무를 아주 작은 크기로 그리는 경우도 종종 있다.

(7) 나무 대신에 풀이나 열매, 채소 등을 그린 경우

나무를 그리라고 했을 때 나무 대신에 그냥 풀을 그리거나, 오이, 밤과 같은 채소나 열매를 그린 경우에는 다시 그려 보도록 지시해야 한다. 두 번째 지시에서도 역시 이러한 그림을 그렸다면 이는 대부분 정신증적 상태를 시사한다. 즉 현실검증력

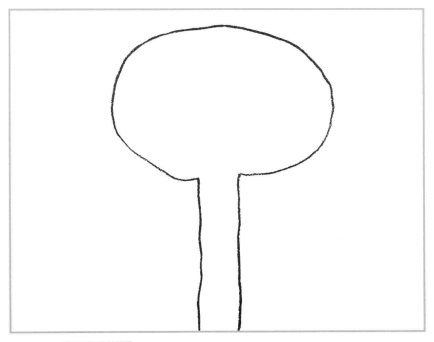

| 그림 36 | 열쇠구멍 나무

이 손상되어 있고 감정경험이 부적절하며, 사회적으로 위축되어 있는 조현병 환자일 가능성이 높다.

5) 나무의 나이

아동, 성인의 그림을 막론하고, 나무의 나이는 그 피검자의 심리적 · 정서적 · 성격적 성숙 정도의 좋은 지표가 될 수 있다. 즉, 자기 자신보다 어린 나이의 나무를 그린 경우 이는 피검자가 매우 미성숙한 상태임을 의미할 수 있다. 반대로 나이가 너무 많다고 답한 경우는 이러한 내적인 미성숙함을 부인하거나 과시적인 태도를 통해 보상하고자 할 가능성을 시사한다.

3. 사람 그림의 구조적 해석

나무 그림과 마찬가지로 사람 그림에는 '자기개념'이라는 성격의 핵심적 측면이 투사되어 나타나게 된다. 전술했듯이 좀 더 무의식적이고 심층적인 자기개념이나 핵심 감정이 투영되는 나무와 달리, 사람 그림에는 좀 더 그 사람의 의식적인 수준에서 가지고 있는 자기개념, 자기표상, 자기에 대해 가지고 있는 태도나 여러 가지 감정들이 투사된다.

때로는 자기뿐 아니라 자신에게 자기대상적 충족을 주는 여러 가지 유의미한 자기대상적 인물, 중요한 타인의 표상이나 그에 부여된 감정들이 투사되어 나타나기도 한다. 이러한 차이는 그림뿐만 아니라 여러 가지 다른 검사들을 종합하여 구분할 수 있다.

특히 아동의 그림에는 이러한 자기개념적 요소, 여러 가지 정서적 측면뿐 아니라 발달적 성숙의 징후들이 반영되어 나타나므로 이를 잘 고려해야 한다(Koppitz, 1968). 또한 아동은 인지발달의 수준상 자기중심성이 현저한 상태이기 때문에 부모와 같이 자기에게 가장 중요한 사람을 그리는 경향이 더욱 강하며, 자기 자신을 그리는 경우도 많다. 따라서 그렇지 않은 경우에 이는 여러 가지 중요한 의미를 가질 수 있으므로 주의 깊게 고려해야 한다. 예를 들어, 아동이 검사자를 그렸다면 이는 매우 외롭고, 지금 당장 아무에게라도 관심과 사랑을 얻고 싶은 상태임을 의미할 수 있다.

1) 머리

(1) 머리

사람 그림에서 머리는 상징적으로 아동의 인지적 능력, 즉 지적 능력 및 공상활동에 대한 정보를 나타낼 수 있다.

① 머리를 그리지 않은 경우

이는 매우 드문 경우로, 사고장애나 신경학적 장애가 있는 경우일 가능성이 매우 높다. 때로는 물건이나 모자 등에 머리가 다 가려지게 그리는 경우가 있는데, 이는 아동이 자신의 지적 능력에 대해 매우 자신이 없고 불안감을 느끼거나, 자신의 공상 세계에만 몰입하고 세상에 적극적으로 개입하고 나아가기를 회피하고 있음을 반영할 수 있다.

② 머리의 크기와 형태

머리를 너무 크게 그린 경우는 자신의 지적 능력에 대해 불안감을 느끼지만 이를 과도하게 보상하고자 하는 욕구가 있어서, 오히려 반대로 과시적으로 표출하거나 내적인 소망 충족적 공상에만 과도하게 몰두할 가능성이 있음을 의미할 수 있다. 하지만 6세 이하 아동의 경우는 몸에 비해 머리를 크게 그리는 것이 정상적이며, 이들의 인지적·정서적 성숙의 수준을 반영하는 것이다.

반대로 너무 작게 그렸다면 이는 자신의 지적 능력, 공상세계와 관련된 부적절감을 느끼고 있으며, 지적인 표현과 관련하여 수동적이고 억제적이고 위축된 태도를 보일 수 있음을 나타낸다.

머리를 둥글게 그리지 않고 네모나 세모와 같은 도형 모양으로 그리는 등 전형적인 머리 형태와 다를 경우 이는 지적 능력의 장애를 나타낼 수 있으며, 사고장애나 신경학적 장애가 있는지 여부를 의심해야 한다(〈그림 37〉).

③ 머리와 몸의 연결

머리가 몸과 연결되지 않고 떨어져 있다는 것은 생각, 인지와 같은 지적 능력과 몸의 다른 부분이 서로 적절한 관련을 맺지 못하고 있음을 의미한다. 따라서 이는 정신과 신체의 통합이 어려운 사고장애, 신경학적 장애의 가능성을 시사할 수 있다.

| 그림 37 | 머리 윤곽선이 비전형적인 사람

(2) 얼굴

① 얼굴의 어느 면을 그렸는가

때로 얼굴을 그리지 않고 뒤통수를 그리는 경우가 있는데, 이는 아동이 '세상과 직면하기'를 원하지 않는 것으로 해석될 수 있다. 외모에 대해 극도의 불안감을 느끼고, 자신 없어 하며 이와 관련되어 매우 예민해지고, 세상에 대해 억제적이고 회피적인 태도를 갖게 되었음을 시사할 수 있다. 억압된 분노감이나 거부적인 태도를 반영하기도 한다.

옆얼굴을 그리는 경우에는 자신감이 부족하거나 자신의 외모가 창피하고 걱정이 되어 직접적인 사회적 접촉을 피하고 있을 가능성을 의심할 수 있다. 그리고 드물지만 얼굴의 반은 옆얼굴, 반은 정면으로 그리는 등 아주 혼란된 형태로 그리는 경우가 있는데 이는 대부분 사고장애나 신경학적 장애를 시사한다.

② 수염

외국 아동의 경우 남자 그림에서 수염을 그리는 경우가 종종 있는데, 이는 쾌락이나 힘을 의미할 수도 있고, 남성적인 면이 부족하다는 생각 때문에 불안감을 느끼고 이를 보상하려고 노력하고 있음을 의미할 수도 있다.

(3) 눈

눈은 '세상을 향한 창문'이다. 눈은 외부로부터 정보를 받을 뿐 아니라 그 사람의 태도나 기분을 드러내 주는 역할을 한다. 집 그림에서의 창문처럼, 눈은 아동이 다른 사람들과 어떻게 관계를 맺는지에 대한 정보를 제공해 줄 수 있다. 아동이 정서적 자극을 어떻게 받아들이고 어떻게 반응하는지, 그리고 어떻게 자신의 감정을 표현하며 이에 대해 스스로는 어떻게 느끼고 있는지를 파악할 수 있게 해 주는 것이다.

① 눈을 그리지 않는 경우

두 눈을 모두 그리지 않는 경우는 매우 드물게 나타나는데, 이는 타인과 감정을 교류하는 데 있어 극심한 불안감을 느끼며 회피하고 있음을 의미할 수 있으며, 사고장애의 가능성도 고려해야 한다. 한쪽 눈만 그린 경우는 이러한 감정 교류에 있어서 접근과 회피의 양가감정을 느끼고 있음을 나타낼 수 있으며, 머리카락이나 모자로 눈을 가린 경우는 이러한 사회적 불안으로 인해 감정을 표현하고 타인의 감정을 수용하는 데 매우 위축되어 있음을 반영할 수 있다(〈그림 38〉).

| 그림 38 | 머리카락으로 한쪽 눈을 가린 사람

② 눈의 크기

눈을 너무 크게 그린 경우 이는 타인과 정서적 교류를 하는 데 있어 지나치게 예민함을, 너무 작게 그린 경우는 사회적 상호작용에서 위축되고 회피하고자 함을 나타낼 수 있다.

눈을 너무 진하게 그리거나 강조하는 경우는 이러한 감정적 교류에 있어서 불안감과 긴장감을 느끼고 있거나, 타인과의 상호작용에서의 의심이나 방어적인 태도, 편집증적인 경향성이 있음을 의미할 수 있다(〈그림 39〉).

| 그림 39 | 눈을 크고 검게 그린 사람

③ 눈의 모양

때로 눈동자를 그리지 않고 눈의 윤곽만을 그리는 경우가 있는데, 이는 상징적으로 내적인 공허감을 반영할 수 있으며, 타인의 감정을 알고 싶지도, 자신의 감정을 보이고 싶지도 않음을 나타낼 수 있다.

눈을 점으로만 찍거나 가느다란 선으로 표현한 경우, 아주 가늘게 뜨거나 눈을 감은 것으로 그리는 경우, 이는 감정 교류 소통의 채널을 좁혀 버린 것으로, 스스로 타인의 감정을 공유하고 자신의 감정을 표현하는 데 있어 어떤 제약이나 스스로의 한계를 느끼고 있음을 의미할 수 있다.

눈꺼풀이나 속눈썹을 그려 넣는 경우는 이렇게 타인과 정서적으로 교류하는 것에 과민해져 있거나 집착하는 경향성을 반영할 수 있으며, 특히 아주 정교하게 그렸을 경우는 강박적 성격, 연극성 성격, 자기애성 성격 성향을 의미할 수 있다.

④ 눈썹

눈 위에 눈썹을 그리는 경우가 있는데, 경험적으로 이 모양이 코를 향하여 기울어진 모습으로 그렸다면 내면의 적대적인 태도를, 반원의 아치 모양이라면 경멸적인 태도를, 진하게 그렸다면 공격적인 태도를 의미할 수 있다. 물론 다른 경우와 마찬가지로 이러한 일대일 식의 해석은 정확하지 않고 위험할 수 있다.

(4) 귀

눈과 마찬가지로 귀는 타인으로부터 정보를 받아들이는 통로가 되므로, 귀를 어떻게 그렸는가를 통해 아동이 정서 자극을 수용하고 이에 반응하는 방식에 대해 알 수 있다.

① 귀를 그리지 않은 경우

아동의 경우 귀를 그리지 않는 경우가 종종 있기 때문에, 이것이 꼭 정서적 문제가 있음을 의미한다고 단정하기는 어렵다.

그러나 때로는 이것이 이러한 정서적 자극을 받아들이고 느끼고 자신의 감정을 표현하는 데 대해 불안하고 자신이 없으며, 때문에 사회적 상황이나 감정 교류 상황을 회피하고 위축되는 경향을 반영할 수도 있다. 머리카락이나 모자로 귀를 가리게 그리는 경우도 이러한 가능성을 시사할 수 있다.

② 귀의 크기

귀를 너무 크게 그린 경우는 이러한 정보를 지나치게 받아들이려 하는 것이므로

| 그림 40 | 눈과 귀를 강조해서 그린 사람

대인관계 상황에서 너무 예민함을 의미할 수 있으며, 너무 작게 그린 경우는 반대로 정서적 자극을 피하고 싶고 위축되어 있음을 의미할 수 있다.

눈의 경우와 마찬가지로 귀를 너무 강조하여 그렸다면 이는 감정 교류에 대한 불안감과 긴장감, 다른 사람이 나를 어떻게 생각하는가에 대한 예민함, 타인의 의도에 대한 불신이나 의심, 그리고 스스로를 방어하고자 하는 욕구와 관련될 수 있으며, 때로 편집증적인 경향까지도 시사할 수 있다(〈그림 40〉).

③ 귀걸이를 그린 경우

이는 주로 피검자가 외모에 관심이 많음을 의미하거나, 너무 자세하고 정교하게 그렸다면 타인에게 자신을 과시하고 드러내 보이고 싶어하는 자기애적 욕구, 혹은 대인관계 불안감을 강박적으로 보상하고자 하는 욕구를 시사할 수가 있다. 그런데 아동이 남자 그림에서 귀걸이를 그렸다면, 이는 다소 반항적이거나 거부적인 태도를 시사할 수 있으므로 주의하여 살펴볼 필요가 있다.

(5) 코

코는 역시 후각이라는 통로를 통해 외부 세계의 정보를 받아들이는 동시에, 얼굴의 중앙에 눈 다음으로 가장 눈에 띄기 쉬운 위치에 있다. 때문에 코를 어떻게 그렸는가는 역시 환경으로부터 정서적 자극을 어떻게 받아들이고 이에 반응하는지와 외모에 대한 관심의 여부나 정도를 알 수 있게 해 준다.

① 코를 그리지 않은 경우

이는 자신이 타인에게 어떻게 보일지에 매우 예민하고 두려워함을 의미할 수 있다. 이로 인해 때로 사회적 상황에서 위축되고 지나치게 회피적일 수 있다(〈그림 41〉).

| 그림 41 | 코와 입을 생략한 사람

② 코의 크기

코를 너무 크게 그렸다면 이는 주변 사람과의 관계에서 정서적 자극에 너무 예민
하거나 외모에 지나친 관심을 가지고 있음을 의미할 수 있다. 반대로 너무 작게 그
렸다면 이는 외모에 대해 자신이 없고 위축되어 있으며, 타인과의 감정 교류에 대해

수동적이고 회피적인 태도를 가지고 있음을 의심할 수 있다.

때로 콧구멍을 너무 강조해서 그리는 경우가 있는데 이는 경험적으로 대인관계 상호작용에서 매우 미성숙한 태도와 공격적인 행동을 보일 소지가 많음을 시사한다.

(6) 입

입은 세상과 직접 의사소통을 하게 하는 부분이며, 동시에 음식이라는 일차적인 중요한 양분을 받아들임으로써 사람을 살아갈 수 있게 해 주는 기관이다. 그러므로 입을 어떻게 그리는가는 그 사람의 생존, 심리적인 충족 등과 관련된 여러 가지 정서적 문제들에 대해 알 수 있게 해 준다.

① 입을 그리지 않은 경우

음식은 상징적으로 그 사람이 존재감과 가치감을 느낄 수 있게 해 주는 타인의 애정을 의미할 수 있다. 때문에 입을 그리지 않았다는 것은 그러한 애정의 교류에 있어서 심한 좌절감이나 무능력감, 위축감, 양가감정을 느끼고 있음을 의미할 수 있으며, 특히 애정을 줄 수 있는 중요한 인물들, 즉 부모와 같은 대상과의 관계에 상당한 갈등이나 결핍이 있음을 시사할 수 있다(〈그림 42〉).

② 입의 크기

입을 너무 크게 그린 경우 이는 타인과의 정서적 교류, 애정의 교류에 있어서 불안감을 느끼지만 과도하게 적극적이고 주장적이며 심지어 공격적인 태도를 취함으로써 역공포적(counterphobic)으로 이러한 불안감을 보상하고자 함을 의미할 수 있다(〈그림 43〉).

반대로 입을 너무 작게 그렸다면 이는 내적인 상처를 받지 않으려고 정서적 상호작용을 회피하거나, 타인의 애정 어린 태도를 거절하고자 하고 있으며, 과거에 이와 관련하여 절망감이나 우울감을 느꼈던 적이 있음을 시사할 수 있다.

| 그림 42 | 눈·코·입이 모두 생략된 사람

| 그림 43 | 입을 너무 크게 그린 사람

③ 입의 모양

입을 그냥 가로선 하나를 그어 전혀 웃지 않는 모양으로 표현하였다면 이는 타인과의 정서적 교류에서 무감각하고 냉정한 태도를 취함을 의미할 수 있다. 입 모양이 마치 냉소적인 비웃음을 띤 것처럼 보인다면 이는 성격적으로 적대감, 공격성이 내재되어 있음을 시사할 수 있다. 또 환하게 웃고 있는 모습은 타인의 애정을 지나치게 원하며 친밀한 관계에 너무 몰두하고자 함을 의미할 수도 있다. 입을 '헤' 하고 벌린 것 같은 인상을 준다면 이는 이러한 대인관계 상호작용에서의 무기력감과 수동적인 태도를 반영하기도 한다(〈그림 44〉).

| 그림 44 | 입을 벌리고 있는 사람

④ 입에 다른 물건을 물고 있는 모습을 그린 경우

때로 담배나 파이프를 입에 물고 있는 모습을 그리는 경우가 있는데 이는 타인으로부터 애정과 정서적 지원을 받는 것이 아니라 이미 자기 스스로 입에 무언가를 물려 놓았음을 의미할 수 있다. 즉, 스스로 혼자서도 충분히 내적 충족감을 가질 수 있다는 것을 과시함으로써, 타인의 거절에 대한 불안감을 보상하려 하고 있음을 가설적으로 생각해 볼 수 있다(〈그림 45〉).

| 그림 45 | 입에 담배를 물고 있는 사람

(7) 이

이를 그리는 경우는 흔하지 않으나, 5세 이하의 경우라면 행복감이나 기쁨을 표현하기 위해서 입을 크게 벌리고 웃고 있는 모습에 이를 그려 넣기도 하므로 이때는 정서적인 어려움으로 해석해서는 안 된다.

그러나 6세 이상의 아동이 이를 그려 넣는 것은 주로 정서적인 욕구충족, 애정욕구 충족에 있어서 심한 좌절감을 느끼고 이후 또 상처받지 않을까 하는 불안감을 느끼고 있음을 시사한다(〈그림 46〉).

| 그림 46 | 이를 강조한 사람

이를 매우 자세하게 그렸다면 이러한 불안감을 강박적인 태도나 행동의 통로를 통해 보상하고자 함을, 진하게 힘주어 그렸다면 타인과의 정서적 교류에서의 긴장감과 불안감을 역공포적(counterphobic)으로 공격적 행동을 통해 보상하고자 함을 의미할 수도 있다. 이를 뾰족뾰족하게 그렸다면 이는 상당한 공격성과 내면의 불안감을, 이를 하나하나 그린 것이 아니라 치열의 전체 윤곽선만을 그렸다면 이는 정서적인 욕구를 수용하고 표현하는 데 대한 불확실성과 주저함을, 이를 한두 개 정도만 그렸다면 이는 타인과의 정서적 교류에서 미성숙한 태도와 행동을 보일 수 있음을 시사한다.

(8) 턱

턱선은 그 사람의 인상을 상당 부분 좌우할 수 있는 부분으로, 경험적으로 자기주장성과 관련된다.

① 턱을 그리지 않은 경우

얼굴 윤곽선을 그리려면 턱을 그리지 않을 수 없지만, 마치 있는 듯 없는 듯 턱을 강조하지 않은 경우는 자기주장성이 부족하고 대인관계에서 수동적이며 쉽게 위축됨을 의미할 수 있다.

② 턱의 크기

턱을 너무 강조해서 그린 경우는 자기주장적인 태도가 너무 지나쳐 공격적으로 행동할 수 있음을 의미하거나 아니면 자기주장적 행동을 하면 남들이 싫어할지 모른다는 불안감을 느끼지만 이를 과잉보상하고자 함을 의미할 수 있다.

(9) 머리카락

얼굴 생김이 어떻게 보이는가는 머리카락이 어떤 스타일인가에 따라 많은 부분 좌우한다고 한다. 그러므로 머리카락을 어떻게 그렸는가를 보면, 타인이 자신의 외모를 어떻게 생각하는지에 대해 얼마나 관심이 많고, 이를 얼마나 중요시하는지를 짐작할 수 있다.

① 머리카락을 그리지 않은 경우

아동이 어린 경우 남자 그림에서는 머리카락을 그리지 않는 경우가 종종 있으므
로 이는 정서적 어려움으로 해석하지 않는다. 그러나 때로 이는 외모에 대해 자신이
없고 이로 인해 위축감을 느끼고 있음을 의미할 수 있다(〈그림 47〉).

| 그림 47 | 머리카락을 그리지 않은 사람

② 머리숱의 정도

머리숱이 너무 많고 진하게 그린 경우는 성격적으로 지나치게 자신 있거나 적극적이고 자기주장적으로 행동하며, 때로 공격적인 태도를 보일 수도 있음을 의미한다. 이러한 행동은 자신의 외모나 성적인 매력에 대해 자신이 없고 불안감을 느끼고 있지만 이를 과잉보상하려는 의미를 가진 경우가 많다고 하며, 자기애성 성격이나 연극성 성격 특성이 있음을 의심할 수 있다.

반대로 머리숱을 너무 적게 그렸다면 이는 성적인 면에서 지나치게 수동적이거나 억제적인 태도를 가지고 있음을 시사할 수도 있다.

(10) 얼굴을 그릴 때 적정한 표현 양식

먼저 전체적으로 선의 질이나 음영, 필압, 크기 모두가 적당한 정도여야 한다. 구체적으로 머리는 계란형이나 둥근 모양이어야 하며, 목을 적절하게 그려서 몸이 머리에 연결되어 있어야 한다. 얼굴은 앞모습이나 약간 옆으로 향한 모습으로, 수염을 그리지 않아야 하며, 눈은 두 개를 모두 그리되 윤곽과 눈동자가 모두 있고, 눈썹이 약간의 아치를 그리는 모양으로 그리는 것이 좋다. 코도 적당한 크기로 그리고, 귀도 두 개를 다 그리며, 귀걸이를 그렸다면 모양이 적당해야 한다. 입도 윗입술과 아랫입술이 모두 있고 입을 벌리지 않은 모양이 좋으며, 선 하나로만 그렸다면 입꼬리가 올라가야 하고, 이를 그렸다면 너무 자세하지 않고 톱니 모양이 아니어야 한다. 머리카락의 숱도 적당하고, 헝클어진 모양이 아니어야 하며 모자를 그리지 않는 것이 좋다.

2) 상반신

(1) 목

목은 머리에서 일어나는 인지적 활동, 즉 사고, 공상, 감정과 몸에서 일어나는 신체적 반응을 연결하는 통로이다. 이것이 적절히 통합될 경우 마음과 몸에서 일어나는 경험에 대해 스스로 통제감을 느끼고 편안해함을 의미할 수 있다.

① 목을 그리지 않은 경우

이는 인지적 활동이나 신체적 반응에 대한 통제력 모두가 약화되어 신체적 행동의 통합이나 조절이 부족한 상태, 즉 뇌기능장애, 해리장애, 혹은 사고장애일 가능성을 시사할 수도 있다.

② 목의 크기와 모양

목을 너무 길게 그리는 경우, 이는 그만큼 생각과 행동 간에 거리를 두고자 함을 의미할 수 있다. 즉, 자신이 행동을 조절할 수 있을지, 충동 통제를 할 수 있을지에 대해 자신감이 부족하며, 때문에 과도하게 행동을 억제하고 통제된 삶을 강조하는 태도를 가지고 있으며, 이렇게 억제된 욕구를 혼자만의 공상에 몰두함으로써 해결하고 싶어 함을 의미할 수 있다.

목이 너무 가늘고 길면, 이는 자기 행동에 대한 통제력을 상실할 위험이 높은 상황에서 지나치게 위축되고 억제됨을 의미할 수 있다. 반대로 너무 굵게 그렸다면 이는 심신 통합, 즉 자신의 행동이나 생각을 통제하는 것에 너무 집착할 가능성을 시사하며, 때문에 경직되고 융통성 없이 억제적이고 완고한 행동을 보일 소지가 높음을 의미할 수 있다. 하지만 목이 굵으면서도 짧다면, 스스로의 통제력이 부족하여 때때로 충동적으로 감정을 표출하거나 행동할 가능성이 있음을 시사한다.

목을 너무 작게 그렸다면, 이는 스스로를 통제해야겠다는 생각은 있으나 이러한 의지에 너무 압도되어 매우 억제되고 위축됨을 의미할 수 있다. 그리고 선 하나로만 목을 표현했다면, 스스로의 충동을 통제하지 못한다는 자괴감, 부적절감을 느끼고 있음을 나타낼 수 있다.

③ 머리와 몸에 목이 연결된 모양

목이 머리에는 연결되지만 몸과는 떨어져 있게 그렸다면 이는 상징적으로 자신의 이성과 사고가 행동을 제대로 통제하고 있지 못함을 의미할 수 있다. 반대로 목이 몸에는 연결되어 있지만 머리와는 떨어져 있을 경우 이는 충동 통제에 필요한 인지적 자원, 즉 내적인 태도나 공상활동 등이 충분하지 못하거나 현재 발휘되지 못하고 있음을 나타낼 수 있다.

　연결이 제대로 되어 있지 못하고 너무 떨어져 있으면 이는 사고장애를 시사한다. 머리와 몸통이 그대로 연결되어 목이 없는 것처럼 보일 때는 충동 통제 및 조절능력이 약화되어 있으며, 이로 인해 일상생활에서 부적절감을 느끼고 있을 가능성을 시사한다.

(2) 어깨

　어깨는 짐을 지거나 무게를 지탱하는 능력을 나타내므로, 상징적으로 책임 (responsibility)을 지는 능력과 관련될 수 있다.

① 어깨를 그리지 않은 경우

　5~6세 이하의 어린 아동은 이렇게 그리는 경우가 종종 있지만, 그렇지 않은 경우 일단 신경학적 장애, 지적장애의 가능성을 의심해야 한다. 어깨를 그리지 않고 몸과 목, 그리고 팔을 바로 연결해서 그린 경우 스스로 책임을 지는 것에 대해 매우 자신 없어 하고 부적절감을 느끼며, 책임지는 상황을 회피하고자 함을 시사할 수 있다.

② 어깨의 크기와 모양

　어깨를 너무 크게 그렸다면 이는 상징적으로 책임감이 너무 강하고, 자신이 너무 책임을 지려 한다는 의미에서 상황을 지배하거나 과도하게 권위를 내세우고자 하는 태도가 있음을 나타낼 수 있다. 반대로 너무 작게 그렸다면 스스로 책임있게 완수하는 능력에 대해 자신이 없고 부적절감을 느끼고 있으며, 책임감을 가져야 하는 상황에서 위축되고 수동적 자세를 취하려는 경향을 의미할 수 있다.

　어깨를 날카롭게 각진 모양으로 그릴 경우 이는 책임행동과 관련된 상황에서 경직되고 확고한 태도를 취하려 함을 의미할 수 있다. 또 너무 축 처지게 그렸을 경우 책임이라는 부담을 지는 것과 관련된 우울감을 나타낼 수 있다.

(3) 몸통

어깨 바로 밑의 쇄골뼈부터 가랑이까지의 부분이 몸통에 해당되는데, 여기는 그 사람이 내적인 힘을 보유하고 있는 부분이라고 할 수 있다. 즉, 세상에서 기능하는 '내적인 힘'을 가졌는가의 관점에서 스스로를 얼마나 유용하다고 혹은 적절하다고 경험하는가를 나타낼 수 있다.

① 몸통을 그리지 않은 경우

이는 매우 드문 경우로, 머리에서 바로 팔, 다리를 그렸다면 퇴행이 매우 심하고 사고장애가 있음을 의미하거나, 지적장애 혹은 신경학적 장애가 있음을 나타낼 수 있다.

② 몸통의 크기와 모양

몸통을 너무 길게 그렸다면, 이는 지나친 행동성을 보임으로써 스스로의 내적 힘이 부족하다는 느낌을 과잉보상하려 함을 의미할 수 있다. 또 몸통을 너무 넓게 그렸다면, 이는 주변 사람들에게 요구를 많이 하거나 권위주의적인 태도를 취함으로써 내적 힘의 결핍감을 과잉보상하려 함을 의미할 수 있다. 반대로 너무 작게 그린 경우, 이는 스스로의 힘과 관련하여 부적절감을 느끼며 수동적이고 억제된 행동을 보일 수 있음을 시사한다. 몸통이 길면서도 필압이 낮고 흐리게 그렸다면, 이는 이러한 부적절감으로 인해 대인관계에서 위축되어 있음을 시사할 수도 있다. 몸통을 너무 짧고 굵게 그렸다면, 화가 나면 매우 난폭해질 가능성을 시사할 수 있다.

(4) 가슴

남자 그림에서 가슴 부분은 자기 자신의 능력이나 힘에 대해서 주관적으로 어떻게 느끼고 있는지를 반영할 수 있으며, 피검자의 성별이 무엇인지, 그리고 그린 대상이 자기인지 혹은 자기대상인지에 따라 해석이 달라진다.

① 가슴의 크기

가슴을 너무 넓게 그린 경우 이는 타인에게 요구적이고 권위적인 태도를 취함으로써 스스로의 결핍감이나 무능력감을 과잉보상하려 함을 의미할 수 있다. 반대로 너무 좁게 그린 경우 이는 스스로에 대한 부적절감으로 인해 수동적이고 순종적인 행동을 할 가능성을 나타낸다. 웃옷을 입지 않고 웃통을 벗은 채로 그렸다면 이는 이러한 무능력감을 과시적인 방식을 통해 보상하려 함을 시사할 수 있다.

남자 아동이 이렇게 그리는 경우 그 그림 속의 남자는 자기나 자기대상 모두를 나타낼 수 있으며, 여자 아동이라면 이는 주로 자기대상에 대한 표상을 나타낸다.

(5) 유방

여자 그림에서의 유방(breast)은 성적 매력과 관련되어 있으며, 또 모유를 공급하는 부분이라는 측면에서 의존욕구 및 애정욕구와 관련될 수 있다. 때문에 여자 그림에서 유방을 어떻게 그렸는가 하는 것은 이러한 자기대상적 충족과 관련하여 얼마나 성격적으로 성숙하였는가에 대한 중요한 지표를 제공할 수 있다.

① 유방을 그리지 않은 경우

대개 사람은 옷을 입은 모습으로 그리므로, 이에 가려 유방이 현저하게 보이지 않는 경우가 많다. 그러나 성인 여자를 그린 그림에서 유방을 그리지 않는 것이 때로는 의존욕구의 좌절감을 시사하는 경우도 있으며, 특히 남자 아동이 그렇게 그렸다면 이는 자신의 의존욕구를 강하게 부인하며 여성을 성적으로 미숙한 표상으로 지각하고 있음을 의미할 수 있다. 여자 아동이 그렇게 그렸다면 이는 성적으로 성숙한 여성 표상에 대한 부적절감을 느끼거나, 혹은 어머니와 같은 여성적 자기대상을 이와 같은 방식으로 경험하고 있음을 나타낼 수 있다. 성적으로 성숙하지 않은 여자 아이를 그린 경우는 이러한 성적인 면이나 의존욕구와 관련된 상황을 회피하고자 함을 의미할 수도 있다.

② 유방의 크기

유방을 너무 크게 그렸다면 이는 성적인 능력이나 매력을 너무 강조하고자 하거나, 의존욕구 충족에 대한 불안감을 과잉보상하고자 함을 의미할 수 있다. 유방을 성적으로 도발적인 방식으로 표현했다면 이는 여성의 성적 능력을 과장하거나 과도하게 이상화함으로써, 그리고 관음증적 행동을 하고 싶은 소망을 가짐으로써 충족되지 못한 의존욕구를 보상하려 함을 나타낼 수도 있다. 여성 피검자가 이렇게 그렸다면 이는 다른 사람의 의존욕구를 충족시켜 줄 수 있는 주체로서의 자기 자신, 혹은 또 성적 능력이나 매력을 가진 자기 자신에 대해 부적절감을 느끼지만 이를 과시적인 태도로 보상하려 하고 있음을 시사할 수 있다.

또 가슴을 너무 작게 그린 경우에는 이러한 자기부적절감을 실제로 강하게 느끼고 있음을 나타낼 수 있다. 특히 남성 피검자가 이렇게 그렸다면 이는 어머니, 아내 등과 같은 여성 자기대상을 얕잡아 보고 싶은 태도를 의미할 수 있지만, 여성 피검자의 경우라면 이는 여성으로서의 열등감, 성 정체감 영역에서의 갈등을 느끼고 있다고 짐작해 볼 수 있다.

(6) 허리

허리는 성기 바로 위의 부분으로 성행위와 관련된 중추적 역할을 하게 된다. 때문에 허리를 어떻게 그렸는가는 피검자가 자신의 성적 행동을 어떻게 통제하는가 여부나 정도와 관련될 수 있다.

① 허리를 그리지 않은 경우

양복 윗도리나 헐렁한 원피스를 입은 모습을 그려 허리가 드러나지 않는 경우도 종종 있다. 그러나 그런 옷차림이 아닌데도 불구하고 벨트를 그리는 식으로 허리선의 위치를 표현하지 않은 경우, 이는 성적인 행동을 지속하고자 하는 욕구가 있지만 이를 외면하고 회피하고자 함을 의미할 수도 있다.

② 허리의 크기와 세부묘사

허리를 너무 크게 그렸다면 이는 성적 행동을 하는 것과 관련된 불안감이 있지만 이를 과잉보상하려 함을 나타낼 수 있으며, 너무 정교하게 묘사했다면 이러한 보상 행동이 강박적인 방식을 통해 드러날 가능성을 의미한다. 반대로 허리를 너무 작게 그린 경우는 성적 행동과 관련된 자기부적절감을 느끼고 있음을 시사할 수 있다.

(7) 몸통의 가운데 선

와이셔츠의 여밈 부분이나 넥타이 등을 통해 몸통의 중앙선을 그리는 경우가 있다. 이를 그리지 않는다고 해서 특별한 의미는 없지만, 때로 강조해서 그린 경우 가슴과 몸통 부분이 의미하는 힘이나 유능감에 대한 정보를 제공해 줄 수도 있다.

① 단추

단추는 옷을 잘 채우고 정돈하는 의미를 가지며, 발달적인 측면에서 볼 때 시각−

| 그림 48 | 단추를 그린 사람

운동 협응능력이 미성숙한 단계의 아동은 단추를 채우는 데 타인의 도움을 필요로 한다. 따라서 단추는 자신의 내적 힘이 제한되어 있고, 안정감을 얻기 위해 타인에게 의존하고 있음을 나타내기도 하며, 자신을 세상에 드러내 보이는 데에 자기대상의 도움을 받고자 하는 욕구를 나타낼 수 있다(〈그림 48〉).

② 단추의 크기, 숫자, 모양

단추를 너무 많이 그리고 크게 그린 경우, 안정감을 얻고자 하는 욕구에 집착하고 있음을 시사한다. 즉, 자기대상의 관심을 끌고, 유대감을 얻기 위해 강박적으로 노력하는 등 매우 의존적임을 생각해 볼 수 있다. 또 너무 정교하게 그릴 경우 이는 의존욕구를 충족하고자 함에 있어서 과시적이고 강박적인 행동을 주로 보이는 스타일임을 시사할 수 있다. 반대로 단추를 너무 조금 혹은 작게 그릴 경우 의존욕구 충족과 관련하여 결핍감, 좌절감을 느끼고 수동적인 태도를 취하고 있음을 나타낼 수 있다.

③ 수직선이나 목걸이 등

재킷이나 셔츠의 앞자락 등 몸통 부분에 수직선을 그리는 경우가 있는데, 그 선의 질이나 음영이 불안정할 경우 자신의 내적인 힘이나 유능감과 관련하여 불안하고 긴장되어 있음을 의미할 수 있다. 남자 그림에서 넥타이를 그리는 경우가 종종 있는데, 이는 자신의 능력에 대한 느낌을 강화하려는 욕구를 나타낼 수 있다. 넥타이를 너무 크거나 정교하게 그릴 경우 이는 자신의 능력이나 힘과 관련하여 자신이 없고 부적절감을 느끼지만 이를 과잉보상하려 하고 있음을 나타낼 수 있다. 너무 작게 그렸다면 이러한 부적절감을 느끼지 않는 것처럼 보이려고 노력은 하지만 이 때문에 괴로워하고 있음을 의미할 수 있다. 여자의 경우 몸통 가운데에 목걸이를 늘어뜨린 모습을 그리는 경우가 있는데, 이는 이러한 멋진 패물 등을 통해 자신의 부적절감을 보상하려 함을 의미할 수도 있다(〈그림 49〉).

| 그림 **49** | 재킷 앞자락의 수직선을 그린 사람

(8) 가랑이 부분

이 부분은 성기와 가까이 있는 부분으로, 성적인 능력이나 매력과 관련하여 스스로에 대해 느끼는 적절감과 관련된다.

① 가랑이 부분을 그리지 않은 경우

긴 치마를 입은 모습을 그린다든지 하여 가랑이 부분이 표현되지 않을 때는 특별한 의미를 부여하지 않지만, 두 다리를 몸통에서 따로따로 이어지게 그리고 가랑이 부분을 서로 연결하여 그리지 않았다면 이는 성적인 영역에서 심한 불안을 느끼며, 이로 말미암아 성적 행동에 대한 회피와 억제가 일어날 수 있음을 의미한다. 바지의 지퍼 부분이나 두 다리가 이어지는 부분의 선의 질 및 음영이 진하거나 불안정할 경우, 성적인 영역에서의 불안감, 긴장감, 자기부적절감, 성적 능력이나 매력에 대한 불확실감을 의미한다.

② 성기를 그린 경우

옷을 입지 않고 성기가 드러나거나 아니면 옷을 입은 모습인데도 성기가 비쳐 보이게 그리는 경우는 매우 드물다. 이는 자아 기능이 붕괴된 정신증적 상태에 있음을 의미하는 경우가 대부분이다. 이 가능성이 배제되었다면, 이는 성적 능력에 대한 극심한 불안감, 성 정체성의 불안정성을 시사할 수 있다. 피검자와 동성의 그림을 그리면서 성기를 그렸다면 이는 이러한 내면의 불안감을 과시적인 태도와 행동을 통해 보상하려 하고 있음을, 이성의 그림에서 성기를 그렸다면 이는 관음증적 경향성을 반영할 수 있다.

③ 성기의 크기

성기를 너무 크게 그렸다면 이는 자아의 통제력이 매우 약화되고 정신증적으로 퇴행되었음을, 너무 작게 그렸다면 성적인 부적절감으로 인해 과도하게 위축되어 있음을 의미할 수 있다.

(9) 엉덩이

대부분의 경우는 앞모습을 그리므로 엉덩이가 두드러지게 나타나지 않는다. 그러나 유난히 엉덩이 부분이 강조되어 나타난다면, 이는 자기 혹은 유의미한 자기대상과 관련하여 성 정체감이나 성적 대상 표상에 대한 정보를 제공해 줄 수 있다.

① 엉덩이의 크기

남자 피검자가 남자 그림을 그리면서 엉덩이 부분을 너무 크게 그렸다면, 자신의 성 정체감 혹은 남성 자기대상의 성 정체감에 대한 불확실감이나 혼란감을 의미할 수 있다. 또 남자 피검자가 여자 그림을 그리면서 엉덩이를 너무 크게 그릴 경우 이는 어머니와 같은 여성 자기대상이 자신에게 충족감을 줄 수 있을지에 대한 불안감을 과잉보상하려 하고 있음을 의미할 수 있다.

반대로 여자 피검자가 남자 그림을 그리면서 엉덩이를 크게 그린 경우 이는 모성적 자기대상과 관련된 감정을 남성에게 투사하고 대치하려 함을 반영할 수도 있다. 여자 피검자가 여자 그림에서 엉덩이를 크게 그렸다면 이는 자신의 성 정체감이나 여성 자기대상의 성 정체감에 대한 불안감을 과잉보상하려 하고 있음을 시사할 수 있다.

엉덩이를 강조하되 너무 작게 그렸다면 이는 자기, 자기대상과 관련하여 남성성 혹은 여성성에 대한 열등감과 부적절감을 느끼고 있음을 시사할 가능성이 높다.

(10) 몸통을 그릴 때 적정한 표현 양식

몸통도 머리나 얼굴의 경우와 마찬가지로 모두 선의 질과 음영, 필압, 크기, 모양이 모두 적당한 정도여야 한다. 특히 목은 몸과 머리와 잘 연결되어 있어야 하고, 전체적으로 옷을 입은 것으로 그려야 하며, 단추를 그렸다면 개수나 모양도 적당해야 한다.

3) 팔다리

(1) 팔

팔은 우리가 하고자 하는 바를 수행해 주며 동시에 외부 환경과 직접적인 접촉을 하는 신체 부위이다. 그러므로 팔을 어떻게 그렸는가 하는 것은 환경과 어떻게 상호작용하는가, 현실 속에서 어떻게 대처하고 자신의 욕구를 충족하는가에 대한 중요한 지표가 될 수 있다.

① 팔을 그리지 않은 경우

앞모습을 그리면서 팔을 하나만 그리는 경우가 있는데, 이는 환경에 접근하고자 하고, 세상과 관계를 맺고 싶어 하지만 내적인 갈등이나 양가감정으로 인하여 부분적인 억압이 일어나고 있음을 의미할 수 있다. 드물게 팔을 두 개 모두 안 그리는 경우는 여러 가지 가능성을 내포할 수 있는데, 정신증적으로 퇴행되어 지각적인 왜곡이 일어나고 있거나, 아니면 매우 우울하여 현실에서 위축되어 있거나, 과도한 무력감과 부적절감을 느끼고 있는 경우일 수 있다.

또 팔 하나는 등 뒤로 돌려서 가리거나 아니면 옆모습을 그려서 한쪽 팔이 안 보이게 그렸다면 이는 역시 팔을 하나만 그린 것과 마찬가지로 세상 및 타인과 관계 맺고 대처해 나가는 데 있어서 양가감정과 부적절감을 느끼며, 접근과 회피의 내적 갈등을 겪지만 행동적으로는 지나치게 위축되고 회피적일 수 있음을 의미할 수도 있다.

두 팔을 모두 등 뒤로 돌리거나 하여 안 보이는 모습으로 그렸다면 이는 환경과의 상호작용에서 매우 억제적이거나, 현실적 대처능력이 부족하며, 이로 인해 심한 부적절감과 무력감을 느끼고 있음을 의미한다.

② 팔의 크기와 모양

팔을 너무 길게 그렸다면 이는 세상과 교류하는 능력에 대한 부적절감을 과잉보상하려 함을, 너무 굵게 그렸다면 세상과 타인을 지나치게 통제하거나 지배적 행동을 보임으로써 무능력감을 과잉보상하려 함을, 근육질의 팔로 그렸다면 주장적 혹은 공격적 태도를 통해 자신의 힘과 환경과의 교류능력을 과시적으로 강조하려 함을 의미할 수가 있다.

반대로 너무 짧고 약하게 그린 경우 이는 스스로의 대처능력이나 상호작용능력에 대한 부적절감과 행동에서의 억제 및 수동성을, 팔을 흔들거리는 모양으로 그리거나 일차원적인 선 하나로 표현한 경우는 이러한 부적절감과 수동성이 매우 심함을 나타낼 수 있다.

두 팔의 크기가 다르게 표현되었다면 이는 세상과의 교류능력이나 대처능력에 대한 양가감정을 나타낼 수 있으며, 팔 크기의 차이가 너무 심하면 신경학적 장애나 지적장애, 정신증적 상태 여부를 의심해야 한다. 특히 팔을 새의 날개 모양처럼 그리는 경우가 드물게 있는데 이는 현실지각의 왜곡, 사고장애나 신경학적 장애를 나타낼 가능성이 높다.

③ 팔의 자세

가슴 부분에서 팔짱을 낀 모습으로 그리는 경우가 종종 있는데 이는 세상과 타인에 대한 의심 및 그 기저의 기대감, 위험한 세상에서 자신을 보호하고자 하는 욕구 및 방어적인 태도를 시사하는 경우가 많다. 팔짱을 끼지는 않더라도 몸통 부분에서 팔이 서로 엇갈리게 그리는 경우는 상호교류성을 차단함으로써 스스로를 방어하고자 함을, 팔을 몸에 딱 붙여 그린 경우는 경직성과 억제 경향성을, 팔을 몸 안쪽으로 모아 그린 경우는 세상과의 교류나 대처행동에 있어서의 심한 억제경향성을 의미할 수 있다.

또 팔꿈치를 밖으로 하고 손을 엉덩이에 얹은 모양으로 그린 경우는 자신을 방어하기 위해 공격적인 태도를 취하고 있음을, 팔을 완전히 밖으로 뻗은 모습으로 그린 경우는 타인과의 교류를 갈망함을 의미할 수 있다.

때로 팔이 몸통과 분리되어 있거나 팔이 어깨가 아닌 몸통 중간에서 혹은 머리에서 시작되도록 그리는 경우가 있는데, 이는 지적장애, 신경학적 장애, 혹은 사고장애를 동반한 정신증적 상태에 있음을 시사한다.

(2) 손

손은 세상과의 교류, 자신의 욕구충족을 위한 행동, 현실에서의 대처행동을 보다 정교하게 할 수 있도록 해 주는 신체 부분이다. 때문에 손에 대한 그림을 통해 환경에 대한 통제능력 및 방식을 좀 더 구체적으로 알아볼 수 있다.

① 손을 그리지 않은 경우

두 팔을 모두 그렸으면서도 한쪽 손만 그리고 한 손은 제대로 그리지 않은 경우 이는 세상이나 타인과 교류하고 싶은 소망이 있지만 스스로 이러한 교류에 대해 통

| 그림 50 | 두 손을 모두 그리지 않은 사람

제감이나 효능감이 없고 불안하며 부적절감을 느끼고 있음을 시사하거나, 대처기술 자체가 비효율적이고 부적절할 가능성을 시사할 수 있다. 또 두 손을 다 안 그린 경우에는 이러한 부적절감이 매우 심함을 의미할 수 있다. 팔은 그리고 손을 그리지 않았다면 타인과 교류하고자 하는 소망과 이러한 교류를 제대로 해낼 수 없을 것 같은 불안감 간의 심한 내적 갈등이 있음을 시사할 수 있다. 손을 주머니에 넣거나 해서 안 그린 경우도 회피 경향성 및 심한 양가감정을 느끼고 있음을 의심해 볼 수 있다(〈그림 50〉).

② 손의 크기와 모양

손을 너무 크게 그렸다면 이는 환경을 통제하고 대처하는 자신의 능력에 대한 부적절감을 과행동성이나 주장성을 통해 과잉보상하고자 함을(〈그림 51〉), 너무 작게 그렸다면 스스로의 통제력이 너무 부족하다고 느끼고 수동적이고 억제적인 방식으로 행동하고 있음을, 손의 옆모습만 그린 경우 스스로 환경을 통제하려는 노력을 억제하고 있음을, 너무 유약해 보이는 손은 내적 부적절감을 의미할 수 있다.

손가락을 그려 넣지 않고 손을 원 모양으로만 그리는 경우는 이러한 교류나 통제, 대처와 관련한 부적절감과 무력감을, 이러한 원 모양이 너무 강한 필압으로 그려졌다면 이는 내적인 분노감과 공격성을, 손은 원 모양으로 그리고 직선을 죽죽 그려 손가락을 나타낸 경우 공격적이고 조절되지 않은 행동을 보일 소지가 있음을 의미할 수 있다.

손가락을 뾰족뾰족하게 그리고 다소 크게 그린 경우 적대적이고 공격적인 행동을 보일 수 있음을, 주먹 쥔 손을 그린 경우 분노감과 반항심을 느끼고 있음을 시사한다. 장갑 낀 손을 그린 경우 이는 세상과 직접적으로 교류하거나 대처하지 못하고 간접적인 방식으로 상호작용하고 싶어 함을, 특히 벙어리 장갑을 낀 모습을 그렸다면 이는 이러한 간접적인 상호작용 자체도 매우 미숙하고 단순한 수준임을 의미할 수 있다.

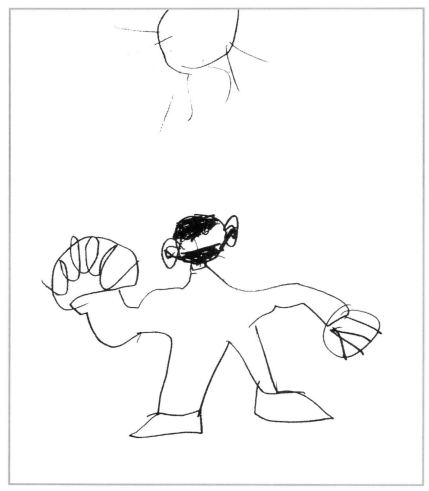

| 그림 51 | 손을 너무 크게 그린 사람

③ 손의 자세

손으로 무언가를 잡고 있는 모습을 그리는 경우가 종종 있는데, 이는 환경에 대한 통제를 못할지도 모른다는 불안감을 이렇게 외적인 것을 잡고 지탱함으로써 보상하고자 함을 의미할 수 있다. 또 무슨 물건을 잡고 있는지를 그렸는가에 따라 해석이 달라질 수 있는데, 예를 들어 야구 방망이나 총 등을 잡고 있는 그림은 피검자의 공격성이나 억압된 분노감이 투사된 것으로 해석할 수 있다(〈그림 52〉).

| 그림 52 | 야구방망이를 잡고 있는 사람

| 그림 53 | 손톱을 자세하게 그린 사람

손이 성기 부분을 가리는 듯한 자세로 그려져 있는 경우 이는 성적인 영역에 대한 불안감을 통제하고자 노력하고 있음을 의미할 수도 있다. 손이 팔과 분리되거나 손가락이 손에서 떨어진 모습으로 그렸다면 이는 대부분 사고장애, 현실검증력의 장애를 시사하는 경우가 많다.

④ 손가락의 수와 손톱

손가락을 다섯 개 보다 더 적게 그리면 세상에 대한 통제를 하는 데 있어 부적절감을 느끼고 있음을, 더 많이 그리면 이러한 통제감을 얻기 위해 과행동성을 보이고 이로 인해 충동적으로 행동할 수 있음을 의미할 수 있다. 손가락에 관절이나 손톱을 너무 자세하게 그리면 통제와 관련된 불안을 강박적으로 보상하려 함을 나타낼 수 있다(〈그림 53〉).

(3) 다리

다리는 어떤 바라는 목표 지점을 향해 자기의 위치를 옮기고, 충족감을 줄 수 있는 원천으로 다가갈 수 있게 해 주며, 환경의 위험으로부터는 도피할 수 있게 해 주고, 현실 상황에서 지탱해 설 수 있게 해 주는 역할을 하는 부분이다. 그러므로 다리의 그림은 이러한 여러 가지 영역과 관련된 그 사람의 심리적 상태와 특성을 알 수 있게 해 준다.

① 다리를 그리지 않은 경우

앞모습을 그리면서 한쪽 다리를 제대로 그리지 않는 경우가 있는데 이는 세상에서 대처하고 현실에 뿌리내리는 데 있어서의 자신감 부족 및 부적절감, 양가감정을 의미한다. 또 다리를 둘 다 안 그린 경우에는 이러한 무력감과 부적절감이 매우 심하여 우울한 상태에 이르며 과도하게 위축되어 있음을 시사해 준다. 옆모습을 그려서 한쪽 다리가 가려지거나, 다리가 종이 모서리에 잘려서 다 그려지지 못한 경우 이는 세상에 대처하는 데 대한 양가감정 및 회피적 억제적 행동을 보일 수 있음을 시사할 수 있다.

| 그림 54 | 다리를 너무 길게 그린 사람

② 다리의 크기와 모양

다리를 너무 길게 그린 경우(〈그림 54〉) 이는 자율성, 독립성에 대한 욕구, 과잉행동성 혹은 과잉추구적인 행동을 통해 현실 대처능력과 관련된 부적절감을 과잉보상하려는 욕구를 나타낼 수 있다. 또 너무 굵게 그린 경우 이는 세상을 지나치게 통제함으로써 내적 부적절감을 과잉보상하고자 하고 있으며, 다리를 근육질로 그렸다면 이러한 과잉보상의 방법으로 자기주장적이고 공격적인 태도를 보이는 경향이 있음을 시사할 수 있다.

반대로 다리를 너무 짧고 가늘게 그렸다면 이는 세상에 대처하는 데 대한 부적절감, 억제 경향성 및 수동적인 태도를 가지고 있음을 의미할 수 있다. 다리를 흔들리는 모양으로 그리거나 선 하나로만 다리를 나타낸 경우는 대처 및 통제와 관련하여 부적절감이 매우 심하고 수동적인 태도를 취하고 있음을 시사할 수 있다. 두 다리의 크기가 너무 다르게 그려진 경우는 신경학적 장애나 정신증적 상태, 지적장애를 의심해 보아야 한다.

③ 다리의 자세

다리를 딱 붙인 모습으로 그렸다면 이는 융통성이 부족하고 경직된 성격 성향이 있음을, 두 다리를 교차시키고 있을 경우는 성적인 불안감과 억제 경향성을, 다리를 넓게 벌린 자세로 그리면 반항적 자세를 취함으로써 내면의 불안정감을 과잉보상하려 함을 의미할 수 있다. 다리를 종이 밑바닥에 거의 닿게 그리면 내면의 불안정감이 심함을 의미할 수도 있다.

또 몸통에서 다리가 완전히 떨어지게 그리는 경우는 대부분 현실지각의 왜곡 및 정신증적 상태, 혹은 해리장애의 가능성을 시사한다.

(4) 발

발은 땅과 직접적인 접촉을 하는 부분이자, 그 사람을 세상에 위치시키는 가장 일차적인 부분이다. 또 스스로를 균형 잡게 해 주고 앞뒤로 움직일 수 있게 해 주는 기능을 하며, 이 능력은 욕구를 충족시켜 줄 수 있는 원천으로부터 자율성을 적절하게 성취할 수 있게 해 준다. 즉, 자기 대상과의 경험에서 볼 때 의존성–독립성의 연속선상에서 피검자가 어느 정도의 위치에 있는지를 알 수 있게 해 준다.

① 발을 그리지 않은 경우

두 다리를 모두 그렸으면서 한쪽 발을 그리지 않은 경우는 이러한 자율성과 독립성을 성취해 가는 데 대해 내적으로 양가감정을 느끼고 있음을, 두 발 모두 안 그린 경우에는 세상에 혼자 독립적으로 서는 것에 대한 심한 부적절감을 느끼고 있음을 의미할 수 있으며, 때로는 현실지각의 왜곡이 있을 가능성도 의심해 봐야 한다.

한쪽 발을 옷 등으로 완전히 가려지게 그린 경우 이는 의존과 독립의 갈등에서 회피하고 싶음을, 두 발을 모두 가려지게 그린 경우는 실제로 과도하게 회피하고 억제하고 있음을 의미할 수 있다.

② 발의 크기와 모양

발을 너무 크게 그린 경우 이는 자신의 독립성을 지나치게 강조함으로써 자율성에 대한 부적절감을 과잉보상하려 함을, 반대로 너무 작게 그린 경우 자율성에 대한 부적절감과 두려움을 느끼고 있음을 의미할 수 있다. 발이나 신발을 단순화시켜서 동그스름한 모양으로만 그린 경우, 이는 자율성의 발달이 매우 미숙한 수준임을, 발 끝을 뾰족하게 그린 경우 자율성의 성취와 관련된 적대감과 공격성, 억압된 분노감을 나타낼 수 있다. 발가락을 뾰족뾰족하게 그리거나 마치 닭발 모양처럼 선 하나로 발가락만 그리고 발바닥을 그리지 않은 경우는 매우 드물게 나타나는데, 이는 현실지각의 심한 왜곡, 사고장애나 신경학적 장애, 지적장애를 나타낼 소지가 높다.

③ 발의 자세

두 발이 서로 정반대 방향을 가리키도록 그린 경우는 성격적으로 매우 우유부단하고 자신 없어 함을 의미할 수도 있다. 발이 종이 모서리에 거의 닿도록 그린 경우, 이는 내적인 부적절감과 불안정감 및 이를 보상하기 위해 타인으로부터 지지와 격려를 구하고 싶은 욕구를 나타낼 수 있다.

발이 다리에서 완전히 떨어져 있게 그려진 경우는 드물며, 현실 왜곡과 같은 정신 증적 상태 혹은 해리상태에 있음을 시사할 수 있다.

④ 발을 자세하게 그린 경우

발을 지나치게 자세하거나 정교하게 그린 경우는 의존과 독립의 갈등, 자율성 문제에 대해 강박적으로 집착하고 있거나, 이와 관련된 부적절감을 과시적으로 보상하고자 함을 나타낼 수 있다. 드물게 부츠를 신은 모습을 그리는 경우가 있는데, 이는 자율성을 성취하는 데 있어서 타인의 보호와 격려를 받고자 하는 욕구를 시사할 수도 있다고 한다. 그러나 카우보이나 낚시꾼이 부츠를 신은 것에서는 이러한 해석을 적용하지 않는다.

⑤ 벗은 발을 그린 경우

이는 경험적으로 환경에 대해 거부적인 행동을 보이거나 과시적이고 비순응적인 태도를 가지고 있음을 반영하기도 한다.

(5) 팔다리를 그릴 때 적정한 표현 양식

전체적으로 모두 선의 질과 음영, 필압, 크기가 적당하며, 팔다리가 옷 속으로 비쳐 보이지 않도록 해야 한다. 팔다리의 자세가 편안하고 융통성 있는 모습으로 그려져야 하며, 두 팔과 손, 다리와 발을 모두 그리는 것이 좋다. 손은 옆모양이나 주먹 쥔 모양, 장갑 낀 모양이 아니고, 물건을 쥐거나 성기 부분을 가리지 않으며, 팔과 손, 손가락이 적절히 연결되어 있고, 손가락은 다섯 개이며 관절이나 손톱을 지나치게 자세히 그리지 않아야 한다.

다리는 몸에 연결되고 비교적 직선의 형태를 띠며 서 있을 경우 두 다리가 약간 떨어져 있어야 하고, 움직이고 있다면 각도가 적절해야 하고, 다리가 종이 밑면에 닿지 않도록 해야 한다. 발도 다리에 연결되어 있고 대개 직선 혹은 약간 각이 진 모양으로 그리며, 발끝으로 서거나 두 발이 반대 방향을 가리키지 않도록 하며, 신발이 너무 자세하거나 정교하지 않고, 부츠를 신거나 벗은 발을 그리지 않으며, 발이 종이 밑면에 닿지 않도록 그리는 것이 좋다.

4) 전체적인 사람 그림의 모양

(1) 전체적인 신체 윤곽

전체적인 신체 윤곽의 모양은 그 사람의 내적인 조화감, 즉 세상에서의 경험을 구성하는 인지적·정서적·행동적 요소에 있어서 자기(self)가 얼마나 잘 통합되어 있는가에 대한 정보를 제공해 준다. 이러한 균형이 조화롭지 못할 때 자기응집성의 느낌이 결여되어 있음을 시사해 주며, 전체 신체 부위 중에 과장되게 혹은 결핍되게

| 그림 55 | 몸통과 사지를 직선으로 그린 막대기 모양 사람

그린 특성이 무엇인가에 따라 어떤 방식으로 보상적이고 방어적인 구조를 발달시켰는가, 혹은 어느 부분이 부족하고 갈등적인가를 이해할 수 있다.

지적장애이거나 어린 아동의 경우를 제외하고 전반적인 신체 비율이 너무 맞지 않을 때는 이러한 자기응집성과 관련하여 심한 현실지각의 장애가 있으며, 심한 경우 사고장애나 신경학적 장애가 존재할 수 있다.

때로 몸통과 사지를 직선으로 그린 '막대기 모양' 사람 그림으로 그리는 경우가

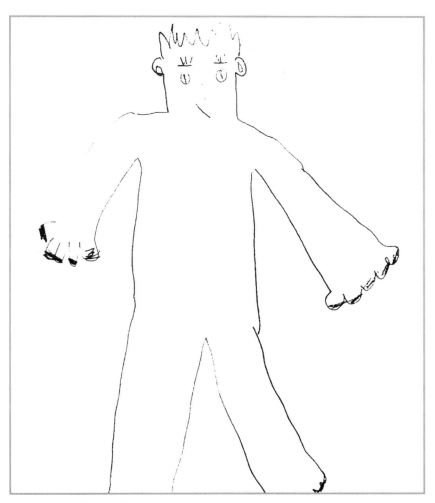

| 그림 56 | 윤곽만 그린 사람

있는데(이를 stick figure라고 한다), 내적으로 자기부적절감과 불안정감이 강하고, 이로 인해 이차적으로 적대적이고 거부적인 태도를 취하고 있음을 의미할 수 있으며, 때로 신경학적 장애나 지적장애의 가능성도 고려해야 한다(〈그림 55〉).

몸의 윤곽만 있고 속은 비워 놓은 채로 그리는 경우도 드물게 나타나는데, 이는 대체로 세상과의 상호작용에 대한 심한 회피나 위축감 혹은 공허감이 수반되는 우울장애나 자기성취감이 매우 부족한 상태에 있을 가능성을 시사하며, 때로는 지적장애, 신경학적 장애나 사고장애의 가능성을 의심해 봐야 한다(〈그림 56〉).

사람을 그리면서 네모나 동그라미 등 기하학적인 모양을 사용하는 경우, 혹은 기괴하고 기이하게 사람 같지 않은 모습으로 그리는 경우가 있는데, 이는 대부분 현실지각의 손상, 신경학적 장애, 혹은 지적장애의 가능성을 시사한다.

(2) 자아정체성에 관한 문제

청소년의 경우 때로 성별이 분명하지 않은 사람을 그리는 경우가 있는데, 이는 피검자가 성 정체성에 대해 양가감정이나 혼란감을 느끼고 있음을 의미하는 경우가 많다. 또 성인 피검자가 어린아이의 그림을 그렸다면 이는 자율성과 독립성의 수준이 미성숙함을, 아주 어린 아기를 그렸다면 이는 성 정체성과 관련된 갈등에서 벗어나기 위한 퇴행적인 욕구나 유아적 의존욕구를 반영할 수 있다. 또 너무 마르고 허약하거나 여윈 모습으로 그린 경우 강한 우울감, 무기력감을 느끼고 있음을, 비만하거나 뚱뚱한 사람을 그릴 경우 자기경멸감과 우울감을 나타낼 소지가 있다.

(3) 옷

옷을 너무 자세하기 그리는 경우는 자아정체성의 불확실성을 과시적인 행동을 통해 과잉보상하고자 함을 반영한 것일 수 있다. 옷을 너무 강박적으로 정교하게 묘사했다면 이러한 과잉보상행동이 강박적인 행동을 통해 나타날 수 있음을 의미할 수 있다.

(4) 자세

사람이 움직이고 있는 모습을 그리는 경우, 예를 들어 장작을 패는 것과 같이 대인관계와는 무관하면서도 능동적이고 때로 난폭한 움직임을 그릴 때는, 그 사람의 자기개념이 다소 공격적이고 자기주장적임을 의미할 수 있다. 한편, 이러한 행동이 권투 시합처럼 사회적으로 수용가능한 행위일 경우에는 피검자가 자신의 내면의 적대감에 대해 통제할 수 있음을 시사해 준다.

머리는 옆모습이고 몸은 앞모습으로 그리는 등 자세가 일관적이지 못할 경우 혹은 몸이 기울어지거나 어딘가에 기댄 모습을 그릴 경우(〈그림 57〉)는 자아정체성에 대한 불확실성과 불안정감, 우울감을 나타낼 수도 있다.

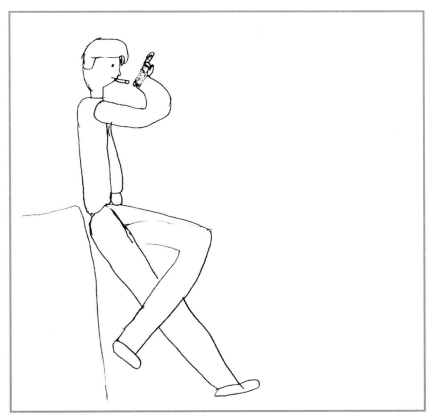

| 그림 57 | 기대어 있는 모습을 그린 사람

땅에 선 모습이 아니라 마치 공중에 붕 뜬 것처럼 그린 경우에는 자아정체성에 대한 불확실감의 정도가 너무 커서 자기 자신으로부터 소외된 것처럼 느끼고 있을 가능성을, 앉거나 눕거나 기대앉은 모습을 그린 경우는 대인관계에서의 수동적인 태도가 심함을 의미할 수 있다.

(5) 남자와 여자 그림의 관계

남자 그림과 여자 그림을 그린 순서, 두 그림의 키 차이를 살펴봄으로써 성 정체성에 대한 정보를 얻을 수 있다. 일반적으로 동성의 인물을 먼저 그리지만 7세 이하의 아동들은 대상관계에서 가장 중요한 사람이 어머니이기 때문에 대개 여자를 먼저 그린다. 이 경우 주로 그 인물은 어머니 표상을 반영한다.

① 그림의 순서와 키

남자 피검자가 남자를 먼저 그리고 여자 그림보다 아주 크게 그렸을 경우, 이는 내면에 성 정체성에 대한 불확실감이 있고, 이 불안을 과잉보상하기 위해 여성에 대해 우월감을 느끼고자 함을 나타낼 수 있다. 반대로 남자 그림이 여자 그림보다 작을 경우 이는 성 정체성에 대한 양가감정과 열등감, 여성 자기대상을 과잉이상화하려는 경향이 있음을 의미할 수 있다.

여자 피검자가 남자를 먼저 그리고, 여자 그림보다 더 크게 그린 경우 성 정체성에 대한 불안, 열등감과 부적절감, 그리고 과잉이상화된 남성을 향한 수동적-순종적 태도를 보이고 있음을 반영한 것일 수 있다. 반대로 남자를 더 작게 그린 경우 성 정체성에 대한 양가감정, 남성 자기대상을 무시하고 스스로를 주장하고 싶은 욕구를 가지고 있음을 나타낼 수 있다.

여자 피검자가 여자를 먼저 그리고 남자보다 크게 그린 경우 이는 성정체성에 대한 불확실감과 이 불안을 보상하기 위해 남성 자기대상에 대해 우월감을 가지려고 함을 의미할 수 있다.

남자 피검자가 여자를 먼저 그리고, 남자보다 더 크게 그린 경우 성 정체성에 대한 불안감, 열등감, 부적절감, 과잉이상화된 여성 자기대상에 대한 수동적-순종적 태도를 보이고 있음을 나타낸 것일 수 있다. 반대로 여자를 더 작게 그린 경우 성 정체성에 대한 양가감정, 여성 자기대상을 무시하고 자신을 주장하고자 하는 욕구가 있음을 시사할 수 있다.

②성적 외모

남자를 여자처럼 보이게, 혹은 여자를 남자처럼 보이게 그린 경우 성 정체성에 대한 양가감정, 모호성, 불확실감이 있고, 반대성에 동일시하고 있거나, 이성관계에서 정체성 문제와 관련된 갈등을 겪고 있을 가능성 등을 생각할 수 있다.

⑹ 사람을 그릴 때 적정한 표현 양식

일단 전체적으로 균형이 맞고 신체 부위들이 모두 다 그려져 있는 것이 좋다. 적당히 옷을 입고 있고, 다른 물건이나 사물이 그려져 있지 않으며, 편안하게 선 자세이거나 잘 통제된 방식으로 어떤 활동을 하고 있는 모습이 좋다. 피검자가 7세 이상인 경우 자기와 같은 성별의 사람을 먼저 그리고, 남자와 여자 그림의 키가 비슷하거나 남자가 약간 더 큰 것이 바람직하며, 외모가 각 성별의 일반적인 사회적 기준에 적절히 맞아야 한다.

5) 기타 특성

⑴ 나이

사람 그림의 나이는 자기 혹은 자기대상의 성숙도에 대해 주관적으로 어떤 표상이나 느낌을 가지고 있는지를 나타내 준다. 나무와 마찬가지로 사람의 그림에서 자기 혹은 자기대상과 나이가 ±5년 미만으로 차이 날 경우는 그러한 성숙도가 비교적 적절한 것으로 간주할 수 있다. 그러나 나이가 5년 이상 적은 경우 이는 성격적인 미성숙함을, 5년 이상 많은 경우는 내적인 성숙감과 관련된 불안감을 과잉보상하고자 함을 의미할 수 있다. 또 나이가 너무 많거나, 막연하게 그냥 '아주 많다.'라고만 표현할 경우 이는 내면에 우울감이 있고 유능감이 저하되어 있음을 의미할 수 있다.

특히 아동이 자기보다 어린 사람을 그릴 경우는 좀 더 유아적인 의존욕구가 있고 연령 수준보다도 심리사회적으로 미성숙한 상태에 있음을 반영할 수 있다.

(2) 행동

걷거나 말하거나 웃거나, 혹은 공놀이를 하는 등의 주장적이고 표현적이면서도 비폭력적인 행동을 하는 경우 이는 자기 자신과 관련된 활력을 느끼고 있음을 나타낼 수 있다. 반대로 아무런 활동도 하지 않고 그냥 서 있거나 앉아 있는 모습을 그릴 경우는 수동적이거나 무기력한 상태에 있음을 의미할 수도 있다. 반대로 폭력적인 행동을 하고 있는 모습을 그리는 경우, 이는 내적인 공격성, 적대감 및 충동 통제의 어려움이 있음을 시사할 수 있다. 너무 기괴하거나 난폭한 행동이 표현된 경우는 성격구조적인 미숙함이 매우 심하거나, 더 나아가 사고장애가 있을 가능성이 의심된다.

때로 실제 사람이 아니고 미술 작품 속 사람 그림이나 동상을 그리는 경우가 있는데, 이는 자아정체감의 혼란과 갈등을 느끼고 있음을 의미할 수 있다.

(3) 생각

그림 속 인물이 어떠한 활동이나 친구에 대해 긍정적이고 건설적인 생각을 하고 있다고 답한 경우, 이는 자기개념이 건강함을 의미할 수 있다. 반대로 부정적 혹은 비판적인 생각을 하고 있다고 답한 경우, 자존감이 낮고 우울감 혹은 적대감을 느끼고 있음을, 아무 생각도 안 한다고 답한 경우, 회피적 태도와 수동성 및 절망감, 우울감을 느끼고 있음을 반영할 수 있다.

(4) 느낌

그림 속의 인물이 느끼는 감정이 유쾌하고 건설적인 내용일 경우는 역시 자기개념이 긍정적임을, 우울하거나 자기비판적인 감정일 경우는 우울하고 자존감이 낮음을, 화가 났다는 등의 공격적인 감정일 경우는 억압된 분노감이나 적대감, 공격성이 내재되어 있음을 의미할 수 있다. 또 아무 느낌도 없다고 대답하는 경우는 회피성과 수동성, 우울감과 위축감을 느끼고 있음을, 기괴하거나 부적절한 감정을 대답하는 경우는 현실 판단의 장애, 사고장애를 시사한다.

(5) 주제

마녀, 귀신처럼 비현실적인 인물을 그리는 경우는 현실에 적응하는 데 어려움이 있거나, 대인관계에 대한 적대감을 가지고 있음을 의미할 수 있다. 성인과 같은 종교적 인물을 그리면 자아정체성과 관련된 비현실감이 있거나, 성적인 것이나 공격적인 것이 배제된 모습을 과도하게 이상화하는 경향성을 나타낼 수 있다. 반면, 광대나 만화처럼 우스꽝스러운 방식으로 사람을 그릴 경우는 열등감이 있거나 자존감이 낮을 가능성이 있고, 때로 충동적으로 행동할 가능성도 있다.

유명인이나 실제 인물 등을 만화처럼 혹은 캐리커처로 그렸을 때, 또는 경찰이나 소방관처럼 전형적인 인물을 그리는 경우는 자기의 실제 정체성을 드러내는 데 불안감을 느끼고 검사에 대해 적대적인 태도를 가지고 있음을 의미할 수 있다.

4. 특수 채점 및 특수 지표

투사적 그림검사의 발전 과정에서 많은 심리학자들은 임상가의 주관에 치우치기 쉬운 해석에 객관적인 참조 기준을 마련하고자 여러 가지 투사적 그림검사에 대한 다양한 채점 및 해석 지표를 발전시켜 왔다. 사람 그림검사와 관련하여 해석 시 참고할 수 있는 주요한 채점체계 및 지표를 제시하면 다음과 같다.

1) Goodenough-Harris의 인지적 성숙도 척도

그림에 나타난 세부묘사의 정도를 통해 표현의 복잡성을 측정하고 이를 통해 아동의 개념형성능력을 추정한다. 그림에 각 항목의 내용이 있으면 1점, 없으면 0점으로 채점한다.

표 5-1 남자 그림 척도: Goodenough-Harris의 인지적 성숙도 척도

1. 머리
2. 목
3. 목, 2차원
4. 눈
5. 눈의 세부묘사: 눈썹, 속눈썹
6. 눈의 세부묘사: 눈동자
7. 눈의 세부묘사: 비율
8. 눈의 세부묘사: 눈빛
9. 코
10. 코, 2차원
11. 입
12. 입술, 2차원
13. 코, 입술 모두 2차원
14. 턱과 이마 모두 그림
15. 턱의 돌출: 아랫입술과 구분
16. 턱선
17. 콧날
18. 머리 I: 머리카락
19. 머리 II: 머리카락 부분을 표시하기 위한 선이나 음영
20. 머리 III: 헤어스타일을 표현
21. 머리 IV: 머릿결을 표현
22. 귀
23. 귀: 비율과 위치
24. 손가락
25. 손가락 수가 정확
26. 양 엄지손가락
27. 손
28. 손목 혹은 발목
29. 팔
30. 어깨 I: 목과 어깨선이 이어짐
31. 어깨 II: 팔이 어깨와 연결되어 있고 위치가 정확함
32. 팔에 움직임이 묘사되어 있거나 옆으로 뻗어 있음
33. 팔꿈치 관절
34. 다리
35. 엉덩이 I: 가랑이
36. 엉덩이 II: 정교화된 묘사
37. 무릎 관절
38. 발 I: 표시
39. 발 II: 비율
40. 발 III: 뒤꿈치
41. 발 IV: 원근법
42. 발 V: 세부묘사
43. 팔과 다리의 위치 I: 모두 몸통에 붙어 있음
44. 팔과 다리의 위치 II: 모두 적절한 위치에 있음
45. 몸통
46. 몸통, 2차원
47. 비율: 머리 I: 몸통의 1/2보다 크지 않고 1/10보다 작지 않음
48. 비율: 머리 II: 몸통의 1/4 크기
49. 비율: 얼굴
50. 비율: 팔 I: 최소한 몸통과 같은 길이
51. 비율: 팔 II: 팔꿈치 윗부분이 아랫부분보다 굵음
52. 비율: 다리
53. 비율: 사지
54. 옷 I: 옷을 그림
55. 옷 II: 두 개 이상 항목으로 옷을 정교화(예: 모자, 바지)
56. 옷 III: 양소매와 바지가 모두 완전한 그림
57. 옷 IV: 4개 이상의 세부 항목
58. 옷 V: 완벽하게 갖춰진 복장
59. 옆얼굴 I: 머리, 몸통, 발이 연결되어 있음
60. 옆얼굴 II: 몸 전체의 옆모습에 방향의 일관성이 있음
61. 얼굴 전체
62. 운동협응: 선
63. 운동협응: 연결 부위
64. 우수한 운동협응
65. 계획적으로 선, 형태를 묘사: 머리 윤곽(head outline)
66. 계획적으로 선, 형태를 묘사: 몸통 윤곽(trunk outline)
67. 계획적으로 선, 형태를 묘사: 팔과 다리
68. 계획적으로 선, 형태를 묘사: 얼굴 생김새(이목구비)
69. 소묘 기법
70. 모사 기법
71. 팔의 움직임
72. 다리의 움직임

표 5-2 여자 그림 척도: Goodenough-Harris의 인지적 성숙도 척도

1. 머리
2. 목
3. 목, 2차원
4. 눈
5. 눈의 세부묘사: 눈썹, 속눈썹
6. 눈의 세부묘사: 눈동자
7. 눈의 세부묘사: 비율
8. 뺨
9. 코
10. 코, 2차원
11. 콧날
12. 콧구멍
13. 입
14. 입술, 2차원
15. 화장한 입술
16. 코와 입술 모두 2차원
17. 턱과 이마
18. 턱선
19. 머리 I: 머리카락 그림
20. 머리 II: 머리카락 부분을 표시하기 위한 선이나 음영
21. 머리 III: 헤어스타일
22. 머리 IV: 머릿결
23. 목걸이 혹은 귀걸이
24. 팔
25. 어깨
26. 옆으로 향한 팔

27. 팔꿈치 관절
28. 손가락
29. 손가락의 정확한 수
30. 손가락의 정확한 세부묘사
31. 반대 방향으로 향하는 엄지
32. 손
33. 다리
34. 엉덩이
35. 발 I: 표시
36. 발 II: 비율
37. 발 III: 세부묘사
38. 신발 I: 여성스러움
39. 신발 II: 스타일
40. 발의 위치가 적절함
41. 팔과 다리의 위치 I: 모두 몸통에 붙어 있음
42. 팔과 다리의 위치 II: 모두 적절한 위치에 붙어 있음
43. 옷
44. 소매 I: 소매 그림
45. 소매 II: 정교화
46. 목덜미의 선 I: 목에 옷의 선을 그림
47. 목덜미의 선 II: 칼라를 그림
48. 허리 I: 여성적인 신체 곡선
49. 허리 II: 벨트, 상하의 경계선
50. 주름잡힌 전형적인 스커트

51. 투명성의 오류 없음: 옷 위로 몸의 선이 드러나지 않아야 함
52. 옷을 차려입은 여자
53. 부조화 없이 완벽한 의상
54. 아주 전형적인 의상
55. 몸통
56. 몸통, 2차원
57. 머리-몸통 비율
58. 머리: 비율
59. 사지: 비율
60. 몸통에 비례한 팔
61. 허리의 위치
62. 의상 영역
63. 운동협응: 연결 부위
64. 운동협응: 선
65. 우수한 운동협응
66. 방향이 적절한 머리의 선과 형태
67. 방향이 적절한 가슴의 선과 형태
68. 방향이 적절한 엉덩이의 선과 형태
69. 방향이 적절한 팔꿈치의 선과 형태
70. 방향이 적절한 허벅지의 선과 형태

2) Malony와 Glasser의 부적응 지표

적응상에 어려움을 겪고 있는 사람들을 구분하기 위한 지표로서, 총 아홉 개의 항목으로 구성되어 있다.

표 5-3 Malony와 Glasser의 부적응 지표

1. **생략(omissions)**: 그림에서 의미 있는 세부묘사가 생략된 경우(눈, 입, 팔, 다리, 발 등)
2. **투명성(transparency)**: 신체 부분들이 팔, 다리, 옷 등을 통과하여 보이거나 심장, 위 같은 장기들이 표현된 경우
3. **왜곡(distortion)**: 신체 부분들이 매우 부적절한 비율로 그려지거나(지나치게 크고 긴 팔, 지나치게 작은 머리 등), 신체 부분들이 적절히 연결되어 있지 않거나, 잘못된 영역에 연결되어 있는 경우(팔이 몸통 중간에 연결됨)
4. **수직적 불균형(vertical imbalance of stance)**: 인물이 45도 이상 기울어진 형태로 그려진 경우
5. **머리의 단순화(head simplification)**: 머리가 과도하게 단순한 형태로 그려진 경우
6. **신체 단순화(body simplification)**: 신체를 과도하게 단순한 형태로 그린 경우
7. **전반적인 수준의 빈약함(poor overall quality)**: 묘사의 정확성이나 예술적 수준과 같은 그림의 전반적인 질, 세부묘사와 관련됨. 인상에 근거하여 9점 척도상에서 채점(1점-빈약함, 9점-우수함)
8. **성별의 변별(sexual differentiation)**: 여성의 특성 혹은 남성의 특성이 명확히 드러나는지를 알아보는 것으로 9점 척도상에서 평가(1점-성별 특징이 모호함, 9점-명확함)
9. **성적 표현(sexual elaboration)**: 성과 관련된 세부묘사의 정도(가슴, 성기, 과도한 화장 등)

3) Oas의 충동성 지표

충동성 지표에서 세 개 이상의 항목에 해당할 때, 비충동성 지표에서 다섯 개 이상의 항목에 해당할 때 임상적으로 의미가 있다.

표 5-4 | Oas의 충동성 지표

충동성 지표

*1. 완성시간(completion time): 각 인물(여자, 남자)을 그리는 데 걸리는 전체 시간이 5분 이하인 경우

*2. 공격성(aggression): 다음에 제시되는 것 가운데 한 가지 이상이 그림에 나타나는 경우—치아, 칼, 총, 폭탄, 막대기 형상 인물, 피, 공격적인 움직임의 표현 혹은 곤봉

*3. 전반적인 질(overall quality): 해리스(Harris, 1963) 혹은 코핏츠(Koppitz, 1968) 채점체계에 의해 정의된 것으로서 전반적인 그림의 질이 빈약한 경우

*4. 불연속성(discontinuity): 머리, 몸통, 목, 팔, 다리, 발 가운데 적어도 두 부분에서 정상적으로 연결되어지는 선이 비연속적으로 중복되는 경우

*5. 생략(omissions): 다음의 신체 영역이 생략된 경우—머리, 몸통, 목, 손, 팔, 다리, 발, 머리카락, 손가락(만일 손이 등 뒤로 향해 있다면 채점하지 않음)

*6. 특별한 생략(specific omissions): 코, 눈동자, 눈, 그리고 손가락이나 손 가운데 한 가지 이상 생략된 경우

*7. 비율(proportion): 머리, 몸통, 얼굴, 팔, 다리 가운데 적어도 한 부분에서 비율이 적절하지 않은 경우

8. 크기 증가(size increase): 몸통의 높이에 있어서 약 15센티미터, 너비에 있어서 약 8센티미터를 초과하는 경우

9. 목(neck): 목이 생략되거나 머리 길이의 2/3보다 더 긴 경우

10. 자세(stance): 다리가 신체 중앙선으로부터 22.5도 이상 기울어진 경우

11. 어깨(shoulders): 어깨가 부적절하게 연결되거나 직각으로 그려지지 않은 경우

12. 계획성의 부족(poor planning): 지면에 그림을 다 그리지 못하여 그림의 일부가 잘리거나, 잘못 그렸을 때 지우지 않고 처음부터 다시 그리는 경우

비충동성 지표

1. 좌우대칭, 균형(symmetry): 그림에 균형감이 있고, 팔, 다리, 눈, 귀, 발과 같은 신체 쌍 부분에 있어서 적어도 세 영역에서 좌우대칭을 보이는 경우

**2. 세부묘사(detailing): 다음 항목 가운데 다섯 가지 이상이 표현된 경우—귀걸이, 목걸이, 반지, 팔찌, 브로치, 구두끈, 헤어스타일, 안경, 바지, 벨트, 스커트, 단추, 지퍼, 신발, 양말

**3. 완성시간(completion time): 여성, 남성 그림 모두를 그리는 데 8분 이상 걸릴 경우

4. 위치(placement): 인물상의 3/4이 종이 이등분선의 하단에 속하는 경우

**5. 스케치(sketching): 팔, 다리, 몸통, 머리와 같은 신체 부분을 그릴 때 스케치 방식을 사용한 경우

6. **지우기(erasure):** 다음의 신체 부분들을 완전히 지우고 다시 그리는 경우-발, 다리, 몸통, 손, 팔, 손가락, 머리, 얼굴, 다른 대상을 잡고 있는 손, 다른 물건들, 혹은 인물 전체

7. **크기(size):** 머리에서 발까지의 길이가 약 10센티미터보다 작거나 몸통 너비 길이가 약 5센티미터보다 짧은 경우

8. **성별을 그린 순서:** 피검자와 반대 성의 사람을 먼저 그린 경우

9. **눈을 강조(eye emphasis): 다음의 내용 가운데 두 가지 이상이 표현된 경우-안경, 눈썹, 속눈썹, 큰 눈, 각막 세부묘사, 음영이 있는 눈, 눈동자

10. **오른쪽으로 치우친 그림(right side):** 그림의 중앙선이 종이의 중앙선에서 약 2.5센티미터 이상 오른쪽으로 치우친 경우

11. **조망(perspective):** 옆모습을 그리거나 뒷모습을 그린 경우

12. **입의 세부묘사(mouth detail): 아랫입술과 윗입술을 2차원적으로 묘사한 경우

13. **음영(shading): 다음의 신체 부위를 2번 이상 표현하거나 옷의 색을 칠하기 위해 음영을 사용하는 경우-발, 손, 몸통, 팔, 눈, 입, 다리, 목, 스커트, 바지 혹은 옷가지

* 충동성을 가장 잘 나타내 주는 지표
** 비충동성을 가장 잘 나타내 주는 지표

4) McLachlan의 뇌손상 지표

다섯 개 항목의 기질적 손상 지표는 3점 척도로 채점되는데, 그 내용이 충족되지

표 5-5 McLachlan의 뇌손상 지표

1. **인물상의 불균형(figure off balance)**
2. **주요 세부묘사의 생략(major detail missing):** 머리-눈, 코, 입, 귀 혹은 머리카락; 신체-팔, 다리 혹은 몸통(torso); 사지-발, 손, 손가락(만일 손이 등 뒤로 그려졌다면 채점하지 않음)
3. **전체적인 신체 왜곡(gross body distortions):** 사각형 혹은 배 모양의 신체, 대칭성의 결핍, 팔보다 짧은 다리, 팔과 다리 크기의 불일치, 불룩한 배 등
4. **빈약한 통합(weak synthesis):** 상체와 팔, 다리, 목, 머리의 전체적인 통합이 빈약, 잘못된 위치에 한 줄로 붙은 팔, 신체 부분들 위치가 부적절
5. **빈약한 손 운동 조절(poor motor control):** 약 0.6센티미터 이상 직선이 휘거나, 점 혹은 사선으로 처리된 선, 들쑥날쑥한 선

않으면 0점, 하나의 그림에라도 해당되면 1점, 남자, 여자 그림 모두에 해당되면 2점으로 채점된다. 전체 점수는 0점에서 10점의 범위에 속하게 되는데, 뇌손상 진단의 분할점(cut-off score)은 7~8점이다.

5) Koppitz의 정서장애지표

코핏츠(Koppitz, 1968)는 다음의 세 가지 기준에 따라 정서적 지표를 정의하였다. ① 건강한 아동과 정서적인 어려움이 있는 아동의 그림을 구별해 줄 수 있어야 한다. ② 건강한 아동의 그림에서는 낮은 빈도로(6% 미만으로) 나타나야 한다. ③ 정서적 지표의 발생 빈도는 연령이나 성숙의 수준과는 독립적이어야 한다. 코핏츠는 위의 세 가지 기준을 충족시키는 38가지 항목을 고안하였으며, 이를 '그림의 질' '의미 있는 특징' '생략'으로 범주화한 뒤 타당도 검증연구들을 실시하여 최종적으로 다음의 30개 항목으로 구성된 정서장애지표를 개발하였다.

표 5-6 Koppitz의 정서장애지표

질적인 지표

- 부분들의 통합이 빈약함: 하나 이상의 부분들이 나머지 사람 그림과 연결되어 있지 않음. 부분들이 하나의 선으로만 연결되어 있음. 거의 닿아 있지 않음.
- 얼굴의 음영: 전체 얼굴이나 부분의 음영, 주근깨 포함. 가벼운 음영이나 피부 색깔을 표현하기 위한 것은 해당되지 않음.
- 손이나 목의 음영
- 사지의 비대칭성: 한쪽 팔이나 다리가 다른 쪽과 확연히 다름. 팔이나 다리가 비슷한 형태인데 크기만 조금 다른 경우는 해당되지 않음.
- 기울어진 그림: 사람의 수직축이 15도 이상 기울어져 있음.
- 작은 그림: 약 5센티미터 이하의 크기
- 큰 그림: 약 22센티미터 이상의 크기
- 투명성: 몸통이나 사지의 중요한 부분(예를 들면, 배꼽, 성기, 갈비뼈 등)이 비치게 그려진 경우. 팔에서 하나 이상의 선이 몸을 가로지르는 경우는 해당되지 않음.

의미 있는 특징들

- 작은 머리: 머리의 길이가 전체 그림의 1/10에 미치지 못함.
- 열십자로 그린 눈(예: + +)
- 이: 이가 드러나는 그림
- 짧은 팔: 팔이 허리선까지 닿지 않을 정도로 짧음.
- 긴 팔: 팔이 무릎 아래로 닿을 정도로 김.
- 팔이 몸에 붙어 있음: 몸과 팔 사이에 공간이 없음.
- 큰 손: 손이 얼굴만큼 큼.
- 손이 잘림: 팔에 손이나 손가락이 없음. 손이 등 뒤에 숨겨져 있거나 주머니 속에 들어 있는 경우는 해당 되지 않음.
- 다리가 겹쳐져 있음: 두 다리가 공간이 없이 붙어 있음. 하나의 다리만 그린 것 같음.
- 성기: 성기를 그리거나 상징적으로 표상
- 괴물 그림: 사람이 아닌 그림, 우스꽝스러운 사람 그림
- 세 명 이상의 사람을 그림: 서로 상관이 없거나 의미 있는 활동에 관여하지 않는 사람들을 그림. 한 사람만을 그리라고 반복적으로 지시해도 여러 명을 그림. 가족 내의 남자와 여자를 그린 경우는 해당되지 않음.
- 구름: 구름, 비, 눈, 나는 새를 그림

생략

- 눈 없음: 눈이 전혀 없음; 감은 눈을 그리거나 눈동자가 없는 동그라미를 그린 경우는 해당 되지 않음.
- 코 없음
- 입 없음
- 몸 없음
- 팔 없음
- 다리 없음
- 발 없음
- 목 없음

6) 불안지표

(1) Handler와 Reyher(1965)의 불안지표

음영, 머리카락의 음영, 지우기, 덧칠하기, 선이 옅거나 진함, 위치, 생략, 크기가 지나치게 작거나 큼, 지나치게 작거나 큰 머리, 머리와 몸의 비율이 부적절함, 투명성, 윤곽선이 없음, 특정한 부분을 강조한 선, 수직상의 불균형, 선의 불연속성, 왜곡, 머리의 단순화, 몸의 단순화, 세부사항 결여, 지나치게 약하거나 강한 필압이 포함된다.

(2) Saarni와 Azara(1977)의 불안지표

공격적–적대적 범주와 불안정성 범주로 나뉜다. 공격적–적대적 범주의 내용에는 상처, 손과 발의 전반적인 비대칭, 지나치게 큰 그림, 사시, 뻐드렁니, 투명성, 지나치게 긴 팔과 손, 팔의 생략, 성기 돌출이 포함되며, 불안정성 범주의 내용에도 15도 이상 기울어짐, 얼굴과 목에 획일적인 음영, 지나치게 짧은 팔, 몸 옆에 달라붙은 팔, 발·다리·팔·손가락·눈·입·목의 생략, 아주 작은 크기, 발 아래 기저선, 몸통에서 중앙선의 과도한 강조, 약하게 끼적거린 선 등이 포함된다.

제**6**장

KFD의 구조적 해석

KFD의 구조적 해석

1. 구조적 해석

1) 운동성 가족화가 함축하고 있는 의미

　가족화는 아동이 주관적이고 심리적으로 느끼는 가족구성원들에 대한 내적인 상이 시각적으로 표현되는 검사이다. 즉, 가족 내에서 아동에게 가장 영향을 미치는 인물, 혹은 아동에게 부정적인 영향을 끼친 인물에 대해 아동이 느끼는 감정이 솔직하게 드러날 수 있다. 특히 운동성 가족화(KFD)는 가족구성원들 사이에 형성되어 있는 힘의 분포, 친밀감 및 단절감과 같은 가족 내 역동성을 그림을 통해 엿볼 수 있게 한다. 처음으로 가족화를 도입한 사람은 헐스(Hulse, 1952)인데, 그는 아동에게 자신의 가족을 그려 보라고 요구한 뒤, 그림을 다 그린 뒤에는 아동에게 자신이 그린 그림 속의 인물들에 대해서 자유롭게 이야기하도록 하였다. 이와 같은 과정을 통해서 헐스는 아동의 심리적 어려움의 원인 및 부모와의 관계, 형제와의 관계를 알아볼 수 있고, 가족 관계에서 아동이 자신의 위치를 어떻게 지각하는지도 알 수 있다고 보고하였다. 이후 해머(Hammer, 1958)는 가족화 그림에서도 개인의 욕구와 환경적 압력 간의 관계, 대인관계 등을 살펴볼 수 있다고 주장하였다. 그러나 이 시기에는 가족화 검사를 실시할 때 '가족을 그려 보라.'는 지시만을 하였기 때문에, 대부분 가족원들 간의 상호작용이 나타나지 않는 '경직된' 가족화가 대부분이었다. 이러한 문제를 해결하기 위하여, 번스와 카우프만(Burns & Kaufman, 1970, 1972)은 정신분석이론, 장 이론 및 지각적 선택성 이론 등을 고려하여, 가족원들이 '무언가를 하고 있는' 그림을 그리도록 하는 운동성 가족화(KFD) 기법을 개발하였고, 이를 통해 가족 안에서의 상호작용을 보다 쉽게 파악할 수 있게 되었다.

KFD에는 아동의 눈에 비친 가족들의 일상생활이나 가족구성원에 대한 감정이 반영되는데, 이는 아동의 주관적 판단에 크게 의존하게 되기 때문에 KFD는 의식적·무의식적 투사기법이라 할 수 있으며, 따라서 아동·청소년들을 진단하고 치료하는 데 중요한 임상적 의미를 제공해 줄 수 있다.

2) 운동성 가족화의 구조적 해석

가족화를 처음 고안한 헐스(1951)는 KFD를 해석할 때, 그림 내용도 중요하지만, 그림을 그리는 아동의 행동도 매우 중요하다고 강조하였다. 또한 그는 KFD에 대한 상징적 해석 방식을 제안하기도 하였다. 이후 번스와 카우프만(1970)은 KFD에 대해 보다 객관적인 평가를 하기 위해, '활동(action)' '양식(style)' '상징(symbol)'의 세 영역에 바탕을 둔 해석체계를 발전시켰다.

번스와 카우프만(1970)에 따르면, KFD 해석 시 가장 먼저 고려할 요소는 가족구성원이 어떻게 그려졌느냐 하는 것이다. 즉, 자주 지웠는지, 신체부위가 생략된 것은 없는지, 팔·다리의 길이는 적절한지, 실제 가족구성원 중 그리지 않은 사람이 있거나, 가족구성원이 아닌 사람을 그렸는지 등을 살펴봐야 한다. 특정 가족구성원을 그리지 않았을 때는 그 가족구성원에게 가지는 아동의 태도가 부정적임을 알 수 있다. 예를 들면, 엄마를 그리지 않은 아동은 엄마에 대한 부정적 생각이나 태도를 가지고 있을 가능성이 높다.

자신을 빠뜨리고 그린 KFD도 매우 중요한 의미를 지니는데, 자신을 그리지 않은 경우에는 자기가치감과 자존심이 낮은 경우가 많으며, 이는 특히 우울한 아이들에게서 자주 관찰된다(〈그림 58〉).

아빠 : 못질하고 있어요

누나 : 연필 갖고 일기 써요

엄마 : 설거지

| 그림 58 | 자신을 빼고 그린 KFD

(1) 인물의 활동

무언가를 하고 있는 가족을 그리는 KFD에서 표현된 각 인물의 행동은 여러 가지 임상적 의미를 제공해 준다. 우선 그려진 가족 모두가 상호작용하고 있는지, 일부만 이 상호작용하고 있는지, 아니면 상호작용 행동이 전혀 나타나지 않았는지에 따라 아동이 지각하는 가족의 역동성을 엿볼 수 있다. 예를 들어, 형과 권투를 하는 그림 이나 아버지와 야구를 하는 그림과 같이 경쟁을 시사하는 그림에는 상호작용이 드 러나 있지만, 서로 앉아서 다른 방향을 보고 있는 그림에서는 낮은 수준의 상호작용 을 추론해 볼 수 있다.

또한 인물의 행동은 아동이 지각하는 가족 내의 가족구성원들의 역할을 나타내 주기도 하며 아동의 부모상 또는 남성성, 여성의 발달에 영향을 미칠 수 있기 때문에, 이에 대해 살펴보는 것도 중요하다. 대체로 아버지상은 TV나 신문을 보는 모습, 일하는 모습으로 많이 그려지고, 어머니상은 부엌일이나 청소 등과 같은 집안일을 하는 모습을 많이 그린다. 자기상은 TV를 보거나 컴퓨터를 하는 모습, 공부하는 모습 등으로 흔히 표현된다.

(2) 그림의 양식

그림의 '양식'은 가족구성원 및 사물의 위치를 용지 안에서 어떻게 구성하는가를 의미한다. 아동은 KFD에서 다른 가족은 다 가까이 그리면서 한 특정인만 멀리 떨어뜨려 그리거나, 어떤 가족구성원은 그리지 않거나 또는 자신과 가까이에 특정인을 그리기도 한다. 이와 같은 그림의 양식은 아동이 가족 내에서 느끼는 친밀감, 신뢰감과 주관적인 느낌 및 태도와도 관련이 있다. 따라서 그림의 양식은 일반적으로 가족구성원과의 상호작용 측면에서 해석되며, 특히 중요한 가족구성원과 상호작용하지 못하고 있는 그림은 아동에게 의미 있는 단서가 될 수 있다. 아동들이 그리는 그림의 양식은 다양하지만, 그 특징에 따라 일반적인 양식, 구획화, 포위, 가장자리, 인물하선, 상부의 선, 하부의 선 일곱 가지로 분류된다.

① 일반적 양식

가족구성원들이 긍정적이고 온정적인 상호작용을 하는 그림을 그린다. 가족구성원 간에 거리감을 느낄 수 있는 사물이나 벽이 존재하지 않는다. 가족 간에 친밀감이 있으며, 온정적인 상호작용을 경험하는 아동에게서 보여진다(〈그림 59〉).

② 구획화

가족구성원을 그릴때, 직선이나 곡선을 사용하여, 가족화에서 인물들을 의도적으로 분리하여 그리는 경우이다. 때로는 그림을 그리기 전에 용지를 접어서 종이가 접힌 선으로 구분을 하고 그 안에 가족구성원을 각각 그리는 경우도 있다. 가정에서 상호 간의 적극적인 애정표현이 이루어지지 않을 때, 그리고 가족 간의 응집력과

| 그림 59 | 일반적인 양식으로 된 KFD

| 그림 60 | 구획화된 KFD

상호작용이 부족한 가정의 아동이 자주 그렇게 그린다. 외롭거나 억압된 분노감이 있는 아동에게서도 자주 나타난다. 구획화하여 그린 그림은 일반적으로 다른 가족 구성원으로부터 아동 자신과 자신의 감정을 철회하고 분리시키려는 욕구를 드러내 주는 것으로 해석되기도 한다(〈그림 60〉).

③ 포위

가족구성원 중 한 명 이상을 선으로 둘러싸이게 그리거나 또는 줄넘기나 책상과 같은 사물로 둘러싸이게 그리는 경우이다. 이때 포위시킨 가족구성원은 아동에게 위협적인 대상으로 분리하거나 제외시키고 싶은 욕구가 표현되는 경우로 해석되기 도 하고, 가족관계에서 포위한 대상과 정서적으로 단절되어 있을 가능성이 있다. 두 인물을 같이 포위하는 경우에는 아동에게 두 사람을 동일시하는 경향이 있음을 암 시한다(〈그림 61〉).

④ 가장자리

가족들을 A4 용지의 가장자리 부분에 나열해서 그리는 경우이다. 이러한 그림을

| 그림 61 | 인물이 선으로 둘러싸여 있는 KFD

그리는 아동은 상당히 방어적이며 가족 내에서 느끼는 문제를 회피하려는 경향이 강하다. 또한 다른 가족구성원과 친밀한 관계를 맺는 것에 대해서 저항을 보일 가능성이 높다.

⑤ 인물하선

특정 가족구성원을 그리고 난 뒤, 특정 인물의 밑에 선을 긋는 경우이다. 보통 아래에 선이 그어진 대상에 대해 불안감이 있는 아동에게서 나타난다.

⑥ 상부의 선

가족화에서 용지의 윗부분에 한 개 이상의 선을 그리는 경우이다. 가정 내에서 안정감이 부족하거나 불안, 걱정 또는 위기감을 느끼는 아동에게서 보여진다(〈그림 62〉).

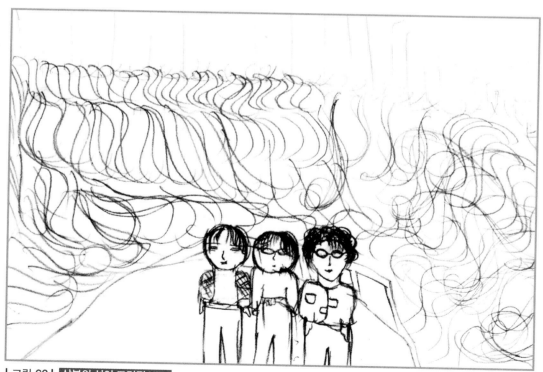

| 그림 62 | 상부의 선이 그려진 KFD

⑦ 하부의 선

기저선과 같이 한 개 이상의 선이 종이의 하단을 따라서 그려진 경우이다. 가정이 아동에게 안정감을 제공하지 못하는 경우나 아동이 정서적으로 지지받지 못하거나 인정받지 못할 경우, 이러한 기저선은 안정욕구를 의미한다(〈그림 63〉).

| 그림 63 | 하부의 선이 그려진 KFD

3) 상징

KFD에서 그려진 모든 사물들에 대하여 상징적인 의미를 해석하는 데는 어려움이 있다. 또한 상징의 해석은 과도하게, 혹은 1:1 식으로 해석되어서는 안 되며, 다른 많은 정보들을 고려하여 조심스럽게 해석하여야 한다. 〈표 6-1〉에서는 KFD에 대한 경험적인 연구 결과, 일반적으로 임상적인 의미가 있다고 인정되는 몇 가지 상징들의 예를 영역화하여 제시하였다(〈그림 64〉〈그림 65〉〈그림 66〉).

表 6-1

상징 해석	표현된 내용
• 공격심, 경쟁심	공, 축구공, 그 외 던질 수 있는 물체, 빗자루, 먼지떨이 등
• 애정, 온화, 희망	태양, 전등, 난로 등 열과 빛(빛이나 열이 강력하고 파괴적일 때는 애정이나 양육의 욕구, 증오심을 나타내기도 함)
• 분노, 거부, 적개심	칼, 총, 방망이, 날카로운 물체, 폭발물 등
• 힘의 과시	자전거, 오토바이, 차, 기차, 비행기 등
• 우울감	비, 바다, 호수, 강 등 물과 관계되는 모든 것

| 그림 64 | 공격성을 나타내고 있는 KFD

| 그림 65 | 공격성을 나타내고 있는 KFD

| 그림 66 | 분노 등이 포함된 KFD

4) 역동성

인물 묘사의 순서, 인물상의 위치, 크기, 인물상 간의 거리, 얼굴의 방향, 특정 인물의 생략, 가족구성원이 아닌 타인의 묘사 등을 통해 그림 전체의 맥락에서 가족 간의 역동성을 파악할 수 있다.

(1) 인물 묘사의 순서

KFD에서 아동이 가족들을 그린 순서는 아동이 지각하는 가족 내 힘의 서열을 반영하거나 아동에게 정서적·심리적으로 중요한 대상의 순서를 반영하기도 한다. 예를 들어, 모가 부보다 먼저 그려진 경우는 부보다 모가 가정에서 지배적인 영향력을 행사할 가능성을 암시하며, 아동 자신을 제일 먼저 중앙에 그린 경우는 자기중심적인 경향이 강함을 시사한다.

가족 이외의 인물을 가장 먼저 그린 경우에는 가족 내 소속감이나 유대감이 형성되어 있지 않을 가능성이 많으므로 아동의 문제에 중요한 단서를 제공해 줄 수 있다.

(2) 인물상의 위치

용지에 배치된 인물상의 위치에 따라 임상적인 의미가 있다. 예를 들어, 용지의 상단에 그려진 인물상은 가족 내에서 가족을 이끌어 가는 주도적인 인물일 가능성이 높다. 반면, 용지 하단에 그려진 인물상은 우울하거나 활력이 부족한 인물일 수 있으며, 중앙에 그려진 인물상은 실제로 가족의 중심 인물인 경우가 많다. 또한 우측에 그려진 인물상은 외향성 및 활동성을, 좌측에 그려진 인물은 내향성 및 침체성을 지닌 것으로 해석될 수 있다. 일반적으로 남아는 자기상을 우측에, 여아는 좌측에 그리는 경향을 보인다.

(3) 인물상의 크기

인물상의 크기는 가족구성원의 실제 키를 반영할 수도 있고 아동이 각 가족구성원에 대해 지니고 있는 감정과 태도를 나타낼 수도 있다. 키가 크게 그려진 인물상

은 존경받는 대상이거나 권위적인 대상으로 가정에서 중심적 위치에 있을 가능성
이 높고, 키가 작게 그려진 인물상은 가족들에게 무시당하는 위치에 있을 가능성이
높다(〈그림 67〉).

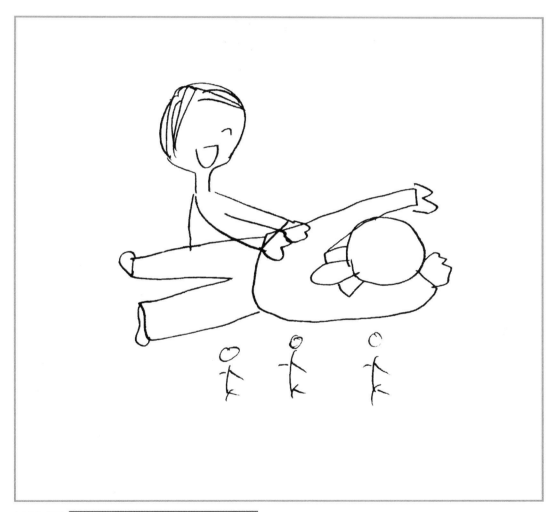

| 그림 67 |　구성원 간 인물상의 크기가 서로 다른 KFD

(4) 인물상 간의 거리

인물상 간의 거리는 아동이 지각하고 있는 구성원 간 친밀성의 정도나 심리적 거리를 나타내는 것으로 해석될 수 있다. 인물상이 서로 방해물 없이 가까이 그려져 있다면, 이는 두 구성원이 서로 친밀함을 의미하는 것일 수도 있고, 반대로 두 구성원 간에 정서적인 거리감이 존재하여 이를 보상하고자 하는 표현일 수도 있다. 거리가 멀게 그려진 두 인물상 간에는 실제 생활에서도 상호작용이 별로 없어 친밀감의 경험이 부족하고 심리적인 거리감을 느끼고 있을 가능성이 높다(〈그림 68〉).

| 그림 68 | **인물상 간 거리가 있는 KFD**

(5) 인물상의 방향

　그려진 인물상이 앞을 보는지, 옆을 보는지, 혹은 뒤를 보는지, 향하고 있는 방향에 따라 그 임상적 의미가 크다. 정면을 향하고 있는 인물상에 대해서는 아동이 긍정적으로 지각하고 있는 대상이며, 뒷모습이 그려진 인물상에 대해서는 부정적 태도와 억압적 분노감을 시사하며, 옆면이 그려진 인물상에 대해서는 양가적인 태도를 취하고 있을 가능성을 생각해 볼 수 있다(〈그림 69〉).

| 그림 69 | 한 사람만 반대 방향을 향하고 있는 KFD

(6) 인물상의 생략

가족구성원 중 특정 인물을 빼고 그렸거나 그렸다 지운 흔적이 있는 경우는 아동이 지워진 가족구성원에게 양가감정을 느끼거나 그 구성원과 갈등적인 관계에 있음을 시사한다. 드물지만 가족구성원의 일부를 검사용지의 뒷면에 그리는 경우도 있는데, 이 역시 뒷면에 그린 가족구성원에게 아동이 양가감정을 느끼고 있음을 시사해 준다.

(7) 타인의 묘사

KFD에서 같이 살고 있는 가족구성원이 아닌 타인을 그리는 경우, 아동이 가족 내의 누구에게도 정서적 교류나 친밀감을 느낄 수 없는 상태에 있음을 추측해 볼 수 있다. 가족 외 타인으로는 주로 아동의 친구, 친척이 그려지는 경우가 많고 이렇게 그려진 타인은 아동이 정서적으로 가장 친밀하게 느끼거나 초기에 기본적인 신뢰감이나 애착을 형성했던 대상일 가능성이 많다.

5) 인물상의 특징

인물상 개개인에 대한 묘사의 특성은 앞 장의 사람 그림에서 설명된 내용을 참조하면 된다. KFD에서 흔히 보이는 인물상의 특성을 살펴보면 다음과 같다.

(1) 음영

어떤 인물의 신체 한 부분에 음영이 그려질 경우 그 신체 부분에 몰두하고 있거나 불안감을 느끼고 있음을 시사하기도 하며, 음영이 표시된 인물에 대한 분노감이나 적개심 등의 표현일 가능성도 있다.

(2) 얼굴 표정

얼굴 표정은 직접적인 정서적 반응을 나타내 주는데, KFD에서 드러나는 인물의 표정은 실제 가족활동 내에서 아동이 지각하는 정서 반응일 수도 있고, 아동이 가족

구성원에게 느끼는 감정일 수도 있다. 따라서 얼굴 표정을 생략한 경우, 가족 내에서 느끼는 갈등이나 정서적 어려움을 회피하거나 거리감을 두려는 시도로 해석해 볼 수 있다(〈그림 70〉).

| 그림 70 | 얼굴 표정이 생략된 KFD |

(3) 회전된 인물상

특정 가족구성원만 다른 구성원들과 다른 방향으로 그린 경우는, 이는 그 가족구성원에 대한 거리감, 거부감 또는 갈등적인 감정을 나타낸다.

(4) 막대기 모양 인물상

지적장애나 다른 뇌손상이 없는 아동이 가족화를 막대기 모양으로 그린 것은 가족 간에 정서적 유대감과 애정적 교류가 부족하며, 갈등 관계에 있거나 갈등 관계에 있는 대상에 대한 부정적 감정이나 저항을 나타낼 수도 있다(〈그림 71〉).

| 그림 71 | **막대기 형태로 그린 KFD**

2. KFD 채점체계

1) 번스의 채점체계

KFD에서 그려진 그림의 '활동 내용' '스타일', 그리고 '상징'을 채점하고 분석하고 자 할 때는 KFD 모눈종이와 분석용지를 함께 사용하는 것이 유용하다.

(1) 모눈종이

1밀리미터 간격의 트레이싱 페이퍼로 만들어진 KFD 모눈종이는 KFD 자료를 분석하고 측정하는 데 유용하게 쓰인다. 모눈종이는 그려진 인물들의 크기, 위치, 그리고 거리를 쉽게 측정하는 데 도움을 준다. 예를 들어, KFD의 모눈종이를 통해 아동이 그린 인물들 간의 크기나 거리를 측정하는 것은 가족 간의 유대감, 우월감이나 열등감, 친밀감 등을 더 쉽게 파악하는 데 도움을 준다.

(2) 분석용지

KFD 검사의 모눈종이가 객관적이고 수치적인 정보를 제공한다면, 분석용지는 그려진 그림의 자료를 요약하고 기록하는 데 도움이 된다. 이러한 분석용지는 '활동 내용'과 '스타일', 그리고 '상징'을 총체적으로 요약할 수 있게 해 주고, 부분적으로 수량화시킬 수 있게 해 주는 측면을 지니고 있기 때문에 특히 임상연구에 유용하다.

운동성 가족화 검사의 분석용지(번스의 채점기준)

이름: _____ 연령: _____ 성별: _____

Ⅰ. 스타일

  1. 구획 나누기

  2. 포위하기

  3. 밑선 긋기

  4. 어떤 특정 인물 아래에만 밑선 긋기

  5. 외형만 그리거나 검사지의 테두리를 따라 그리기

  6. 검사지 윗부분에 선 긋기

  7. 검사지를 접은 후 구획을 나눠 그리기

Ⅱ. 상징

  1. 아버지상에 사용된 상징:

  2. 어머니상에 사용된 상징:

  3. 자기상에 사용된 상징:

  4. 기타 인물에 사용된 상징:

Ⅲ. 활동 내용

  1) 가족구성원 각자의 활동 내용

인물	활동내용
1. 자신	
2. 어머니	
3. 아버지	
4. 형, 오빠	
5. 누나, 언니	
6. 남동생	
7. 여동생	
8. 기타	

2) 가족구성원들 간의 활동내용

인물	활동내용	대상
1. 자신	_____	_____
2. 어머니	_____	_____
3. 아버지	_____	_____
4. 형, 오빠	_____	_____
5. 누나, 언니	_____	_____
6. 남동생	_____	_____
7. 여동생	_____	_____
8. 기타	_____	_____

Ⅳ. KFD에 나타난 각 인물의 특징

1. 팔을 더 길게 늘여서 그린 경우 (   )

① 자신 ② 어머니 ③ 아버지 ④ 형, 오빠 ⑤ 누나, 언니 ⑥ 남동생 ⑦ 여동생 ⑧ 기타

2. 받침대 위에 올라가 있는 것으로 그린 경우 (   )

① 자신 ② 어머니 ③ 아버지 ④ 형, 오빠 ⑤ 누나, 언니 ⑥ 남동생 ⑦ 여동생 ⑧ 기타

3. 그렸다가 지운 경우 (   )

① 자신 ② 어머니 ③ 아버지 ④ 형, 오빠 ⑤ 누나, 언니 ⑥ 남동생 ⑦ 여동생 ⑧ 기타

4. 검사용지 뒷면에 그린 경우 (   )

① 자신 ② 어머니 ③ 아버지 ④ 형, 오빠 ⑤ 누나, 언니 ⑥ 남동생 ⑦ 여동생 ⑧ 기타

5. 매달려 있도록 그린 경우 (   )

① 자신 ② 어머니 ③ 아버지 ④ 형, 오빠 ⑤ 누나, 언니 ⑥ 남동생 ⑦ 여동생 ⑧ 기타

6. 신체 부위를 생략하여 그린 경우 (   )

① 자신 ② 어머니 ③ 아버지 ④ 형, 오빠 ⑤ 누나, 언니 ⑥ 남동생 ⑦ 여동생 ⑧ 기타

7. 어떤 인물을 생략하고 그리지 않은 경우 (   )

① 자신 ② 어머니 ③ 아버지 ④ 형, 오빠 ⑤ 누나, 언니 ⑥ 남동생 ⑦ 여동생 ⑧ 기타

8. 눈을 피카소의 그림 같이 다소 특이하게 그린 경우 (   )

① 자신 ② 어머니 ③ 아버지 ④ 형, 오빠 ⑤ 누나, 언니 ⑥ 남동생 ⑦ 여동생 ⑧ 기타

9. 모습을 다른 방향으로 그린 경우 (   )

① 자신 ② 어머니 ③ 아버지 ④ 형, 오빠 ⑤ 누나, 언니 ⑥ 남동생 ⑦ 여동생 ⑧ 기타

V. KFD의 역동성(모눈종이 사용)

1. 신장(cm)

자기 _____
아버지 _____
어머니 _____

2. 자신의 위치:

3. 가족구성원 간의 거리(cm)

어머니 _____
아버지 _____
그 외 _____

4. 그린 순서:

5. 인물의 위치:

6. 인물의 방향:

7. 가족 외 타인 묘사:

2) 레이톤의 KFD 채점기준

KFD의 각 특징을 각 157개 항목에 대해 각각 '그렇다' 또는 '아니다'로 채점한다. 예를 들어, 자기상이 그림에서 생략되어 있다면, 자기상이 생략되어 있는 경우에 채점할 수 있는 항목에 0이 해당된다. 많은 항목들이 비교적 정확히 평가될 수 있지만, 항목에 해당되는지의 여부가 확실하지 않을 때는 채점하지 않는다.

(1) 가족구성원

KFD 그림에 그려져 있는 사람과 생략된 사람을 확인한다. 그러나 ① 생략된 가족구성원이 가족의 생계를 위해 멀리 떠나 있는 경우, ② 생략된 가족구성원이 다른 지역에서 학교를 다니고 있는 경우, ③ 생략된 가족구성원이 이혼 때문에 가족에서 분리된 경우, ④ 생략된 가족구성원이 시설에 수용된 경우, 그리고 ⑤ 생략된 가족구성원이 다른 친척의 보호를 받고 있는 경우는 채점하지 않는다.

검사자는 특정 가족구성원을 그리지 않았을 때 사후질문단계에서 이에 대해 질문하여야 한다. 때때로 아동은 특정 구성원의 인물상을 그리지 않고 그 인물상이 어떤 것의 안에 있거나 뒤에 있다고 주장하기도 하는데, 이러한 경우에도 가족구성원이 생략된 것으로 간주한다. 검사용지의 뒷면에 인물을 그린 경우도 생략으로 채점된다.

001. 자기상의 생략

002. 어머니상의 생략

003. 아버지상의 생략

004. 형제상의 생략

005. 집에 같이 살고 있는 다른 친척의 생략

006. 본래 가족은 아니지만, 같이 살고 있는 기타 인물의 생략

007. 검사용지의 뒷면이나 다른 종이에 자기를 그린 경우

008. 검사용지의 뒷면이나 다른 종이에 어머니를 그린 경우

009. 검사용지의 뒷면이나 다른 종이에 아버지를 그린 경우

010. 검사용지의 뒷면이나 다른 종이에 부모 외 다른 가족구성원을 그린 경우

(2) 인물상의 크기

인물상이 앉아 있거나, 또는 가구와 함께 그려져 있어서 전체 크기를 측정하기가 곤란할 때가 있는데, 인물의 크기를 측정할 때는 기본적으로 다음의 원칙을 따른다.

① 신체의 중간선을 따라 측정한다.

② 구부러진 인물상은 대각선으로 측정한다.

③ 오직 그려진 부분만 측정한다. 예를 들어, 발이 생략된 경우 발가락이 있을 것 같은 위치를 짐작하여 측정하지 않는다.

011. 어머니보다 더 큰 자기상

012. 아버지보다 더 큰 자기상

013. 어머니보다 더 작은 아버지상

014. 실제 나이나 키에 상관없이 그려진 형제들(남동생이 형보다 더 크게 그려지면, 이 항목으로 채점된다.)

015. 부모상보다 더 크게 그려진 자식들(부모보다 자기상이 크게 그려진 경우, 011항목 또는 012항목에서 채점한다.)

016. 나이 어린 형제보다 자기상이 작게 그려진 경우

017. 가족에서 자기상이 제일 크게 그려진 경우

018. 인간보다 애완 동물이 더 크게 그려진 경우

019. 어른인데도 아동의 크기쯤으로 그려졌거나 아동보다 더 작게 그려진 경우(작게 그려진 어른이 아동의 부모라면 011항목, 012항목 또는 015항목에서 채점된다.)

020. 모든 인물상들이 너무 작게 그려진 경우(모든 인물상들의 높이가 약 2.5cm 또는 3.8cm에 미치지 못하는 경우)

021. 모든 인물상들이 너무 크게 그려진 경우(인물상들의 키가 약 15.2cm보다 더 크게 그려진 경우)

(3) 거리

022. 모든 인물상이 서로 다른 구성원들로부터 먼 거리에 있도록 그려진 경우(모든 인물상들이 그 옆에 그려진 인물상으로부터 신장 높이 이상으로 떨어진 거리에 있을 경우, 이 항목으로 채점한다.)

023. 자기상이 다른 것에 겹쳐져 있는 경우(인물상이 다른 사물이나 인물상의 안쪽

에 겹쳐져 있거나 뒤에 숨겨져 있는 경우, 또는 포위되어 있는 것으로 그려진 경우 이 항목으로 채점한다. 손을 잡고 있는 경우는 119항목으로 채점된다.)

024. 다른 인물상들이 겹쳐진 경우(겹쳐진 양상이 위에서 채점된 것과 같은 경우에는 별도로 채점하지 않는다.)

025. 직선 거리상에서 자기상이 고립되어 있는 경우(자기상을 포함하여 여러 인물 상이 일렬로 나열되어 있을 때, 자기상과 특정 인물상 간의 거리가 서로 인접해 있 는 나머지 인물상들 간의 거리보다 더 멀리 떨어져 있는 경우, 이 항목으로 채점한 다. 인물상의 신체 중심선을 기준으로 거리를 측정하고 한 인물상의 중심선에서 다 른 인물상의 중심선까지 최단거리를 측정하여 비교한다.)

026. 지면을 사등분하였을 때 자기상이 고립되어 위치해 있는 경우(그림을 수직과 수평으로 접어 사등분하였을 때 자기상이 네 부분 중 한 면에 치우쳐서 그려져 있다 면 이 항목으로 채점한다.)

027. 자기상이 다른 수평면에 위치해 있는 경우(자기상이 다른 인물상들과 다른 직 선상에 위치해 있는 경우, 이 항목으로 채점한다.)

028. 자기상과 어머니상이 아주 멀리 떨어져 있는 경우

029. 어머니로부터 두 개의 사등분에 위치하도록 그려진 자기상

030. 자기상과 아버지상이 가장 멀리 떨어져 있도록 그려진 경우

031. 아버지로부터 두 개의 사등분에 위치하도록 그려진 자기상

032. 직선 거리상에서 어머니상이 고립되어 있는 경우

033. 지면을 사등분하였을 때 어머니상이 고립되어 위치해 있는 경우

034. 어머니상을 다른 검사용지에 그린 경우

035. 직선 거리상에서 아버지상이 고립되어 있는 경우

036. 지면을 사등분하였을 때 아버지상이 고립되어 위치해 있는 경우

037. 아버지상을 다른 검사용지에 그린 경우

038. 아버지상과 어머니상이 따로 떨어져 있도록 그려진 경우

039. 지면을 사등분하였을 때 아버지상과 어머니상이 두 개의 분할면에 위치하 도록 그려진 경우

040. 직선 거리상에서 아버지상과 어머니상이 모두 고립되어 있는 경우

041. 지면을 사등분하였을 때 아버지상과 어머니상이 고립되어 위치해 있는 경우

042. 아버지상과 어머니상을 다른 검사용지에 그린 경우

(4) 물리적 경계

043. 구획화

044. 자기상의 포위(자기상을 선 또는 다른 인물상으로 둘러싸거나 캡슐 안에 있는 것 처럼 그린 경우, 이 항목으로 채점된다.)

045. 어머니상의 포위

046. 아버지상의 포위

047. 다른 인물상의 포위

048. 자기상과 어머니상 사이의 경계(두 인물상 사이에 나무, 난로, 가구 또는 자동차, 벽 등이 위치해 있는 경우, 이 항목으로 채점된다.)

049. 자기상과 아버지상 사이의 경계

050. 아버지상과 어머니상 사이의 경계

051. 다른 인물상 사이의 경계

(5) 방향

052. 자기상의 회전(인물상이 45도 이상 회전되어 그려진 경우 이 항목으로 채점한다.)

053. 어머니상의 회전

054. 아버지상의 회전

055. 다른 인물상의 회전

056. 모든 인물상들의 회전(인물상들의 수직축이 종이의 수직축으로부터 15도 이상 기울어져 있는 경우, 이 항목으로 채점한다.)

057. 다른 인물상들에 대해 등(뒷모습)을 보인 자기상 또는 어머니상

058. 다른 인물상들에 대해 등(뒷모습)을 보인 자기상 또는 아버지상

059. 다른 인물상들에 대해 등(뒷모습)을 보인 아버지상 또는 어머니상

060. 표정이 가려진 자기상(관찰자에게 등을 보이고 있거나 신문지 또는 책에 얼굴이 숨겨져 있는 경우)

061. 표정이 가려진 어머니상

062. 표정이 가려진 아버지상

063. 표정이 가려진 다른 인물상들

(6) 내용

064. 왜곡이나 기괴함(내용이 기괴하거나 괴물을 그리거나 생식기가 드러난 인물과 같이 부적절한 그림을 그릴 때 이 항목으로 채점한다.)

065. 싸움, 논쟁 또는 폭력의 묘사(폭발, 맹공격하는 비행기, 또는 총, 폭탄, 날카로운 칼이나 창 등을 그리는 경우, 이 항목에 포함된다.)

066. 비애, 절규, 또는 불만의 묘사(예를 들면, 얼굴을 찡그린 채 입이 아래쪽으로 향하고 있어 비애 또는 불만이 강하게 나타나는 경우, 이 항목으로 채점된다.)

067. 비전형적인 가정의 모습(우주 생활이나 로켓 여행 등의 환상적 장면이나 바다 밑 장면 등이 그려진 경우, 이 항목으로 채점한다. 만일 이 장면이 기괴하다면 064항을 부가적으로 채점한다.)

068. 분산된 행위들(인물상들이 활동을 공유하지 않거나, 공유된 목적 아래 서로를 향하고 있는 것으로 그려지지 않았을 경우, 이 항목으로 채점한다. 그러나 각 인물상이 분산된 활동을 하고 있지만, 한 장소에서 서로 소통하는 내용이 표현되어 있다면 이 항목으로 채점하지 않는다. 가족화에 모든 구성원들이 포함되어 있지 않더라도, 두 명 혹은 그 이상의 인물상이 한 가지 활동을 분담하고 있는 경우 또한 이 항목으로 채점하지 않는다.)

069. 분산된 관심사(인물상들의 활동이 분산되어 있고 서로 다른 목적 아래 활동하고 있는 것으로 표현된 경우, 이 항목으로 채점한다. 그러나 몇몇 인물상들이 아무런 활동도 하지 않는 것으로 그려진 경우에는 이 항목으로 채점하지 않는다.)

070. 가족 또는 가족생활과 무관한 언어적 메시지(그림에 쓰여진 언어적 메시지가 가족 또는 가족 활동에 대해 언급하는 것이 아닌 경우, 이 항목으로 채점한다.)

071. 자기상이 위험 또는 곤란에 처해 있는 경우[자기상이 나무에 매달려 있거나 받침이 불안정한 사다리의 꼭대기에 서 있거나 차도(도로)에 있는 경우, 이 항목으로 채점한다.]

072. 어머니상이 위험 또는 곤란에 처해 있는 경우

073. 아버지상이 위험 또는 곤란에 처해 있는 경우

074. 다른 인물상이 위험 또는 곤란에 처해 있는 경우

(7) 상동형

075. 남성/여성 차이가 없게 그려진 경우(사지를 직선으로 단순하게 막대기 모양으로 그리거나 남성과 여성을 구분하기 어렵게 그린 경우, 이 항목으로 채점한다. 또한 다른 부분은 동일하되 머리카락 처리에서만 차이를 보이는 경우, 다른 부분은 동일하되 여성은 삼각형 몸통으로, 남성은 타원형 몸통으로 그린 경우, 다른 부분은 동일하되 유일한 차이점으로 남자에게는 허리띠, 여자에게는 단추를 그린 경우와 같이 남성상과 여성상 간에 최소한의 차이만 존재하는 경우도 이 항목으로 채점한다. 드레스나 원피스를 입고 있는 여성과 같이 옷의 특징을 통해 성별을 표현하였다면 이 항목으로 채점하지 않는다. 여성의 가슴과 같이 2차 성징의 특징이 표현된 그림 또한 이 항목으로 채점되지 않는다.)

076. 수의적 운동능력의 결여(인물상을 활동적으로 그리도록 지시를 하였음에도 불구하고, 모든 인물상을 정면을 바라보고 서 있는 것처럼 그렸을 경우, 이 항목으로 채점한다. 막대기 모양처럼 그린 경우도 이 항목으로 채점된다.)

077. 대상 또는 장면에서의 운동 마비(인물들이 막대기 모양으로 그려져 있는 경우 이 항목으로 채점된다. 교회에 가고 있는 것을 나타내기 위해 교회를 그리는 것과 같이 활동의 대상이 되는 사물을 그림으로써 특정한 활동을 하고 있음을 나타내는 경우가 있는데, 이러한 경우에라도 모든 인물상들이 밑에 누워 있거나 경직된 양상으로 팔을 들고 있는 모습으로, 혹은 일률적으로 의자에 앉아 있는 모습과 같이 신체 방향의 차이가 없이 단순히 앞쪽을 향하도록 그려져 있다면 이 항목으로 채점한다.)

(8) 신체 왜곡

078. 모든 인물상에서 신체 부분의 통합이 빈약한 경우

079. 자기상에서 신체 부분의 통합이 빈약한 경우

080. 어머니상에서 신체 부분의 통합이 빈약한 경우

081. 아버지상에서 신체 부분의 통합이 빈약한 경우

082. 다른 인물상에서 신체 부분의 통합이 빈약한 경우

083. 모든 인물상에서 사지의 불균형이 심한 경우(팔이나 다리 한쪽이 다른 쪽과 모양이 크게 다른 경우, 이 항목으로 채점한다. 양팔 혹은 양다리의 불균형이 두드러지지 않다면 이 항목으로 채점하지 않는다.)

084. 자기상에서 사지의 불균형이 심한 경우

085. 어머니상에서 사지의 불균형이 심한 경우

086. 아버지상에서 사지의 불균형이 심한 경우

087. 다른 인물상에서 사지의 불균형이 심한 경우

088. 모든 인물상에서 얼굴, 신체, 사지, 손, 목에 음영이 나타난 경우('주근깨' '홍역' 등의 표시도 포함된다.)

089. 자기상에서 얼굴, 신체, 사지, 손, 목에 음영이 나타난 경우

090. 어머니상에서 얼굴, 신체, 사지, 손, 목에 음영이 나타난 경우

091. 아버지상에서 얼굴, 신체, 사지, 손, 목에 음영이 나타난 경우

092. 다른 인물상에서 얼굴, 신체, 사지, 손, 목에 음영이 나타난 경우

093. 모든 인물상이 투시적으로(transparent) 그려진 경우(투시된 부분이 신체 또는 사지의 주요 부분을 포함한 경우, 이 항목으로 채점한다. 단순한 직선이나 신체를 가로지르고 있는 팔의 선은 이 항목으로 채점하지 않는다.)

094. 자기상이 투시적으로 그려진 경우

095. 어머니상이 투시적으로 그려진 경우

096. 아버지상이 투시적으로 그려진 경우

097. 다른 인물상이 투시적으로 그려진 경우

098. 모든 인물상에서 팔이 짧게 그려진 경우(팔이 허리선에 닿지 않을 만큼 짧게 그

려진 경우, 이 항목으로 채점한다.)

099. 자기상에서 팔이 짧게 그려진 경우

100. 어머니상에서 팔이 짧게 그려진 경우

101. 아버지상에서 팔이 짧게 그려진 경우

102. 다른 인물상에서 팔이 짧게 그려진 경우

103. 모든 인물상에서 팔이 길게 그려진 경우

104. 자기상에서 팔이 길게 그려진 경우

105. 어머니상에서 팔이 길게 그려진 경우

106. 아버지상에서 팔이 길게 그려진 경우

107. 다른 인물상에서 팔이 길게 그려진 경우

108. 모든 인물상에서 손이 크게 그려진 경우(손이 인물상의 얼굴만큼 또는 그 이상
으로 크게 그려진 경우 이 항목으로 채점한다.)

109. 자기상에서 손이 크게 그려진 경우

110. 어머니상에서 손이 크게 그려진 경우

111. 아버지상에서 손이 크게 그려진 경우

112. 다른 인물상에서 손이 크게 그려진 경우

113. 모든 인물상에 치아가 그려진 경우

114. 자기상에 치아가 그려진 경우

115. 어머니상에 치아가 그려진 경우

116. 아버지상에 치아가 그려진 경우

117. 다른 인물상에서 치아가 그려진 경우

118. 모든 인물상에서 손이 생략된 경우(팔에 손과 손가락이 모두 없는 경우, 이 항목
으로 채점한다. 단, 인물상의 등뒤에 손이 숨겨져 있거나 주머니 안에 있는 경우에
는 이 항목으로 채점하지 않는다.)

119. 자기상에서 손이 생략된 경우

120. 어머니상에서 손이 생략된 경우

121. 아버지상에서 손이 생략된 경우

122. 다른 인물상에서 손이 생략된 경우

123. 모든 인물상에서 발이 생략된 경우

124. 자기상에서 발이 생략된 경우

125. 어머니상에서 발이 생략된 경우

126. 아버지상에서 발이 생략된 경우

127. 다른 인물상에서 발이 생략된 경우

128. 모든 인물상에서 목이 생략된 경우

129. 자기상에서 목이 생략된 경우

130. 어머니상에서 목이 생략된 경우

131. 아버지상에서 목이 생략된 경우

132. 다른 인물상에서 목이 생략된 경우

133. 모든 인물상에서 얼굴 형상이 생략된 경우(눈 또는 입이 생략된 경우, 이 항목으로 채점한다. 코가 생략된 경우에는 이 항목으로 채점하지 않는다. 예를 들어, 인물상이 등을 돌리고 있어 얼굴이 숨겨진 경우, 이 항목으로 채점되지 않는다.)

134. 자기상에서 얼굴 형상이 생략된 경우

135. 어머니상에서 얼굴 형상이 생략된 경우

136. 아버지상에서 얼굴 형상이 생략된 경우

137. 다른 인물상에서 얼굴 형상이 생략된 경우

138. 모든 인물상에서 신체 구성이 불완전한 경우(팔이나 다리, 몸통이 생략된 경우, 이 항목으로 채점한다. 이 부분들이 벽 또는 가구 등과 애매하게 닿아 있어 그려지지 않은 경우도 이 항목으로 채점한다. 그러나 손이나 발이 생략된 경우에는 118항목~127항목에서 채점한다.)

139. 자기상에서 신체 구성이 불완전한 경우

140. 어머니상에서 신체 구성이 불완전한 경우

141. 아버지상에서 신체 구성이 불완전한 경우

142. 다른 인물상에서 신체 구성이 불완전한 경우

(9) 건강 척도

143. 부모가 함께 그려진 경우(두 인물상 사이에 다른 사람이나 경계, 벽, 포위, 구획 등이 없는 경우, 이 항목으로 채점한다. 인물상들 간의 거리는 최소한 인물상의 신장보다는 가깝게 그려져야 한다.)

144. 부모가 사등분된 지면의 한 면에 함께 그려진 경우(아버지상과 어머니상 사이에 다른 인물상이나 다른 사물이 있어도 이 항목으로 채점한다.)

145. 아버지상과 어머니상의 크기가 같거나 아버지상이 더 큰 경우

146. 자기상보다 부모상의 크기가 더 큰 경우

147. 자기상이 적절한 크기로 그려진 경우(나이 어린 아동이 나이 많은 아동보다 더 크게 그려진 경우에는 이 항목으로 채점하지 않는다.)

148. 자기상을 어머니상과 유사하게 그린 경우(여아일 때, 머리 모양이나 옷 모양 등에서 모와 유사하게 그린 경우 그리고 두 인물상 간에 신체적 자세가 유사한 경우, 이 항목으로 채점한다. 여성상들 간의 유사성은 다른 인물상, 특히 남성상들의 특징과 대조적이어야 한다.)

149. 자기상을 아버지상과 유사하게 그린 경우(남아일 때, 머리 모양이나 옷 모양 등에서 부와 유사하게 그린 경우 그리고 두 인물상 간에 신체적 자세가 유사한 경우, 이 항목으로 채점한다. 남성상들 간의 유사성은 다른 인물상, 특히 여성상들의 특징과 대조적이어야 한다.)

150. 자기상과 어머니상 간에 활동 내용이 유사하거나 특정 활동을 공유하고 있는 경우

151. 자기상과 아버지상 간에 활동 내용이 유사하거나 특정 활동을 공유하고 있는 경우

152. 자기상이 어머니상 쪽을 향하고 있는 경우(이들 두 인물상이 서로 쳐다보고 있거나 서로 마주 보고 있는 경우, 이 항목으로 채점한다.)

153. 자기상이 아버지상 쪽을 향하고 있는 경우

154. 검사용지를 사등분했을 때 자기상이 어머니와 같은 분할면에 있는 경우

155. 검사용지를 사등분했을 때 자기상이 아버지와 같은 분할면에 있는 경우

156. 인물상 간에 팔이나 손이 닿아 있는 경우

157. 그림에 쓰여진 언어적 메시지가 가족에 관한 내용을 포함하고 있는 경우

3) 마이어의 채점기준

번스와 카우프만의 이론적 · 임상적 가설에 바탕을 두어 마이어(Myers, 1978)가 개발한 채점체계로서, 여기에는 KFD 검사와 이론적으로 관련된 26개의 변인이 정의되어 있고, 그 변인을 채점하는 절차가 기술되어 있다. KFD를 정확히 채점하기 위해서는 반드시 이 채점지침을 자세히 읽고 아동의 인적 사항을 참고해야 한다. 각 항목은 한 변인에 해당하여 0점(적응), 혹은 1점(부적응)으로 채점된다.

(1) 정적 변인(static variables)

① 지우기(erasure)

1회 이상 인물이나 사물을 지웠는지의 여부를 보는 변인이다. 양가감정 및 갈등을 통제하려는 강박적 욕구를 반영한다.

• 1점: 2회 이상 지움

• 0점: 지우지 않음

② 길게 뻗은 팔(arm extensions)

팔이 비정상적으로 길게 그려진 인물상이 있는지를 나타내는 변인이다. 환경을 지배하려는 욕구가 강력함을 시사한다.

• 1점: 어깨선부터 손가락 끝까지의 팔 길이가 어깨선부터 무릎까지보다 긴 경우

• 0점: 팔과 다리의 비율이 적절하고 팔이 지나치게 길지 않은 경우

③ 기본적인 신체 부위의 생략

인물상의 기본적인 신체 부위 중 생략된 부분이 없는지를 알아보는 변인이다. 이

때 기본적으로 갖추어져야 할 신체 부분은 눈, 코, 입, 몸통, 팔, 다리, 손, 발이다. 기본적인 신체 부위를 생략하는 것은 갈등이나 불안, 특정 신체 부위에 대한 심리적 어려움을 부인하고 회피하는 것과 관련된다.

- 1점: 기본적인 신체 부위가 생략된 경우(단, 다른 대상, 예를 들어 책상이나 나무 등에 의해 가려지거나 혹은 옆모습이어서 나타나지 않은 경우에는 제외한다.)
- 0점: 기본적인 신체 부위가 적절히 갖추어져 있는 경우

④ 회전(rotation)

특정 인물상이나 사물의 가로축 혹은 세로축이 다른 인물상들이나 사물들에 비추어, 45도 이상 기울어져 있는지를 보는 변인이다. 특정 인물 혹은 사물에 대한 거부와 배척을 의미하는 것일 수 있다.

- 1점: 한 명 이상의 인물상이 다른 인물상들에 비해 45도 이상 기울어져 있는 경우(거꾸로 뒤집혀 있거나 누워 있는 모습으로 그려진 경우도 해당된다.)
- 0점: 모든 인물이 비슷한 기울기(0~45도)로 그려져 있는 경우

⑤ 음영이나 사선(shading or crosshatching)

인물상이나 사물을 어둡게 칠하거나, 사선으로 그린 부분을 메우거나, 혹은 별도의 선을 그려 넣었는지의 여부를 알아보는 변인이다. 음영이나 사선이 나타난 경우, 특정 인물에 대한 불안, 몰두, 억제를 나타내는 것으로 해석될 수 있다.

- 1점: 인물(사물) 그림에 음영을 넣거나 사선을 그린 경우
- 0점: 인물 그림에 음영이나 사선이 나타나지 않은 경우(머리에 음영이나 사선을 그려넣은 경우는 0점에 해당된다.)

⑥ 등을 보인 인물상(figures on back)

등을 보이는 인물상이 그려져 있는지를 보는 변인이다. 특정 인물과의 갈등을 시사한다.

- 1점: 하나 이상의 인물상이 등을 보이고 있는 경우

• 0점: 모든 인물이 옆모습이나 앞모습으로 그려진 경우

⑦ 회피(evasion)

모든 인물상들이 부동자세로 서 있거나 막대기 모양 인물(stick figure) 그림으로 나타나 있는지를 보는 변인이다. 이러한 양상의 그림은 가족 간의 갈등이나 저항을 시사한다.

• 1점: 인물상이 부동자세 혹은 막대기 형상으로 그려져 있는 경우
• 0점: 인물상이 부동자세 혹은 막대기 형상으로 그려져 있지 않은 경우

⑧ 가족구성원의 수(number of family members)

현재 함께 살고 있는 가족구성원을 모두 포함시켰는지의 여부를 알아보는 변인이다. 가족구성원 간에 배척감, 고립감 등의 부정적 감정이 존재함을 의미할 수 있다.

• 1점: 한 명 이상의 가족구성원을 제외시킨 경우
• 0점: 모든 가족구성원을 포함시킨 경우

⑨ 인물상들의 키 서열(relative height)

인물상의 크기를 실제 가족구성원의 신장이나 가족 내 연령 서열과 일치하게 그렸는지를 보는 변인이다. 지배욕구나 힘에 대한 추구, 부적절감 등과 관련이 있다.

• 1점: 종이 바닥에서 인물상의 머리끝까지의 높이가 연령 순서와 일치하지 않는 경우(자기상이 생략되어 있는 경우에도 1점으로 채점한다.)
• 0점: 인물상들의 키 높이와 연령 서열이 일치하는 경우

⑩ 자기상의 위치(location of self figure)

자기상을 가족 내 연령 순서에 적절하게 위치시켰는지를 보는 변인이다. 애정욕구, 지배욕구, 부적절감과 관련된다.

• 9점: 가족구성원 중에서 자기 그림만 그려 넣지 않은 경우
• 1점: 자기상을 가족 내 연령 순서에 맞게 위치시키지 않은 경우

• 0점: 자기상의 위치를 가족 내 연령 순서에 일치시킨 경우

(2) 운동 상호작용 변인(action & interaction variables)

① 물리적 근접성(physical proximity)

자기상과 다른 인물상 간의 거리를 알아보기 위한 변인이다. 가정 내에서의 고립, 배척/수용, 지지 등과 관련되어 있다.

• 9점: 자기 그림을 그려 넣지 않는 경우
• 1점: 여러 인물상들 간에 존재하는 거리 중 자기상과 자기상에서 가장 멀리 있는 인물상 간에 존재하는 간격이 가장 큰 경우
• 0점: 여러 인물상들 간에 존재하는 거리 중 자기상과 자기상에서 가장 멀리 있는 인물상 간에 존재하는 간격이 가장 크지 않은 경우

② 장애물(barriers)

나무나 벽과 같은 사물이 인물상들의 사이를 가로막고 있는지를 알아보는 변인이다. 이러한 경우는 방어, 경계, 정서적 교류의 단절 등을 의미한다.

• 1점: 자기상과 다른 인물상 사이에 장애물이 있는 경우
• 0점: 장애물이 없는 경우

③ 아버지상의 활동 수준(activity level of father figure)

가족 내 중심인물인 아버지상에 얼마나 활동성을 부여했는가를 알아보는 변인이다. 아버지상이 적절한지 부적절한지를 나타내 준다.

• 1점: 누워 있거나 가만히 앉아 있거나 부동자세로 서 있는 등 운동성이 거의 없는 모습으로 그려진 경우(아버지상이 생략된 경우에도 1점으로 채점한다.)
• 0점: 걸어가거나 공을 던지는 것과 같은 운동성이 아버지상에 표현된 경우

④ 어머니상의 활동 수준(activity level of mother figure)

가족 내 중심인물인 어머니상에 얼마나 활동성을 부여했는가를 알아보는 변인이다. 어머니상이 적절한지 부적절한지를 나타내 준다.

- 1점: 누워 있거나 앉아 있거나 부동자세로 서 있는 등 운동성이 없는 모습으로 그려진 경우(어머니상이 생략된 경우도 1점으로 채점한다.)
- 0점: 어머니상에 활동성이 부여된 경우

⑤ 자기상의 활동 수준(activity level of self figure)

자기상에 얼마만큼 활동성을 부여했는가를 알아보는 변인이다. 자기존중감/부적절감을 나타내 준다.

- 9점: 자기상이 생략된 경우
- 1점: 누워 있거나 앉아 있거나 서 있는 등 자기상에 운동성이 거의 표현되지 않은 경우
- 0점: 자기상에 운동성이 부여된 경우

⑥ 인물상의 안전(safety of figure)

인물상들이 신체적으로 쉽게 다칠 수 있는 상황에 놓여 있는지를 알아보는 변인이다. 긴장, 불안, 정서적 갈등을 나타내 준다.

- 1점: 인물들이 위험 상황에 있는 경우(사다리 꼭대기, 지붕 위, 함정 등)
- 0점: 상호간의 주의가 필요한 경우라도 정상적이고 안전한 상황에 있는 경우

⑦ 가족 간 상호작용(interaction of figure)

여러 인물상들 간에 같이 활동하거나 노는 등의 상호작용이 존재하는지를 알아보는 변인이다. 가족 내 상호작용과 응집력의 정도, 분열 등을 나타내 준다.

- 1점: 가족 내 어떤 인물들 사이에도 상호작용이 없는 경우
- 0점: 가족 내 인물들 사이에 한가지 이상의 상호작용이 있는 경우

⑧ 자기와 다른 구성원들 간의 상호작용(interaction with self)

자기상과 다른 인물상들 간에 상호작용이 있는지를 알아보는 변인이다. 아동이 가족 내에서 느끼는 괴리감, 배척감 등을 살펴볼 수 있다.

- 9점: 자기상을 그리지 않은 경우
- 1점: 자기상과 다른 인물상 간에 상호작용이 전혀 없는 경우
- 0점: 자기상과 다른 인물상 간에 상호작용이 있는 경우

(3) 상징변인(symbol variables)

① 가족 간 힘의 장(fields of force) 1

그림에 축구공이나 그 밖에 던질 수 있는 동그란 물체가 표현되어 있는지를 알아보는 변인이다. 경쟁이나 질투 등과 관련이 있다.

- 1점: 그림에 공 종류가 나타나는 경우
- 0점: 그림에 공 종류가 나타나지 않는 경우

② 가족 간 힘의 장 2

그림에 전깃불, 램프, TV, 해 등의 대상이 표현되어 있는지를 알아보는 변인이다. 사랑, 애정에 대한 욕구를 반영한다.

- 1점: 그림에 위의 대상이 나타나는 경우
- 0점: 그림에 위의 대상이 나타나지 않는 경우

③ 가족 간 힘의 장 3

그림에 칼 등 날카로운 물체나 불, 다이너마이트 등의 위험한 사물이 나타나는지를 알아보는 변인이다. 분노, 적개심과 관련된다.

- 1점: 그림에 위와 같은 사물이 나타나는 경우
- 0점: 그림에 위와 같은 사물이 나타나지 않는 경우

④ 가족 간의 힘의 장 4

그림에 꽃이나 나무에 물을 주고 있는 모습이 표현되어 있는지를 알아보는 변인이다. 애정욕구, 사랑을 받고 싶은 욕구를 나타내 준다.

- 1점: 그림에 위와 같은 모습이 나타나는 경우
- 0점: 그림에 위와 같은 모습이 나타나지 않는 경우

(4) 양식변인(style variables)

① 구획화(compartmentalization)

특정한 인물상(들)을 다른 인물상(들)로부터 분리시키기 위해 직선이나 원을 사용했는지를 알아보는 변인이다. 자기고립, 소외감을 시사한다.

- 1점: 선이나 원 등으로 한 명 이상의 인물상을 분리시킨 경우
- 0점: 분리시키는 선이나 원이 나타나지 않는 경우

② 가장자리에 그림(edging)

종이의 가장자리에 모든 가족구성원을 위치시켜 놓았는지를 알아보는 변인이다. 저항, 방어, 거부감을 나타낸다.

- 1점: 가장자리에 모든 가족구성원을 그리는 경우
- 0점: 가장자리에 모든 가족구성원을 그리지 않는 경우

③ 밑줄 긋기(underlining)

특정 인물이나 종이의 하단 혹은 상단에 밑줄을 긋는지를 알아보는 변인이다. 가족구성원 간 갈등과 불안, 위기감을 시사한다.

- 1점: 밑줄이 그려진 경우
- 0점: 밑줄이 없는 경우

④ 둘러싸기(encapsulation)

원이나 사각형 등으로 인물을 둘러싸고 있는지를 알아보는 변인이다. 고립감 혹은 위협적 인물의 제거욕구를 반영하는 것일 수 있다.

- 1점: 원이나 사각형 속에 한 명 이상의 인물상이 들어가 있는 경우
- 0점: 인물상을 둘러싸는 원이나 사각형이 나타나지 않은 경우

그 림 을 통 한 아 동 의 진 단 과 이 해

House-Tree-Person test * Kinetic Family Drawing

제**7**장

별-파도 그림검사(SWT)의 해석

제**7**장

별–파도 그림검사(SWT)의 해석

　울쥬라 아베–랄레만트(Ave-Lallemant, 1978)가 투사적 검사로 '별–파도 그림검사 (Star-Wave-Test: SWT)'를 개발한 것은 인간의 정신세계 구조에서 가장 의식에서 멀리 떨어진 깊은 심연에 위치한 것이 무의식이며, 이것이 아득히 먼 '별'과 정형의 형태가 없는 바다의 '파도'에 상응한다고 볼 수 있기 때문이라 생각된다. 특히 SWT에서 파도나 하늘은 분명한 구조적 요소들(지붕, 벽, 문, 가지, 잎, 머리, 팔, 다리 등)을 가진 '집–나무–사람(HTP)' 그림에 비해 정해진 형태가 없고 크기를 가늠할 수가 없으므로 더 피검자의 무의식에 접근하기 용이하여 무의식적 소망이나 개인 내적인 갈등과 정서적 어려움이 더 잘 투사될 가능성이 있다. 그러므로 SWT를 기존의 투사적 검사인 HTP, KFD, 로르샤흐 검사와 함께 실시한다면 아동, 청소년의 심리적 어려움과 무의식적 갈등을 이해하는 데 더욱 효과적일 것이다. 그러나 다른 투사적 검사와 마찬가지로 SWT에서 나타난 어느 하나의 특징만으로 결정적인 해석을 해서는 안 된다. 아직 국내에서는 정상 및 임상 집단을 대상으로 SWT에 대한 신뢰도, 타당도 및 진단적 유용성에 대한 통제된 연구가 부족하므로 반드시 다른 신뢰도 및 타당도가 입증된 심리검사나 면담, 행동 관찰에서 얻은 자료들을 취합해서 신중히 해석해야 하며, 앞으로 SWT의 타당도와 진단적 유용성을 검증하는 연구가 이루어져야 할 것이다 SWT에 대한 보다 자세하고 구체적인 소개는 『투사그림검사: 별–파도 그림검사, 발테그 그림검사, 나무그림검사』(이근매 역, 2019), 『별–파도 그림검사』 (조정자, 강세나 공역, 2012)를 참고하길 바란다.

우주과학적인 측면에서 볼 때, 태양은 수많은 별 중의 하나이며, 지구도 푸르게 빛나는 별이다(Carl Sagan 저; 홍승수 역, 2004). 별들의 탄생과 죽음이 인간의 탄생과 죽음에 비유되기도 하듯이, 아주 오랜 옛날부터 별은 우리 삶과 심리적으로 밀접하게 관련되어 왔으며, 매우 친숙하고 친밀하게 느껴지는 대상이다. 과거에는 별들이 밤길을 가는 사람들의 길잡이가 되어 주고, 바다를 항해하는 배들을 안내해 주었으며, 과학이 발달되기 이전에는 점성술을 통해 날씨나 길흉화복을 예측하였고, 아직도 사람들은 별을 보고 소원을 빌기도 하므로, 별은 우리의 삶이나 일상생활을 영위하는 데 불가분의 관계가 있어 왔다고 할 수 있다. 선조들은 밤하늘을 바라보며, 하늘에 떠 있는 몇 개의 별들을 이어서 그림을 그리고(별자리), 이에 대한 신화와 이야기를 만들어 내었으며, '염소, 곰, 사자, 백조, 사수, 오리온, 안드로메다, 페가수스' 등 우리가 잘 아는 별자리 이름을 붙여 주었다.

많은 사람들이 별을 사랑하고 노래하므로 별은 시나 노래 가사에서 가장 흔히 등장하는 단어이기도 하며, 스포츠나 예술 등 각 전문영역에서 높은 성취를 해서 사

| 그림 72 | 주의력문제와 반항행동을 보이는 12세 남아의 SWT

람들 중에서 빛나고 선망의 대상이 되는 경우에 '스타'라고 칭하는 것도 별이 우리에게 특별한 의미와 가치가 있는 대상임을 나타내 준다. 그러나 밤하늘의 별들은 마치 손을 길게 뻗으면 닿을 듯이 가까이 보이지만 결코 다가갈 수 없이 아주 멀리 몇 억 광년 떨어져 있으며, 별빛은 따뜻하고 눈부시지 않아서 오히려 차갑게 빛나는 듯하다. 그러므로 SWT에서 별이 사고와 이성이 투사된 것이라고 가정하는 것이 일면 설득력 있어 보인다. 이에 반해 바다의 파도는 감정과 정서가 투사된 것으로 가정된다(〈그림 72〉).

다음은 아베-랄레만트가 제시한 SWT의 해석 5단계를 정리한 것이다. 이에 대해서는 『투사그림검사: 별-파도 그림검사, 발테그 그림검사, 나무그림검사』(이근매 역, 2019)를 주로 참고하여(pp. 32-86) 기술하였다.

1. 1단계: 그림 패턴의 분류

- 요점만 있는 패턴: 자신의 경험이 투사된 그림이라기보다는 지시를 문자 그대로 받아들여서 최소한의 요점만 간단하게 그린 것으로, 이성적으로만 기능하고 있음을 시사한다.
- 회화적인 패턴: 회화 작품 같은 인상을 주는 그림으로, 별-파도 이외의 대상도 그린 경우, 감정적으로 풍부한 경험을 표현하고 타인과 공유하려는 생각이 드러난다.
- 감정이 담긴 패턴: 태풍, 일출 등 정서적인 요소가 더 두드러지고, 명암을 그리는 경우가 많다.
- 형식적인 패턴: 특정 기호나 형식 등의 디자인과 장식적인 표현으로 그리는 경우, 방어적이거나 또는 자기과시적인 욕구가 높을 수 있다(〈그림 73〉).
- 상징적인 패턴: 바위나 섬, 절벽 등 상징이나 은유가 현저한 인상을 주는 경우이다.

| 그림 73 | 삼각형을 겹쳐서 별을, 나선형과 곡선으로 바다와 파도를 형식적으로 그린 SWT

2. 2단계: 공간 배치의 분석

여기서는 바다 위의 파도와 별이 떠있는 하늘이 얼마나 균형 있게 배치되어 있는
지를 분석한다.

- 자연스럽게 조화(harmony)를 이룬 경우: 바다 위의 파도와 별이 떠 있는 하늘
  이 자연스럽게 조화를 이루며 그려짐. 명확하게 수평선을 그리지 않는다. 지적
  인 면과 감정적인 면이 조화를 이루며 심리적으로 안정된 상태를 시사한다.
- 병치시킨 경우: 별은 상단에, 파도는 하단에 단순하게 기계적으로 배치하여 하
  늘과 바다 사이에 공간이 생기는 경우, 환경에 적응하려는 바람이나 경직된 의
  지를 가진 사람일 수 있다.
- 규칙성을 보이는 경우: 파도나 별을 어떠한 규칙에 따라 그림(예: 같은 간격이나

높이). 충동을 억압하고 규칙에 순응하려는 경향을 보일 수 있다.

- 부조화를 보이는 경우: 조화나, 병치, 규칙성이 없고 부자연스러운 경우, 심리적 갈등을 시사하거나 질서, 혹은 규범에 대한 반항이 반영된 것일 수 있다.

3. 3단계: 공간 구조의 상징

공간 구조는 수직(상, 하), 수평(좌, 우)의 구조적 배치로 구분하여 해석할 수 있다.

1) 수직적 공간 구조

- 수직적 공간 구조에서 하늘과 바다가 균형을 이룬 경우: 사고 및 지적 측면과 감정적 측면의 조화를 보인다.
- 공간 구조에서 하늘이 우위인 경우: 지적 측면이 강조된다.
- 공간 구조에서 바다가 우위인 경우: 감정적 측면이 강조된다.
- 수평선으로 하늘과 바다가 접촉하는 경우: 지적 측면과 감정적 측면이 분리되어 있으나 그것이 통합된다.
- 하늘과 바다 사이에 간격이 있는 경우: 지적 측면과 감정적 측면이 분리되어 있으나 통합되어 있지 않다.
- 하늘의 별과 바다의 파도가 혼재되어 있는 경우: 지적 측면과 감정적 측면이 분화되어 있지 않다.

2) 수평적 공간 구조(좌, 우 공간)

- 왼쪽이 강조된 경우: 내향적 영역으로, 내적인 세계를 강조한다.
- 오른쪽이 강조된 경우: 외향적 영역으로, 외부환경이나 타인과의 관계에 대한 관심을 시사한다.

• 중앙이 강조된 경우: 자신의 존재나 자아와 관련된 주제(theme)가 표현된 것이다.

4. 4단계: 그려진 사물의 상징 해석

별-파도 그림에서 표현된 대상들이 대부분 상징적인 의미를 가질 수도 있으나, 맹목적인 방식으로 의미를 부여해서는 안 된다. 이는 정신분석적 꿈의 해석에서 모든 꿈의 내용이 다 무의식적 의미를 가진 것이 아니며, 무의식적 욕구나 갈등이 압축, 변형, 위장되어 상징적으로 표현된 것이 잠재몽(latent dream)이라고 보는 것과 유사하다. 그러나 대부분의 분석가들이 믿고 있는 바와 같이, 특정 대상과 관련된 어떤 상징들은 여러 문화에 걸쳐서 나타나므로 보편적인 의미를 가진 상징이 있다고 할 수 있다(주리애 역, 2001).

1) 별과 파도

별은 '신의 존재, 사고, 영원한 것, 최고의 업적, 희망' 등을 상징한다고 알려져 있다. 크게 그려진 별은 그림을 그린 사람의 자기가 투사된 것이다. 별의 크기가 크거나 별이 많을수록 지적인 관심과 성취욕구가 높을 가능성이 있다. 약하게 가물거리는 별은 작고 취약한 자기감을 시사하는 것으로 해석해 볼 수 있다. 물은 심리적인 것을 상징하는 것으로, 바다는 무의식, 혼돈, 모든 가능성을 품고 있는 생명의 근원을 상징하며, 파도는 변화와 동요를 나타내 준다. 파도는 대개 리듬감 있게 이어지는 선으로 그리게 되는데, 거친 파도는 격정을, 날카롭게 그려진 파도는 강한 정서적 경험을 나타내 주며, 폭이 좁게 그려진 파도는 소극적인 태도를, 조화롭게 그려진 파도는 평온한 정서를 나타내 준다. 밀려와서 부서지는 파도는 격한 감정을 시사해 준다.

2) 부가적으로 그려진 것

- 달: 아베-랄레만트에 따르면 '밤하늘의 달은 빛의 근원'이다. 그러므로 달의 위치나 크기, 검게 칠해진 것은 빛의 근원이 강조된 것이다.
- 섬: 섬은 바다 한가운데에 있는 오아시스이며, 안정되어 있다는 점을 나타내 줄 수 있지만, 고독감, 외로움이 내포된 것이기도 하다. 만일 섬에 야자수와 같은 나무가 심어져 있다면 편안하게 쉴 수 있는 곳을 의미하지만, 육지에서 멀리 떨어진 섬이라면 고독감을 나타내 준다. 섬(ILE)의 어원이 isolé(격리된)라는 점과 장 그르니에가 섬을 '혼자뿐인 한 인간'이라고 은유적으로 묘사한 점(김화영 역, 1997)도 이러한 해석을 뒷받침해 준다.
- 등대: 등대는 안내해 주고 지침이 되는 빛을 나타내 준다. 오른쪽에 있는 등대는 흥미와 관심이 외부 세계에, 왼쪽에 그려진 등대는 흥미와 관심이 내적인 면에 향해져 있다고 볼 수 있다.
- 북두칠성과 북극성: 북두칠성은 북극성을 찾는 데 필요한 별자리이며, 북극성은 하늘에서 중심별이므로 자기를 상징해 주는 별이라 할 수 있다.
- 물거품이나 물보라: 감정의 경험이 생생하고, 갈등이 있음을 시사한다.
- 해변: 바다에 비해 단단하다는 점에서 발밑의 기반과 안전을 의미한다. 저항물을 의미하기도 한다.
- 배와 배를 타고 있는 사람: 배는 사람이 타는 것이라는 점에서 바다에서는 일종의 집과 같다고 할 수 있다. 행운을 향해 떠나는 항해나 모험을 의미하기도 한다. 만일 난파선을 그렸다면 안전하게 보호되지 않는 상황을 상징한다.
- 바위: 방해물이나 역경, 저항을 시사한다.
- 물고기: 물고기는 물에 사는 생물이므로, 무의식이라는 바다에서 움직이는 존재이다. 물고기는 그리스어로 그리스도를 상징하기도 한다.

이외에 사람들은 SWT에서 여러 가지 부가적인 대상을 그릴 수 있는데, 그러한 대상들이 가지는 의미나 상징은 다양할 수 있으며, 서로 정반대의 의미를 가질 수 있으므로, HTP나 KFD에서처럼 SWT를 그린 후에 피검자에게 질문을 함으로써 여러 가지 가설적인 추론 중에서 가장 적합하다고 여겨지는 것을 파악할 수 있고, 심리적 특성이나 의미를 보다 정확히 이해할 수 있을 것이다. HTP 해석에서 인상주의적 해석과 구조적 해석을 하듯이, SWT에서도 먼저 그림을 반복해서 보면서 그때 느껴지는 주관적 인상뿐만 아니라, 그림의 구조적 요소들 각각이 무엇을 의미하는지를 가설적으로 추론하고 해석하는 과정이 필요하다.

5. 5단계: 그림 선의 분석(필적 분석)

SWT에서 필적 분석의 첫 단계는 선을 긋는 방식을 살펴보는 것이다.

1) 선을 긋는 방식

• 한 번에 그은 선: 망설임 없이 자신의 생각을 이미지로 표현하고, 목표를 추구하는 사람이다.
• 흐르는 듯이 출렁이는 선: 생활에서 막힘이 없음을 시사한다.
• 안정적-불안정적 선: 안정적인 선은 안정되어 있고 분노조절을 잘함을 시사하는 반면에, 불안정한 선은 초초하고 자신이 없으며 우유부단함을 시사한다.
• 연속적인-단절된 선: 연속적인 선은 곧장 목표에 돌진하는 면을 시사하는 반면에, 선을 끊었다가 다시 그리는 것은 신중한 경향을 나타낼 수 있다.

2) 필적 타입

필압과 연필 잡는 법에 따라 구분해 볼 수 있다.

• 섬세한: 연필을 일자로 잡고 필압이 약하게 그은 선으로, 공감적 이해 혹은 민

감성을 시사한다.

- 날카로운: 연필을 일자로 잡고 필압이 강한 경우로, 자신을 통제하는 제어능력과 이성적인 능력을 의미한다.
- 부드러운: 연필을 비스듬히 잡고 그은 선으로, 감수성을 의미한다.
- 확실한: 강한 필압으로 연필을 비스듬히 잡고 그은 선으로, 에너지 넘치고 자발적이고 충동적인 경향이 있다.
- 얇은: '섬세한 선'보다 필압이 더 약한 선으로, 허무, 감정이 과민하고 쉽게 상처받은 경향이 있다.
- 단단한: '날카로운 선'보다 더 필압이 강한 선으로 사고나 행동이 단호하고 의지적인 경향이 있다.
- 무른: '부드러운 선'보다 더 필압이 약하여 번지는 듯한 선으로 외부의 영향을 받기 쉬우며, 과도한 수동성이 있다.
- 난잡한: '확실한 선'보다 더 필압이 강한 선으로 방향성 없는 충동성이 있다.
- 검게 덧칠한: 특정 영역을 빈틈없이 칠해서 그곳을 강조한 것으로 무의식적으로 고착된 심리적 갈등이 있다.
- 조각난: 하나의 선으로 볼 수 없이 흩어지게 그어서 산산조각 난 선으로, 신경증적인 경향이 있다.

3) 평면 처리

- 그림자를 그림: 정서적이고 관능적인 감수성이 있다.
- 선 그림자: 감정을 이성으로 통제한다.
- 윤곽을 그림: 합리성을 강조한다.
- 어둡게 그림: 갈등을 시사하며 격정의 강한 표현이다.

6. 사례 해석

　다음은 만성적인 우울증상과 자해행동을 보이는 13세 여아의 SWT이다.

　하늘의 별과 바다 위의 파도만 간단하게 그렸으며, 부가적인 대상은 전혀 그리지 않았다. 그림에 대한 인상은 다소 우울하고 무기력하며 의욕과 활력이 부족해 보인다. 바다 위의 파도와 별이 자연스럽게 조화를 이루기보다는 별은 상단에, 파도는 하단에 단순하게 병치시켜서 그린 듯하다. 별을 작게 형식적인 패턴으로 단순하게 그리고 있어서 다소 방어적인 경향이 시사되나, 수직적 공간 구조에서 다소 바다가 우위인 것으로 보이므로, 이성보다는 감정적 측면이 상대적으로 강해 보인다. 수평적으로는 별과 파도가 왼쪽보다는 오른쪽에 위치해 있어서 외부환경이나 타인과의 관계에 대한 관심이 있어 보이지만, 파도를 그릴 때 한 번에 선을 그어서 흐르는 듯이 출렁이게 그리기보다는 약하게 끊어서 그린 것으로 보아 일상생활에서 자심감 있게 자신의 생각을 표현하기 어려우며, 원하는 목표를 추구하는 데 있어서 방

| 그림 74 | 만성적인 우울증상과 자해행동을 보이는 13세 여아의 SWT

해물이나 좌절감이 시사된다. 파고가 높지 않으나 파도가 두 개 강조되어 그려진 것
이 다소 특징적인데, 이는 때론 격정적인 감정의 동요를 경험할 가능성을 시사할 수
있으며, 면담 내용을 고려할 때 이런 경우에 충동적으로 자해행동을 보일 수도 있을
것으로 추측된다.

그 림 을 통 한 아 동 의 진 단 과 이 해
House-Tree-Person test ✽ Kinetic Family Drawing

제**8**장

실제 사례 해석: 장애진단별

실제 사례 해석: 장애진단별

제8장과 제9장에서는 장애진단별, 그리고 문제영역별로 소아청소년정신과에 내원했던 아동의 그림을 살펴봄으로써, 실제 임상장면에서 아동의 그림에 대한 해석이 어떻게 이루어질 수 있는지를 소개하고자 한다. 여기에서는 간단한 인상적 해석과 더불어 아동의 진단과 관련하여 중요하게 생각되는 그림의 특성에 대한 구조적 해석을 제시하였으며, 이 책의 목적과 개인정보보호를 고려하여 임상 실제에서 필요한 다른 검사자료나 구체적인 개인력, 가족력 자료는 생략하였다. 그러나 구조적 해석에서 제시한 내용들은 아동의 주 호소문제, 현 병력자료 및 다른 검사자료들을 함께 고려하였을 때 가장 타당해 보이는 가설을 채택한 결과임을 염두에 두어야 할 것이다.

1. 신경발달장애

1) 지적장애 아동

10세 11개월 된 초등학교 4학년 남아로, 학습능력 및 사회성의 발달이 부진하여 소아청소년정신과에 내원하였다. 소아과에 의뢰되어 염색체 검사를 받고 'Fragile X 증후군'으로 진단되었으며, 아동용 웩슬러 지능검사 결과 전체 지능은 42로 전반적인 인지기능의 발달이 심하게 지체되어 있는 수준이었다.

(1) HTP

연령에 비해 조직화의 질이 매우 낮고 유아적인 표현 양상을 보이고 있으며, 전반적으로 원시적이고 투박한 느낌을 준다.

① 집

지붕의 크기가 지나치게 크고 모양도 적절하게 표현하지 못하였다. 지붕과 벽이 제대로 연결되어 있지 않는 등 통합의 어려움을 보이고 있으며, 부적절한 비율로 인해 무너질 것 같이 위태로운 느낌을 준다. 외부세계와 소통할 수 있는 통로인 창문은 생략되어 있고, 문 역시 선의 질이 불안정하고 적절한 형태를 갖추지 못하였다.

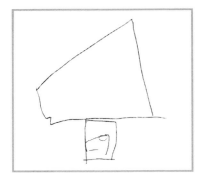

② 나무

뿌리나 가지, 잎을 적절히 표현하지 못하고 있는 것으로 보아, 아동의 개념형성능력이나 시-지각적 조직화 능력이 매우 제한되어 있음을 알수 있다. 가지를 그리지 못하였고 뿌리가 작고 불안정하게 그려져 있는 것으로 볼 때, 이 아동은 외부세계와 소통할 수 있는 자원을 전혀 갖추지 못하고 있고, 따뜻한 상호작용 및 충분한 정서적 공감에서 비롯되는 안정감도 경험하지 못하고 있는 것으로 여겨진다.

③ 사람

아동의 만 나이가 거의 11세이지만, 4~5세 아동의 그림에서 나타나는 소위 '올챙이 그림'과 같은 양식으로 사람을 표현하였다. 즉, 몸통이 생략되고, 원 모양의 머리

에 팔, 다리가 바로 연결되어 있으며, 머리가 신체에 비해 매우 큰 비율로 그려져 있다. 이는 이 아동이 인지능력의 발달 지체로 인해 연령에 적절한 회화적 능력을 갖추지 못하고 형상을 단순한 기하학적 형태로 나타내는 단계에 머물러 있으며, 심리사회적 발달 또한 매우 유아적인 수준에 있음을 보여 주는 것이다. 머리카락이 쭈뼛하게 서 있고 눈, 코, 입이 불안정한 선으로 큼직하게 그려져 있으며, 부위별 연결이 부적절하게 조직화되어 있는 양상을 고려할 때, 이는 일차적으로 낮은 인지능력과 뇌기능 장애의 가능성과 관련되어 있겠지만 충동적이고 비계획적인 면 또한 강할 것으로 추측된다.

(2) KFD

사람 그림에서 나타난 것과 유사한 형상으로 그리는 보속성을 보이고 있으며, 다양한 표현 방식을 구사하지 못하고 모든 가족구성원을 남녀 구분 없이 동일한 방식으로 그리고 있다. 이전의 사람 그림에 비해 더욱 충동적이고 성급하게 그림을 그린 흔적이 보이며, 가족구성원

간의 상호작용은 전혀 표현하지 못하고 있다. 이 아동의 HTP, KFD 특성은 인지능력이 지체되어 있고, 정서적·사회적으로 발달이 매우 미숙하며, 행동 조절에 어려움이 있음을 반영해 주는 한편, 뇌기능 장애의 가능성을 시사한다.

2) 자폐스펙트럼장애 아동

12세 1개월 된 남아로, 초등학교 6학년에 재학 중이다. 유아기에 자폐 성향이 있다는 진단을 받고 초등학교 입학 전 5년간 조기교육을 받았으나, 초등학교 입학 후에도 숫자에 대한 집착이 심하고, 언어적 이해력 및 표현력이 저조하고, 또래에 대한 관심이 부족하여, 사회적 적응에 많은 어려움을 겪고 있었다. 중학교 진학을 앞두고 적응을 염려한 부모가 소아청소년정신과에 데려왔으며, 아동용 웩슬러 지능검사 결과, 전체 지능은 75로 경계선 수준이었고, 소검사 프로파일에서는 자폐스펙트럼장애를 시사하는 수행 패턴을 보였다.

(1) HTP

세부묘사가 반복적이고 경직되어 있으며, 기계적이고 제한된 흥미를 표현하고 있다. 연령에 비해 조직화 능력이나 사회적 교류와 관련된 표현능력이 매우 저조하다. 그림의 내용을 숫자나 글씨로 표현하는 등 비인간(non-human) 대상에 집착하고 있으며, 정서적이고 상호교류적인 능력이 결여된 특성을 보이고 있다.

① 집

오른쪽에 치우친 그림을 그렸는데, 창살과 벽돌의 세부묘사가 매우 기계적이고 보속적이어서 폐쇄적이고 답답한 느낌을 준다. ×자형 창살을 세로로 다섯 개씩만 그려넣는 원칙을 고수하고 있으며, 창문에 대해서는 "LG 발코

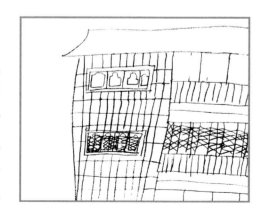

니 전용창"이라는 답변을 하였다. 이는 아동의 자폐적인 성향을 잘 보여 주는 것으로써, 실용언어보다는 광고 등에서 암기한 단어를 기계적으로 표현하고 있는 점은 언어의 사용이 의사소통 목적을 위해서라기보다는 도구적·기계적이며, 타인에 대한 진정한 관심이 부족함을 나타내 준다. 따라서 벽에 많은 창문을 그린 것은 타인에 대한 관심과 교류능력이 있음을 반영하기보다는, 융통성이 부족하고 지나치게 사실적인 것들에 집착하는 경향성이 있음을 시사한다.

② 나무

필압이 매우 강한 그림으로, 책을 읽는 듯한 말투로 "큰 나무 밑에 불이 타고 있다"고 설명하였다. 사후질문단계 (Post Drawing Inquiry: PDI)에서 답변이 내적 논리에 의해 자의적으로 연결되는 양상(큰 나무 밑에 불이 탑니다. → 나무를 심고 있어요. 심어서 손을 따뜻하게 합니다. → 나무를 심으면 꺼지려고 합니다. 불이 꺼집니다. → 나무는 썩을 것 같습니다. 썩으면 말라 죽습니다.)을 보이는데, 이는 아동이 다른 사람들과 의사소통하기에 부적절한 자폐적인 방식으로 내적 공상을 전개해 가는 특성이 있음을 시사한다. 나무 줄기와 뿌리

가 매우 짧고 끝이 뭉툭하게 잘려 있는 듯한 느낌을 주는데, 이는 이 아동에게 있어 사회적 관계가 단절되어 있고 관계를 맺을 만한 자원이 부족함을 암시한다. 나무와 나무 밑의 불을 가리켜 직접 木火로 표시하여 설명하고 있는 것 또한 이 아동의 자폐적인 인지 특성을 잘 나타내 준다.

③ 사람

신체 부분 간 비율이 부적절하고 다소 비대칭적이며 유아적인 느낌을 주는 그림으로, 손이나 발이 단순하게 원형으로 처리되어 있는 것은, 아동이 현실적 요구들을 정교하게 다룰 만한 대처능력과 수단을 지니지 못하고 있음을 보여 준다. "누구인지"라고 물어보자 "人間"이라고 대답한 점은, 자폐스펙트럼장애의 핵심적인 결함인

사회적 관계형성능력의 장애를 잘 나타내 주는 반응이다.

(2) KFD

귀가 부적절하게 과장된 방식으로 그려져 있고, 손이나 발의 처리가 매우 미숙하며, 가족구성원이 모두 동일한 형태로 표현되어 있다. 가족들 간의 상호작용을 적절히 나타내지 못하고, 가족구성원 각각에 대해서만 기술적이고 기능적인 수준에서 문어체로 설명하고 있다. 이전의 그림에서와 마찬가지로 아이스크림을 먹는 장면이라는 것을 설명하기 위해서 '99콘, 99구구, 99크러스트'와 같이 구체적인 상품 이름을 직접 그림 안에 써 넣는 양상을 보이는데, 이러한 특성은 자폐스펙트럼장애아

동이 추상적 개념형성능력의 발달을 이루지 못하고 구체적이고 기능적인(concrete & functional) 수준에 머물러 있음을 나타내 준다. 자폐스펙트럼장애아동이 광고를 특히 좋아하고 광고 문구를 잘 암기하는 것은 광고의 특성, 즉 반복적이고 리듬감이 있으며 일방적이어서 상호작용을 필요로 하지 않는다는 특성과 관련이 있다. 광고 암기는 자폐스펙트럼장애아동에게 비교적 잘 발달되어 있는 단순 암기력(rote memory)과 기계적 기억력을 요구하는 활동이기 때문이다.

3) 아스퍼거 장애* 아동

12세 1개월 된 남아로 초등학교 6학년에 재학 중이다. 또래에게 관심을 보이지 않은 채 혼자 놀기 좋아하고, 시사적인 문제나 동·서양 역사와 같은 제한된 영역에 대해서만 흥미를 보이며, 일상적인 영역에서는 유아 수준의 의사표현능력을 보인다는 문제로 인해 소아청소년정신과에 내원하였다. 아동용 웩슬러 지능검사에서 전체 지능은 평균 수준으로, 발달이 양호한 편이다.

(1) HTP

다소 비현실적이고 기괴해 보이는 그림들로, 아동이 자신만의 세계에 몰입되어 있는 듯한 인상을 준다. 비현실적인 공상이나 주관적인 이미지에 의해 과장되고 왜곡된 내용들이 표현되어 있다. 모든 그림이 지면을 가득 채우고 있는 것으로 보아, 계획능력이 부족하고 충동적인 성향이 강할 가능성이 시사된다.

① 집

상상 속에 존재하는 미래의 집으로, '전쟁이 나면 몇 달 동안 편안히 자고 먹고 운동도 할 수 있도록 설계된' 로봇집을 그렸다. 무너져도 잘 견디거나 오래 버틸 수 있

---

* 아스퍼거 장애는 DSM-IV에서는 '전반적 발달장애(PDD)' 범주에 속하는 하위 유형이었으나, DSM-5에서는 '자폐스펙트럼장애'로 통합되었다.

기 위해서는 '비상구'나 '창고'가 있어야 된
다고 설명하면서, 비상구, 옥상, 조종실, 창
고 등의 공간을 일일이 글씨를 써서 표시하
였다. 자기 가족이나 주변 사람들이 실제 살
만한 집을 그리는 대신 공상만화에 나옴직
한 내용을 그린 것은, 이 아동이 사람들과의
상호작용 속에서 서로 소통될 수 있는 내용
보다는 자신의 제한된 흥미나 관심사에 몰
두하고 있어서 기계적이고 비현실적인 것
들, 자신만의 내적 공상세계에 높은 관심과
흥미를 가지고 있음을 나타내 준다.

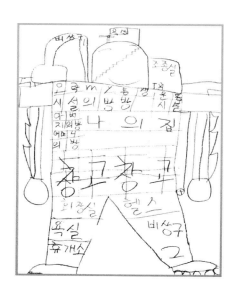

② 나무

나무 한 그루에 바나나, 포도, 사과 등 여러 가지 과일이 한꺼번에 달려 있는 비현

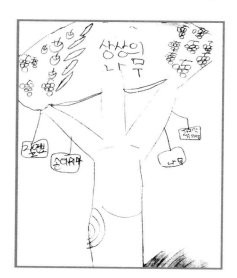

실적인 그림을 그렸는데, 이 아동은 연령이 12세이고
인지능력이 평균 수준이므로 이 나무를 '상상의 나무'
라고 적절히 명명하였다. 그러나 "미래에 어떻게 될
것 같냐"는 질문에 대해서는 "하늘까지 닿아서 구름을
타면서 멋지게 일생을 보낼 것"이라고 답변한 후, "사
람들이 부러워할 정도로 삶을 사는 게 목표"라는 말
을 덧붙였는데, 이는 이 아동이 다소 부적절한 방식으
로 의사소통하며 현실과 동떨어진 소망을 갖고 있음
을 나타내 준다. 집 그림에서와 마찬가지로 그림이 지
면을 가득 채우고 있고, '가지각색의 과일' '○○○ 나
무' 등을 직접 써 넣는 표현 양상을 보이는 점을 고려

할 때, 심리사회적인 성숙도가 유아적인 수준에 머물러 있음을 추측해 볼 수 있으며,
충동적 경향 및 인지적인 융통성의 부족과 인지적 미성숙성을 또한 엿볼 수 있다.

③ 사람

아동 자신과 자신이 좋아하는 여학생을 그렸는데, 두 인물 그림 모두 얼굴에 불필요한 세부묘사를 하고 눈, 코, 입이 지나치게 크고 모양이 부적절하여, 아동이 사회적 상호작용에서 부적절한 행동을 보일 가능성을 시사한다. 그림 속의 인물은 실제 인물과 같은 생동감이 없고 기괴하다는 느낌을 준다. 사람 그림에 승리의 v, n, g 등 부적절한 기호나 알파벳을 적어 넣은 점은 이 아동의 자폐적인 성향, 즉 사회적 능력의 부족과 제한된 영역에 대한 특이한 관심을 나타내 준다. 주어진 지면에 인물 전체를 다 그리지 못하고 상체만을 표현한 점은 집, 나무 그림에서와 마찬가지로 아동이 비계획적이고 충동적인 면을 지니고 있을 가능성을 시사하며, 적절한 자기개념이나 타인에 대한 표상이 발달되어 있지 못함을 반영해 준다.

(2) KFD

만화책의 기법을 본떠 가족구성원 모두를 유사한 양식(style)으로 그리고 있고, 옆모습을 그린 것으로 보이는 얼굴 표정은 눈, 코, 입에 대한 묘사가 불충분하여 12세 아동이 그린 그림이라기 보다는, 더 어린 아동의 그림과 같은 느낌을 준다. 부모(父母)를 구분하기 위해 가슴에 f, m을 써 넣은 점은 이 아동의 자폐적인 성향을 나타내 준다. '달리기/help me'와 같은 불필요한 문자를 쓴 점 또한 특징적이다.

4) 주의력결핍 과잉행동장애(ADHD) 아동

8세 된 초등학교 2학년 남아로, 말이 많고 항상 생각보다 행동이 앞서며 수업시간에 돌아다니는 등 부산한 행동을 보여 담임 선생님으로부터 심리검사를 권유받았으며, 초등학교 입학 후 틱(tic) 증상까지 생겼다고 한다. 아동용 웩슬러 지능검사 결과, 전체 지능은 113으로 평균 상 수준에 속하며 전반적인 인지능력의 발달이 양호하였다(FSIQ=113).

(1) HTP

그림의 크기가 다소 큰 편이고 표현 양상이 단순하며 부분별 크기의 비율이 맞지 않는 등 적절히 조직화하지 못하고 있다. 이와 같이 크고 정교하지 못한 그림은 이 아동이 사려 깊게 행동하지 못하고 과잉행동적이며 충동적인 성향이 있음을 시사한다.

① 집

큰 굴뚝과 연기를 그리고 있으며 창문을 많이 그린 것으로 보아 다른 사람들로부터 관심을 받고 싶은 욕구가 상당히 많아 보인다. 그러나 두 개 이상의 가로, 세로줄이 그어진 이중창문을 그린 점, 종이의 밑부분을 이용하여 집의 밑면을 생략한 점, 그리고 "이 집은 앞으로 어떻게 될 것 같은가?"라는 PDI에 대하여 "앞으로 헐어 가지고 약해져요."라고 대답한 점 등을 고려해 볼 때, 이 아동은 안정감을 추구하려고 노력하지만 충동적이고 산만한 성향으로 인하여 주변으로부터 부정적인 평가를 자주 받게 됨으로써 자신감이 부족하고 불안정한 면이 많은 것으로 여겨진다.

② 나무

사과가 열린 사과나무를 그렸고 지면선은 있으나 뿌리가 생략된 그림을 그린 것으로 보아, 집 그림에서와 마찬가지로 애정욕구는 강하나 불안정감이 심한 것으로 생각되며, 나무의 가지 처리가 매우 미숙한 것을 볼 때, 원만한 대인관계를 통한 욕구 충족 및 친밀감 형성, 적절한 사회적 대처에 어려움이 예상된다. 또한 그림에 대한 설명에서 "여기 주변에 차들이 안 다녔으면 좋겠어요. 차가 다녀서 나중에 시들어 버릴 것 같아요."라고 설명하였는데, 이는 아동의 내면에 좌절감 및 우울한 면이 있음을 시사할 수 있다.

③ 사람

남자 그림에서 머리카락처럼 이마에 음영을 그렸고, 여자 그림에서는 PDI에서 "내 여자친구예요. 걘 공부도 잘 하고 준비물도 잘 챙겨 와요. 그런데 날 싫어해요."

라고 대답하였다. 이러한 내용을 고려할 때, 이 아동은 산만한 행동으로 인해 준비물을 잘 챙기지 못하는 등 실수를 자주 하고 실패한 경험이 많으므로, 그에 따른 불안과 좌절감으로 인해 틱 증상을 보이고 자기지각이 부정적이고 자존심이 저하되어 있는 것으로 보인다. 다른 사람과의 친밀한 관계를 원하지만, 적절한 상호작용 기술이 부족하여 또래들과 친밀한 관계를 형성하거나 정서적 유대감을 경험하지 못하고 있는 것 같다. 손과 발의 처리가 미숙하고 얼굴에서 눈동자와 눈썹, 코를 생략하고 그린 점 또한 사회성 및 대처능력의 부족을 나타낸다.

(2) KFD

그림 아래에 지면선을 그리고 있어 정서적 안정감을 강하게 갈구하고 있는 것으로 보이나, 나이순으로 일렬로 배열된 가족화를 그린 점으로 미루어 볼 때, 가족 내에서 아동이 특별히 가깝게 느끼는 대상이 부재하며, 가족 간의 온정적인 상호작용이 부족해 보인다. 아울러 자신을 매우 작게 그리고 손을 그리지 못한 것은, 자신감이 매우 저하되고 위축되어 있으며 자아상이 긍정적으로 발달되어 있지 못함을 나타내 준다. 또한 그림이 전반적으로 단순하고 나중에 그린 자신과 누나의 손을 생략한 점은 부주의하고 충동적인 성향을 시사한다.

2. 행동장애

1) 적대적 반항장애(oppositional defiant disorder) 아동

　8세 4개월 된 초등학교 3학년 남아이다. 성취 상황에서 쉽게 포기하며 자신감이 부족한 모습을 보이는 한편, 친구들과 자주 싸우면서 친구들을 비난하고, 수업시간에는 선생님의 말씀을 듣지 않고 수업의 진행을 방해하는 등 반항적이고 충동적인 행동을 하며, 집에서도 반항적인 행동을 보이고 있다. 아동용 웩슬러 지능검사 결과 전체 지능은 112로 평균 상 수준에 속하며, 전반적인 인지능력의 발달이 양호하였다(FSIQ=112).

(1) HTP
　집, 나무, 사람의 크기가 작고 세부묘사가 생략되어 있는 것으로 보아 외현적으로는 충동적이고 반항적이며, 또래들과 자주 싸우는 등 행동 문제를 보이고 있으나 내적으로는 상당히 위축되어 있고, 우울할 가능성이 시사되며 자존감이 낮은 상태인 것으로 보인다.

① 집

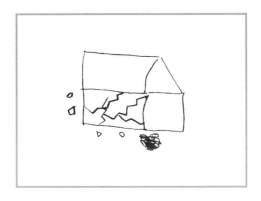

현실과의 접촉을 의미하는 창문이나 문이 생략되어 있고 벽이 부서져 금이 나고 부서진 조각들이 쌓여 있는 그림을 그리는 것으로 보아, 주변 세상과 타인을 위협적이고 부정적으로 인식하고 있으며 이로 인해 타인과의 상호작용을 회피하고 거부적인 행동을 보일 것으로 추측된다. 아울러 집에 대한 질문에 대해 "난 모르는 게 너무 많아요. 부서진 집이에요. 봐요, 여기 조각이 산더미

같이 쌓여 있어요. 유리로 지어진 집이에요. 그러니까 깨지죠."와 같이 부정적이고 파국적인 연상을 보이고 있고 그림의 크기 또한 매우 작은데, 이는 내면의 분노감, 불안정감, 우울감을 반영해 주며, 자신의 가정과 자기 자신에 대한 지각이 매우 불안하고 부정적임을 나타내 준다.

② 나무

그림을 11초 만에 대충 그리고 난 후, PDI에서 "이거 낡았어요. 100살. 죽어 있죠."라고 대답하며 그림 위에 낙서를 하는 등 반항적이고 부정적인 태도를 보이고 있으나, 나무의 크기가 작고 정서적 안정감과 관련된 뿌리, 지면선이 생략된 그림을 그린 것으로 보아 실제 내면은 안정감이 결여되어 있고 좌절감이 많으며 무기력한 상태인 것으로 추측된다.

③ 사람

남자를 먼저 그렸는데 "화났어요. 열받은 것 안 보이나."라고 설명하였으며, 여자 그림을 그리라는 지시에 대해서는 "싫어요."라고 거부하다가 "번개 맞은 사람 그릴래요."라고 말하며 검사자의 지시에 상관없이 번개 맞은 사람을 그렸다. 다시 그려 보라는 검사자의 지시에 비율이 전혀 맞지 않는 얼굴만 큰 여자를 그리고 나서는 "뚱뚱해서 기분이 나빠요. 돼지는 생각해요. 얼굴 터지면 뼈다귀만 남아 가지구 살 안 찌잖아요."라고 매우 적대적·반항적으로 대답하였는데, 이러한 양상으로 미루어 볼 때 내면에 누적된 강한 분노감을 반항적·수동−공격적으로 표현하는 성향이 강할 것으로 생각된다. 아울러 사람 그림에서 얼굴을 제대로 묘사하지 못한 채 화난 표정이라고 부정적인 연상을 보이는 점은 아동이 근본적으로 정서

적·사회적 적응에 어려움이 있고 내면에 행복감이나 만족감보다는 갈등과 불신감이 많아서, 상호 호혜적인 사회적 관계를 형성하지 못하고 누구에게나 가시를 곤두세우고 싸울 듯한 태세로 반항적·공격적으로 반응하고 있음을 알 수 있다. 이러한 반항적·공격적인 행동은 실상 아동이 느끼는 내면의 좌절감, 우울감, 무기력감에 대한 반동형성으로 해석해 볼 수 있다. 즉, 다른 사람의 이해와 사랑, 한없는 수용을 절실히 바라면서도 이러한 갈구를 이와 같은 부적응적 방식으로 표현하고 있는 것이다. 자신이 다른 사람에게 진정으로 수용받는 경험을 하게 되면 청개구리 같던 아동이 순한 양처럼 변화되는 일이 빈번한데, 이는 임상가에겐 커다란 보람을 느끼게 하는 보상적인 경험이다.

(2) KFD

엄마와 쌍둥이 누나는 바닥에 깔려 누워 있고 남자들은 서 있으면서 서로를 밟고

있는 가족화를 그린 것으로 보아, 아동이 가족들에 대해 매우 화가 나 있고 가족구성원 간에 친밀한 정서적 유대감이 형성되어 있지 못한 것으로 보인다. 또한 현실과의 접촉 및 친밀감 형성과 관계되는 손과 발이 생략되거나 미숙하게 처리된 점, 얼굴을 제대로 묘사하고 있지 못하고 있으며, 가족과의 상호작용이 매우 부정적으로 묘사된 점 등은 아동이 가족과의 상호작용에서 신뢰감 및 즐거움을 경험하지 못함으로써 가족구성원에 대하여 부정적인 상을 형성하게 되었음을 시사해 준다. 전반적으로 사람의 크기가 작고, 쓰러지고 밟혀서 아픈 모습을 그리는 것으로 보아, 아동이 겪고 있는 심한 정서적 문제를 이해하고 도와주기 위해서는 아동에 대한 개별 치료 외에 가족치료적 접근이 반드시 필요할 것으로 생각된다.

2) 품행장애(conduct disorder) 아동

중학교 3학년인 15세 청소년으로, 과거에 ADHD 진단 하에 약물치료를 받은 경험이 있다. 중학교 입학 이후 학습 부진과 반항, 폭행 등의 문제를 보여 심리검사가 의뢰되었다. 아동용 웩슬러 지능검사 결과, 전체 지능은 118로 평균 상 수준이며, 전반적인 인지발달이 양호하였다(FSIQ=118).

(1) HTP

선이 날카롭고 음영(shading)이 많아 내면에 상당한 분노감과 정서적 어려움을 겪고 있음이 시사된다.

① 집

'밥 짓고 있는 연기, 강아지'를 그리고, 집은 작은데 비해 매우 큰 창문을 그린 것으로 보아, 사랑받고 싶고 의존하고 싶은 욕구가 매우 많음을 알 수 있다. 그러나 울타리로 집을 둘러싸고 타인과의 상호작용을 의미하는 문을 그리지 못한 채 작은 비상구만을 그린 점 등으로 미루어 볼 때, 실제로는 타인에 대해 방어적이고 회피적이며 현실 접촉이나 타인과의 친밀감 형성에 어려움이 있을 가능성이 예상된다. 따라서 친구들이 많다고는 하나 피상적인 수준에 머물러

있으며, 대인관계에서 사소한 자극에 예민해지고 충동을 조절하지 못하여 자신의 불만이나 생각을 과격한 행동으로 표출하는 경향이 시사된다. 또한 PDI에 대한 답변에서 "튼튼한 것 같고 국회의원이나 사업하는 사람의 집 같은데 앞으론 차압이 들어올 것 같다."고 설명하고 있어, 미래에 대해 부정적·거부적인 생각과 태도가 시사된다.

② 나무

나무 그림에서도 나무의 뿌리가 드러나 있고 나뭇가지를 날카롭게 그리고 있는 것으로 보아 정서적으로 화가 나 있고 불안정한 상태이며, 공격적이고 행동화(acting out)하는 경향이 있어 보인다. 아울러 그림 전반에 음영(shading)을 짙게 표현

하고 나무에 옹이를 그려 넣은 점은 아동이 표면적으로는 품행문제를 보이고 있으나 내면에는 불안, 좌절감, 우울감을 겪고 있음을 시사한다. 또한 나무 그림에 새를 그려 넣은 점은 집 그림에서 연기, 강아지 등을 그린 점과 일관되게, 마치 어린아이처럼 사랑을 갈구하고 있고 누군가에게 의존하고 싶은 욕구가 강함을 나타내 준다. 그러나 나뭇가지를 날카롭게 표현하고, 옹이를 가리키며 "구청에서 잘라 버려 열 받았어요."라고 대답하고 있듯이, 애정욕구가 좌절될 때에는 주변 세상 및 타인에 대한 부정적인 인식과 더불어 좌절감, 분노를 공격적인 행동으로 표출하는 것으로 생각된다.

③ 사람

남자 그림에서는 '뾰족뾰족하게 세워 시커멓게 음영을 넣은 머리카락, 날카로운 눈매의 얼굴, 한 손을 주머니에 찔러 넣고 있는 모습'으로 반항적이고 비행 청소년

같은 자신의 모습을 그대로 표현하고 있다. 반면, 여자 그림에서는 귀신을 그리고 "결혼 못 하고 죽어서 억울해서 이승을 떠도는 처녀귀신, 누군가가 영혼 결혼식을 시켜 줄 거야."라고 대답하는 식으로 현실적인 사람을 그리지 못하는 것으로 보아, 여자, 특히 어머니에 대한 상이 매우 부정적인 것으로 추측된다.

(2) KFD

가족화에서는 가족이 함께 축구하는 것을 그렸고, 엄마는 도시락을 준비하고 옆에서 구경하고 있는 모습을 그렸으나 뒷모습을 그렸고 머리카락을 검게 칠하였다. 이는 HTP에서의 여자 그림과 일치하는 것으로 어머니에 대한 정신적 표상과 태도가 매우 부정적이고 거부적임을 나타내 준다. PDI에서 "동생은 혼자 잘난 체하며 공을 드리블하고 있고 아빠는 공이 터졌다고 가리키고 있으며 나는 공이 오면 뺏으려고 구경하고 있다."는 식으로 냉소적이고 부정적인 반응을 하는 것을 볼 때, 동생이나

친구 등 또래들과 협동하거나 선의의 경쟁을 하는 것이 요구되는 상황에서 적극적으로 참여하기보다는 수동적ㆍ피상적으로 대처하며, 때론 규칙을 위반하고 자기중심적ㆍ공격적으로 행동할 가능성이 시사된다. 가족들의 얼굴표정을 전혀 그리지 못한 점은 가족들에 대해 느끼는 주된 정서가 갈등적ㆍ부정적임을 시사하며, 가족 간에 정서적인 유대감 및 온정적인 상호작용이 부족할 가능성이 시사된다. 다른 사람들과 진솔한 감정을 주고받는 것이 어려우므로 자신의 심리적 어려움에 대해 깊이 내성하고 도움을 요청하기보다는 즉흥적ㆍ충동적으로 행동화하는 경향이 강해 보인다.

3. 정서장애

정서장애 범주에서는 우울장애, 불안장애, 강박장애, 틱 장애, 신체증상장애 등 정서적 어려움을 보이는 사례를 소개하였다.

1) 우울증(depression) 아동

10세 된 초등학교 4학년 아동으로 컴퓨터에 지나치게 몰두하고, 수업시간에는 멍하니 창문을 바라보고 있는 경우가 많으며, 이러한 면들로 인해 학업성취가 부진하다는 것을 주소로 소아청소년정신과에 내원하였다. 어머니가 아동의 일상적인 행동과 학습에 대해 과잉 통제적인 경향이 있어서 부정적인 피드백을 많이 받아 왔다고 한다. 아동용 웩슬러 지능검사 결과, 전체 지능은 102로 평균 수준에 해당되었다 (FSIQ=102).

(1) HTP
그림의 크기가 작고 종이의 오른쪽에 치우쳐 있으며 세부묘사가 생략되어 있어, 일상생활 전반에 걸쳐 동기나 활동 수준이 낮고 위축되어 있으며 우울한 면이 시사된다.

① 집

격자무늬의 창문을 강조해서 그린 점이 주목할 만하다. 다른 사람들로부터 관심을 받고 싶은 욕구는 있으나, 이에 대해 망설이고 주저하는 면이 있어 보이고, 원활한 사회적 교류를 가로막는 장애물로 인해 좌절감을 느끼고 있어 보인다. 자신이 사는 집이 아닌 상상의 집을 그리고, 그 집에 대해 "썰렁한 분위기이며 앞으로 부서질 것 같다."라고 설명한 것을 미루어 볼 때, 아동이 갖고 있는 자신의 집에 대한 지각이 차

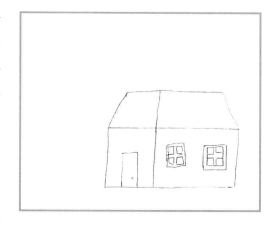

갑고 부정적이며, 미래에 대해서도 더 나아질 것이라는 희망적인 기대보다는 절망, 무기력감이 많아 보인다. 가족에 대한 심리적 소속감이 부족하고, 현재 가족 내에서 느끼는 정서적 어려움으로부터 도피하고 싶은 욕구가 많아 보이며, 이를 공상 속에서 충족시키고자 하나 공상활동 또한 부정적, 절망적인 경향이 있어 보인다.

② 나무

'가지가 다 부러진 것처럼 그려진, 잎이 하나도 없는 겨울나무'는 좌절감이 심하고 마음이 아프고 쓸쓸한 아동 자신의 현재 모습을 잘 나타내 준다. 나무의 뿌리마저 드러나 있어, 다른 사람들과의 상호작용을 통해 즐거움을 추구할 만한 자원이 부족하고 정서적으로 매우 우울하고 무기력하며 불안정한 아동의 내면을 쉽게 엿볼 수 있다. 컴퓨터에 몰두하는 것은 이러한 내적인 우울감과 좌절감, 즐거운 경험의 결여를 과잉보상하려는 아동의 유일한 '즐거움 추구 활동(pleasure seeking behavior)'이라 할 수 있다. 나무의 미래를 묻는 질문에

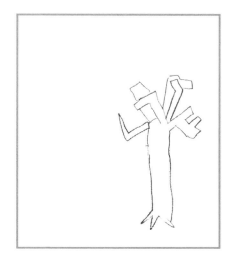

대해서 "이후에 사람들에게 구박받아 도끼로 잘려 죽겠다."라고 표현한 것은, 자신이

타인으로부터, 특히 가족들에게조차 사랑받을 만한 가치가 없고 쓸모가 없으리라는, 부정적이고 절망적이며, 자기패배적인 사고가 극명하게 투사된 것이다. 특히, "도끼로 잘려 죽겠다."와 같은 표현에 함축된 '자기에게 향해진 분노(anger inward self)'는 청소년기에 급증하게 되는 자살생각이나 자살시도와 밀접한 관련이 있으므로, 아동이 청소년이 되기 이전에 빨리 다루어 주어야 할 시급한 정서적 문제이다.

③ 사람

아동 자신이 겪고 있는 정서적인 어려움이 '무표정하고 어깨가 축 늘어져 있는, 무기력한 모습으로 멍하니 생각하고 있는 남자 그림'에 잘 투사되어 있다. 팔을 몸통에 붙이고 있고 손발의 처리가 매우 미숙한 점은, 나무 그림에서 가지 끝을 뭉뚝하게 잘린 듯이 표현했던 것과 마찬가지로 현재 아동이 겪고 있는 어려움을 해결하는 데 필요한 대처자원이 부족하다는 점을 나타내 준다. 여자 그림에서 '귀신'을 그린 후 머리와 목에 짙게 음영을 칠하고 얼굴을 그리지 않은 것은 어머니에 대한 강한 분노와 부정적 태도가 투사된 것으로 보인다. 과잉통제적인 어머니에 대해 억압된 분노감이 많으나, 한편으로 이에 대한 두려움 또한 많아서 양가적이고 갈등적인 상태에 있음을 추측해 볼 수 있다.

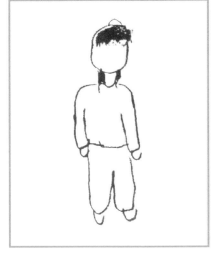

(2) KFD

KFD에서도 역시 어머니의 뒷모습을 그리고 머리에 음영을 짙고 거칠게 칠한 것은 여자 그림에서 얼굴표정을 생략한 것과 일관된 양상으로, 아동이 가지고 있는 어머니에 대한 지각과 태도가 상당히 부정적이고 갈등적인 상태에 있음을 나타내 주며, 아동의 우울증 치료를 위해서는 어머니와의 관계에 대한 치료적 개입이 매우 중요하고 우선되어야 한다는 점을 시사한다.

2) 불안장애(anxiety disorder) 아동

11세 된 초등학교 5학년 남아로, 과격한 행동, 주의집중 곤란, 정서적 불안정성 등의 문제를 보여 왔다. 아버지가 폭음과 어머니에 대한 구타를 일삼아 현재 부모가 이혼을 고려 중에 있다. 아동용 웩슬러 지능검사에서 전체지능은 104로 평균 수준에 해당되었다(FSIQ=104).

(1) HTP

필압이 약하고, 짧게 끊어진 선으로 스케치하듯이 그리고 있어, 자신감이 부족하고 불안한 면이 시사된다.

① 집

집의 규모는 크지만 스케치하듯이 그렸으며 지면선도 그리지 않고 있어, 아동이

가정환경에 대해 불안정하게 느끼고 있음을 나타내 준다. 아동은 이러한 불안감을 보상하기 위해 집 그림에서 창문의 개수를 일정하게 하고 좌우대칭이 되도록 그림으로써 통제력을 회복하려는 시도를 하고 있다. 그럼에도 불구하고, 창문에 모두 '+' 무늬의 창틀을 그려 넣고, 집의 크기에 비해 문을 작게 그리고 있어, 실제 대인관계에서는 위축되어 있고 방어적이며, 정서적 지지 기반이 부족하여 불안감이 더욱 증폭될 가능성이 있어 보인다.

② 나무

'공중에 붕 떠 있고 뿌리가 드러나 있으며, 기둥에 옹이가 있고 나뭇가지가 가시처럼 뾰족하게 생긴 느티나무' 그림을 통해, 아동이 현재 느끼는 불안감과 가정붕괴에 대한 두려움이 얼마나 심한지 가늠해 볼 수 있다. 나무 그림에서 드러난 바, 아동이 내적 대처자원이 절대적으로 부족하고 환경적 지지대상이 없다는 점이 안타깝게 느껴진다.

③ 사람

경직된 자세로 서 있는 사람을 그렸고 눈과 눈썹을 지나치게 강조하고 있어, 매우 불안하고 과민한 상태임을 추측해 볼 수 있다. 가정 내에서 부모의 불화와 폭력을 경험해 온 아동으로서는 자신을 둘러싼 환경이 늘 두렵고 불안하므로 경계 태세

를 한시도 멈출 수 없을 것이다. 여자 그림에서 소원이 무엇인지 묻는 PDI에 대하여 "매일 쉬기만 하는 것"이라고 대답한 것은, 만성적으로 느껴 온 집안의 불안한 분위기와 위기감, 학업에 대한 부담감으로 인해 아동이 현재 매우 지쳐 있고, 의욕이나 활력이 부족하며, 그냥 아무것도 안 하고 편안히 쉬고 싶은 욕구가 반영된 것으로 생각해 볼 수 있다. 혹은 늘 부에게 구타당해 온 모의 무기력하고 우울한 모습에 대한 아동의 지각이 반영된 것일 수도 있다.

(2) KFD

매우 불안정하고 갈등적이며 다툼, 불화가 많은 가정 분위기가 '전혀 상호작용이 없이 TV를 보는 가족들의 뒷모습'을 통해 표현되고 있다. 소원을 묻는 PDI에 대하여 "자기 가족이 행복하게 오래 사는 것"이라고 설명한 것은 자신의 가정이 깨어지지 않고 행복하고, 화목하게 살았으면 하는 바람을 나타내 주고 있다. 아동이 자신과 더 친밀하다고 보고한 어머니보다는 아버지 옆에 자신을 그렸고 어머니의 머리에는 음영처리를 하고 있는 점을 보아, 아버지와 가까워지고 싶은 욕구와 더불어 자신을 보호해 주지 못하고 무력한 어머니에 대한 양가적인 감정이 시사된다.

3) 분리불안장애(separation anxiety disorder) 아동

8세 된 초등학교 3학년 여아로, 집에 도둑이 든 이후 엄마가 자신을 두고 갈까 봐 늘 불안해하면서 한동안 학교에도 가지 못하고, 학교에서도 수시로 전화를 하여 엄마를 찾는 등 심한 분리불안 증세를 보여 왔다. 아동용 웩슬러 지능검사 결과, 전체 지능은 114로 평균 상 수준에 해당하였다(FSIQ=114).

(1) HTP

필압이 매우 강하고 음영의 처리가 진한 것으로 미루어 내면에 불안과 긴장감이 심해 보이며, 사람 그림에서 눈을 강조하고 있는 것으로 보아 사회적 상황에서 다른 사람들을 지나치게 경계하는(vigilant) 면이 있을 것으로 예상된다.

① 집

벽 한쪽이 모두 문으로 되어 있고 문고리를 마름모형으로 강조하고 있는 점, 아동 자신이 사는 집이 아닌 친구들이 사는 집을 그리고 집의 위치가 들판과 같은 곳에 동떨어져 있다고 설명한 점 등은 아동이 집에 도둑이 들었던 외상경험으로 인해 가정의 안전과 부모로부터 분리되는 것에 대한 불안감이 심함을 나타내 준다. 현재 자신이 살고 있는 집은 아동에게 안정적인 기반(security base)이 되어 주지 못하고 있는 듯하다. 모에 대한 분리불안행동이 최근의 외상적 경험에 의해 촉발된 것은 분명하나, 어려서 모와의 애착 형성이 불안정했을 가능성을 더 탐색해 볼 필요가 있겠다.

② 나무

가지가 부러지고 종이 밑면을 땅으로 삼고 있으며 껍질이 벗겨진 나무를 통해 아동의 심한 불안감이 표현되고 있다.

③ 사람

눈을 강조하여 그린 것은, 아동이 타인에 대한 경계심이 매우 강하고 타인의 시선이나 평가에 상당히 불안하고 민감한 상태에 있음을 나타내 주고 있다. 사람 그림에서 자기보다 어린아이를 그린 것은, 불안한 상황에서 안정감을 느끼기 위하여 부모로부터 무조건적인 보호를 받을 수 있는 어린아이로 퇴행되고 싶은

욕구를 반영하는 것으로 보인다. 분리불안행동은 3세 이전의 아동들에게서는 정상적으로 관찰되는 발달적 현상이므로, 현재 8세인 아동이 3세 수준의 유아적인 퇴행 행동을 보이는 것을 역동적으로 충분히 이해하기 위해서는 부모-자녀 간의 애착관계를 좀 더 깊게 살펴봐야 한다.

(2) KFD

아동이 느끼고 있는 불안감은 HTP 사람 그림과 KFD 모두에서 '사람들이 풍선을 들고 있는 모습'과 '풍선이 날아갈까 봐 걱정하고 있는 모습'을 통해 상징적으로 잘 표현되고 있다. 가족이 모두 풍선을 들고 웃으면서 즐겁게 놀고 있는 모습을 그렸 지만 아동과는 각기 다른 곳을 바라보는 부모의 모습을 그린 것은 실제 생활에서 부 모−자녀 간의 상호작용이 안정적으로 응집력 있게 이루어지지 않을 가능성을 시사 해 준다. 특히 '풍선을 놓칠 것 같아 잡고 있는 어머니의 모습'은 실제 어머니에 대 한 아동의 지각이 매우 불안하다는 것을 잘 나타내 준다. '풍선처럼 날아가서 결코 다시는 잡을 수 없을 것 같은 불안감'이 아동이 보이는 분리불안행동의 핵심에 자리 잡고 있는 것이다. 학교에서도 수시로 전화하여 '전화줄'을 통해 엄마가 있는지 확 인하는 행동은 '풍선줄'을 꼭 잡고 있는 것과 같은 맥락에서 이해될 수 있으며, 동일 한 통제욕구의 반영으로 보인다.

4) 강박장애(obsessive-compulsive disorder) 아동

11세 된 초등학교 5학년 여아로, 손을 자주 씻고 가족들에게도 손을 씻도록 요구하며 옷을 자주 갈아입는 등 청결벽이 심하고, 외출할 때나 잠잘 때는 반드시 가스밸브를 잠그고 문단속을 하는 등 강박적인 확인 행동을 보여 왔다. 아동용 웩슬러 지능검사 결과, 전체 지능은 129로 우수 수준에 속하였다(FSIQ=129).

(1) HTP
대부분의 그림에서 세부묘사가 많고, 대칭으로 그리고 있어, 강박장애에서 특징적인 융통성이 부족한 면과 통제에 대한 관심(control issue)을 잘 나타내 주고 있다.

① 집
창문을 대칭적으로 그려 안정감을 추구하려고 노력한 것과 굴뚝의 벽돌을 일일이 그린 점, 그리고 안쪽까지 입체적으로 그린 점은 아동의 강박적인 성향을 잘 반

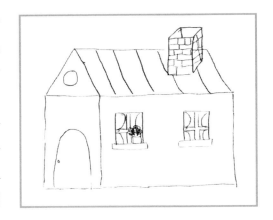

영해 준다. 특히 지붕에 선을 긋고 굴
뚝을 벽돌 모양으로 그린 점은 사소
한 것에 집착하고 정확성을 기하는 강
박적인 특성과 관련된다. 창문이 거의
다 가려질 만큼 커튼이나 꽃으로 창문
을 장식한 것은 사회적 교류에 대한
양가감정 및 주변세계에서 자신을 보
호하고자 하는 안정감의 욕구가 반영
된 것으로 해석해 볼 수 있다.

② 나무

나무 그림이 사람 그림에 비해 빈약한 것이 특징적
이다. 이는 아동이 의식적으로는 과도한 청결 행동, 확
인 행동을 통해 자기통제력을 유지하려고 안간힘을 쓰
고 있지만, 실제적으로는 정서적으로 상당히 취약하고
불안감이 많으며, 스트레스에 대처할 만한 자원이 부
족하여 통제력 상실(loss of control)에 대한 불안, 무력
감을 강하게 느끼고 있음을 잘 나타내 준다. 이러한 면
은 지면선이 없으며 나뭇잎이 하나도 없는 겨울 나무
에서 잘 드러난다.

③ 사람

사람 그림에서도 아동의 강박적인 특징이 일관되게 나타나고 있다. 특히 손, 발,
시계, 팔찌 등을 양쪽 대칭으로 그린 점이나 눈꺼풀이나 속눈썹까지 그린 점이 주목
할 만하다. 눈을 강조하고 코를 생략한 것은 아동이 정서적 자극을 수용할 때 불안
하고 예민하며 긴장감을 많이 느끼고 있음을 나타내 준다. 단추나 넥타이, 목걸이
등과 같이 반드시 필요하지 않은 장식들을 많이 그린 것은 불안감을 통제하고 안정

감을 추구하려는 보상적 행동일 수 있다.

(2) KFD

바닷가에서 물놀이 하는 그림으로, 발가락, 손가락의 개수를 정확하게 그리고 모

래사장의 모래까지 그리고 있으며, 물속에 들어가 있는 다리까지 묘사한 점 역시 아동의 강박적인 특징이 잘 나타나고 있다. 아버지와 자신을 가깝게 그리고, 어머니와 동생을 서로 가깝게 그린 점으로 미루어, 아동이 어머니와 동생에 대해 정서적 거리감을 느끼고 있을 가능성을 생각해 볼 수 있다.

5) 틱 장애(tic disorder) 아동

8세 된 초등학교 2학년 남아로, 눈을 깜박이고 어깨를 움직이고 입을 반복적으로 만지며, 엄지와 검지를 부딪치는 행동을 하는 등의 다양한 운동성 틱 증상과 함께 '음음' 하는 단순 음성 틱 증상을 보여 소아청소년정신과에 내원하였다. 아동용 웩슬러 지능검사에서 전체 지능은 120으로 우수 수준에 속하였다(FSIQ=120).

(1) HTP

그림의 크기가 작고 필압이 매우 강하며 여러 번 지우고 다시 그리는 양상을 보였는데, 이는 틱 장애 아동들이 일반적으로 보이는 특성으로 높은 긴장 수준과 불안감, 정서적 억제 및 억압된 분노를 반영하는 것으로 보인다. 그림에 표현된 음영은 내적 불안감과 우울감을 시사한다.

① 집

전반적인 집의 크기가 작을 뿐만 아니라 문이나 창문 역시 크기가 작다. 특히 창문의 경우 한쪽 구석에 작게 그려져 있는데, 이러한 특성은 아동이 매우 위축되어 있고 유능감, 자신감이 부족하며, 일상생활에서 부적절감을 많이 느끼고 사회적 상황에서 회피적일 가능성을 시사한다.

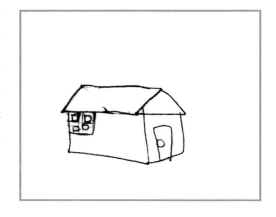

②나무

나무 그림에서 특징적인 것은 뿌리가 드러나 있고 줄기에 옹이와 상처가 많으며 크기가 작다는 점이다. 자신에 대한 불안정감이 심하고 무기력하며, 위축되어 있고, 내면에 좌절감이 많아 보인다.

③ **사람**

사람 그림에서 특징적인 면은 강한 필압과 머리에 음영을 진하게 그린 점, 그리고 여자 그림에서 옆모습을 그린 점이다. 사람 그림은 나무 그림보다 더 의식적인 것을 드러내기 때문에 자발적인 표현이 억제되기 쉽다. 따라서 불안감이나 분노 등 불편한 감정을 틱과 같은 신체 채널을 통해 표현하는 틱 장애 아동들에게 사람 그림은 매우 어려운 과제일 수 있다. 틱 장애 아동들은 사람 그림에서 더욱 높은 긴장감을 느끼게 되어 필압이 강해질 수 있으며, 직접적이며, 진솔한 정서표현을 회피하기 위해 옆모습, 뒷모습을 그리는 경우가 흔하다. 음영이 진한 머리카락은 억압된 분노, 불안감이 반영된 것이라 할 수 있다. 또한

단추를 크게 많이 그린 점은 안정감을 추구하고자 하는 시도로 해석해 볼 수 있다. 눈을 제대로 그리지 못하고 하나의 선으로 표현한 것은 정서적인 자극을 수용하고 표현하는 데 억제적이고 회피적인 면이 있음을 시사한다.

(2) KFD

공중에 떠 있는 케이블카를 탄 가족들을 그렸는데, 동생과 자신을 제외한 가족구성원들을 창문으로 둘러싸이게 구획화하여 그린 것이 특징적이다. 또한 아동이 현재 가족 내에서 느끼는 자신의 모습이 어떠한지는 '잠자는 모습'으로 그려진 것에서 추측할 수 있다. 이러한 가족화를 통해 가족구성원들, 특히 부모-자녀 간에 친밀한 정서적 유대감이 부족함을 알 수 있으며, 아동의 내면에 우울한 면과 더불어 억압된 분노감과 관련된 수동-공격적인 면이 있음을 알 수 있다. 또한 공중에 떠 있는 케이블카를 그린 것은 실제 케이블카를 탔던 경험을 반영해 줄 수도 있으나, 가정에 대한 지각이 불안하고 불안정할 가능성을 시사해 줄 수도 있다.

6) 신체증상장애(Somatic Symptom disorder) 아동

8세 된 초등학교 3학년 남아로, 온몸에 벌레가 지나가는 것 같이 아프다고 호소하였다. 아동용 웩슬러 지능검사에서 전체 지능은 137로 지적 능력은 매우 우수한 수준이었다(FSIQ=137).

(1) HTP

뛰어난 지능 수준이나 연령에 비해 그림이 전반적으로 빈약하고, 제대로 조직화가 안 되어 있는 것이 특징적이다. 심리사회적인 성숙도가 낮고, 스트레스에 완충작용을 해 줄 만한 내적 자원이 부족해 보인다. 신체화(somatization) 증상은 아동들이 흔히 보이는 문제이기는 하지만, 이 아동의 경우에는 상당히 모호한 신체 증상을 호소하는 등 매우 낮은 수준의 방어기제를 동원하여 심리적 어려움을 표현하고 있을 가능성이 있다.

① 집

창문이 많은 것은 애정욕구가 많은 동시에, 다른 사람들과 관계맺는 것에 대해 불안을 느끼고 이를 과잉보상하려는 노력을 하고 있음을 시사해 주는 것으로 보인다. 집 그림에서 각도를 무시하고 평면화시켜 표현한 것 또한 아동이 느끼는 불안정감과 주의전환이 어렵고 경직된 면이 반영된 것으로 생각해 볼 수 있다.

② 나무

크기가 작고 종이의 하단을 기준으로 사용한 점, 그리고 나뭇잎을 몇 개만 그린 점은 아동의 불안감, 정서적 위축, 스트레스에 대한 대처능력의 부족을 나타내 준다. 또한 나무 기둥에 새집을 그려 넣은 것은 안정감에 대한 욕구를 반영해 준다.

③ 사람

그림을 종이의 바닥에 치우치도록 작게 그린 점은, 아동이 자신감이 부족하고 부적절감을 느끼고 있으며, 억제적이고, 위축되어 있음을 나타내 준다. 여자 그림에서 손을 손가락이 없는 장갑으로 표현한 것은, 스트레스 상황에서 퇴행적으로 대처할 가능성과 직접적인 방식으로 문제를 해결하기보다는 간접적인 방식으로 대처할 가능성을 시사한다.

(2) KFD

가족들이 모여서 밥을 먹는 그림을 그렸는데, 아버지와 아동이 한 테이블에 그려져 있고 어머니와 누나는 다른 테이블에 있는 것으로 그려져 있는 점이, 가족구성원에 대한 아동의 감정과 가족 역동을 분명하게 잘 나타내 주고 있다. 가족이 두 편으로 나뉘어져 있어 가족 간에 응집력이 부족해 보이는데, 이는 어머니와 누나에 대한 정서적인 거리감이나 부정적인 태도를 시사한다. 그러나 식구들이 모두 밥을 먹고 있는 모습을 그린 것은 아동이 가족 내에서 느끼는 의존욕구를 잘 나타내 주고 있다. 아동이 신체 증상을 호소하고 있는데, 그것의 2차적 이득(secondary gain)이 무엇인지는 이러한 의존욕구와 가족 역동을 함께 고려하여 이해할 필요가 있다.

4. 정신증

1) 아동기 조현병(childhood schizophrenia) 아동

4세 6개월 된 남아로, 앞뒤가 맞지 않는 이상한 말을 횡설수설하고, 유치원에서 혼자 다른 아이를 빤히 쳐다보면서 갑자기 물건을 빼앗기도 하고 공격적으로 때리기도 하며, 침을 뱉는 행동을 보여왔다. 지능은 평균 수준 하단이었으며(FSIQ=91), 검사 상황에서 자신의 관심사와 관련된 공상활동을 매우 활발하게 표현하였고 부적절한 언어 구사를 보였다.

(1) HTP

아동의 연령이 4세 6개월로 어린 점을 감안하더라도 지나치게 비현실적인 공상활동이 활발하게 진행되고 있고 매우 혼란스러운 상태이며, 조직화가 결여된 기괴한 수준의 그림을 그리고 있는 것으로 보아, 현실판단력의 장애가 심한 정신병적 상태임을 알 수 있다. 아동의 종교적인 내용과 관련된 혼란된 사고활동은 아동의 가정

환경적인 배경을 고려하여 이해하여야 할 것 같다.

① 집

집 그림을 그리라는 지시에 병원과 십자가를 종이 하단에 먼저 그렸고, 중앙에는 성당을 그린 후 악당들과 악당을 때리는 예수님을 그렸다. 그 주변에는 부서진 십자가와 '"아멘" 하고 있는 사람들의 손'을 그렸다. 아동은 자신의 그림에 대해 "성당이야. 예수님 때리는 것 그릴게요. 예수님 가시관 씌웠다. 매맞았다. 예수님은 막 악당들, 막 악당들이 나무 하려구 쿵 하려고 나무 쿵 하려고. 벗기려고 여기 하나 봐."라고 횡설수설하며 조리 없게 설명하였다. 보편적인 집의 형태를 그리지 못하고 자신만의 특이한 공상의 내용을 그렸는데, 여기에서 현실 접촉(reality contact)이 불안정하다는 것이 잘 드러나고 있다.

② 나무

객관적인 지시나 구조화된 절차를 따르지 못하고 두 번의 지시에서 모두 공상의

내용만을 묘사하고 있다. 첫번째 그림에서는 "하나님
이 구름한테…… 여기 악어야 악어. 눈에 십자가 만들
었는데 십자가 바람이 세게. 달님이 여기 내려온다. 하
늘에 딱 와서 내려온다고 달님이. 스티커도 아니고 장
난감도 아니고 이건 진짜 달님. 배를 타고 악어한테 죽
을라고."라는 식으로 매우 부적절하게 설명하여, 타인
이 아동의 생각을 알아듣고 내용을 파악하기가 매우
어려운 상태임을 알 수 있다.

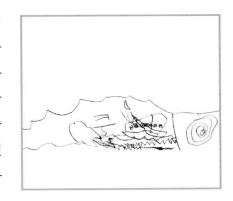

③ 사람

실제 자신이 접촉하고 있는 가족이나 교사 및 또
래는 그리지 못하고 '성모님, 예수님, 악당, 마귀'를
그렸다. 사람들은 얼굴이 매우 간단한 형태로 묘사
되어 있으며, 팔다리나 몸통 등도 적절하게 분화되
어 있지 못하다. 또한 이들에 대해 "성모님, 예수님
도 악당들도 화내는 것. 울어. 막 울라고 그러잖아.
막 화내는 거야. 어떤 소녀. 베로니카가. 악당들 화
내고 놀림쳤잖아. 마귀도 그려 줄게, 마귀 옷 베낀

것."이라고 설명하고 있어, 아동의 사고 내용이 온통 '예수님이나 성모님, 악당'들에
대한 공상으로 채워져 있으며, 이러한 불안감이 현실로 느껴지는 상태로 추측된다.
왼쪽 구석에는 과일을 그리고나서 "마귀가 포도 먹으려고. 마귀가 사과도 먹고. 음
식도 많이 먹지? 응?"이라고 마치 대화하듯이 말하고 있어, 아동이 심각한 현실판단
력 장애와 더불어 환청이 있을 가능성을 탐색해 보아야 한다.

(2) KFD

연령이 어린 점을 감안하더라도 사람들은 형태가 매우 부적절하고 통합되어 있지
못하다. 사람이라고 알아보기 힘든 정도이며, 식구들에 대한 설명도 대부분 "미워요."

라는 식이다. 아동은 자신의 공상에 지나치게 집착하여 현실적인 사람들에 대한 적절한 내적 표상이 확립되어 있지 못하고 왜곡되어 있는 상태로 추측되며, 직접적인 관계 양상도 매우 부적절할 것으로 생각된다. 가족 내에서 안정적인 보호를 받지 못하고 있으며, 상호작용도 매우 빈곤해 보인다.

2) 아동기 조현형 성격장애 아동*
(schizotypal personality disorder in childhood)

7세 6개월 된 초등학교 2학년생 남아로, 어려서부터 사람들을 피하고 무서워하는 행동을 보였으며, 글자나 지하철 노선도에 집착을 하거나 주방 기구를 던지고 노는 등 놀이활동이 특이하였다. 유치원 시절에는 방문을 잠그고 로봇들이 서로 싸우는 내용의 이야기를 만들며 혼자서 연극하듯이 놀았으며 공격적인 말이나 욕을 많이 하였다. 현재까지도 언어 구사가 어눌하고, 산만하며, 학교적응이 어렵고, 또래와 어울려 놀지 못하며, 특이한 내용에 관심이 많아 같은 질문을 계속하는 등의 행동을 보인다. 지능은 평균 수준 하단이었으며(FSIQ=92), 언어적 이해력과 표현력의 발달이 상대적으로 상당히 지체되어 있었다.

(1) HTP

매우 충동적으로 자신만의 공상과 관련된 내용만을 그리고 있으며, PDI에서도 비논리적인 방식으로 대답하고 있어, 현실에 근거한 객관적이고 논리적인 판단력이 부족하고, 사회적인 적응에 심한 어려움이 시사된다.

---

* DSM-5에 따르면 성격장애는 청소년 후기나 성인기 초기에 시작되나, 매우 드물게 아동이나 청소년에서도 진단할 수 있다.

① 집

집 그림의 묘사와 설명이 매우 기괴하고 비현실적이며, 집과 관계없는 글씨를 아래에 써 놓은 점이 현실에서 동떨어진 듯하고 특이해 보인다. 충동적으로 그려서 형태가 매우 불안정하며 집의 지붕에는 사람 얼굴 같은 형태의 그림을 그렸는데, 이를 "똥, 더러워."라고 하고서 "지붕은 똥을 누워가지고 죽었대. 밀레니엄 다 없어졌대."라며 앞뒤가 맞지 않게 부적절한 표현을 하였다. 분위기를 묻는 질문에 "냄

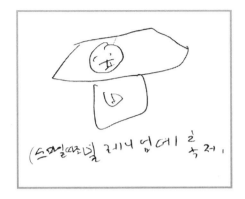

새가 아주 고약해요. 내 집 아니에요. 아빠집."이라고 답하였고, 앞으로 어떻게 될지에 대해 질문하자 "빠짝 말라 죽죠. 힘이 없으니까. 곰하고 다 죽어."라고 하더니 "아빠집이 아니라 곰 집이야. 죽은 곰 집. 귀신 곰 집."이라고 하는 등 연상이 이완(loosening of association)되는 경향을 보이고 있다. 재차 물으니 "아빠 곰 집."이라고 하였는데, 이는 아빠와 곰, 즉 서로 다른 두 개념이 융합되어 "아빠 곰."이라고 반응하게 되는 사고장애 특성을 반영하는 것이다. 전반적인 내용이 매우 비현실적이고 기괴하며 자신만의 자폐적인 방식으로 비약되어 있다. 또한 죽음이나 귀신 같은 주제에 집착하고 있는 것으로 보여, 내적으로 매우 불안하고 불안정한 상태로 생각된다. 자신을 포함한 식구들이 사는 집을 매우 부정적이고 공포스럽게 묘사하고 있는바, 아동이 가정 내에서 느끼는 불안감과 내적인 불편감이 상당히 커 보인다. 자신만의 비현실적인 환상 속에 몰입되어 있어 의사소통 양식이 일방적으로 이루어지며, 이로 인해 사회적 상호작용과 의사소통의 장애가 더욱 심화됨을 알 수 있다.

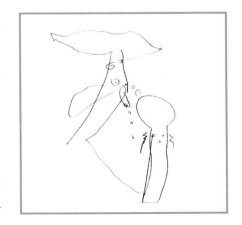

② 나무

매우 빠른 속도로 두 그루의 나무를 그렸는데, 왼쪽의 나무는 '귀신'이며 오른쪽은 '무서워서 벌벌 떠는

나무'이다. 아동은 검사 지시에 따라 현실적인 나무를 그리기보다는 일종의 환상놀이(fantasy play)를 혼자서 하고 있는 듯하다. 나무 그림에는 눈과 입, 그리고 팔 같은 부분을 그려 넣어서 마치 사람처럼 보이는데, 이는 아동이 지능은 평균 수준임에도 불구하고 실제 사회적 장면에서의 기능은 유아적인 수준이며, 이러한 환상놀이를 통해 내면의 불안감을 표현하고 해소하고 있음을 반영하는 것으로 보인다. 또한 객관적인 판단력이 부족하고 퇴행적이며, 자신만의 자폐적인 공상에 근거하여 환경에 반응하게 되므로 학교생활이나 또래관계에서의 적응이 매우 어려울 것으로 보인다.

③ 사람

처음 사람을 그리라는 지시를 주었을 때는 전혀 사람의 형태가 없이 자신의 공격적이고 기괴한 공상만을 표현하였다. 중앙에 있는 큰 별 안에 검은 점을 '남자'라고 하면서 "그랑죠를 부르고 있다."고 설명하였다. 작은 별에 대해서는 "하이퍼 그랑죠가 여기에 있는데, 하지만 하이퍼 피닉스도 그 안에 있어. 옛날에 버렸는데 하이퍼 포세이돈……."이라고 설명하였다. 사람 그림을 전혀 그리지 못하는 것으로 보아 아동은 긍정적인 대상으로서의 사람들에 대한 내적 표상을 가지고 있지 못하며, 근본적으로 사회적 능력에 결함이 있음을 알 수 있다. 타인에 대한 불안감, 위협감이

심하여 사회적으로 철회되어 혼자만의 비현실적인 공상활동에 몰입하고 있는 듯하다.

두 번째 사람 그림은 무서워서 떨고 있는 여자를 그렸고, "차 사고가 나서 죽은 여자 귀신"이라고 설명하였다. 사람의 전체 모습을 그리지 못하였고, 얼굴 표정과 손가락 표현이 매우 무서우면서도 공격적으로 보인다. 목에 걸고 있는 목걸이를 누르면 최고 센 마왕인 루시퍼가 된다면서 아동은 계속해서 기괴한 공상을 전개시키고 있다. 자신이 현재 느끼는 대인관계에서의 정신증적 불안감을 방어하기 위해 '마술적인 방법'을 동원하여 강한 힘(power)을 가지고 싶은 욕구를 투사하고 있는 것으로 보인다.

3) 경계선 장애(borderline disorder) 아동

7세 10개월 된 초등학교 2학년 남아로, 어렸을 때부터 혼자만의 공상에 빠져서 이야기를 꾸미면서 주로 혼자 놀았는데, 좋아하는 만화영화 서너 가지의 주인공이 되어 거실을 이리저리 뛰어다니고 중얼거리며 놀곤 하였다. 부모가 말리지 않으면 몇 시간이라도 공상놀이에 몰입하였으며, 억지로 중단시키면 울 정도로 공상에 집착하였다. 지능이 최우수 수준이었고(FSIQ=133), 상식 및 어휘력의 발달이 특히 뛰어났으나, 이러한 인지능력이 학습이나 대인관계 상황에서는 전혀 발휘되지 못하고 자신만의 공상을 지나치게 활발히 전개하거나 제한된 관심 영역에 집착하는 등 역기능적인 방식으로 기여하고 있다.

(1) HTP
자신이 몰두하고 있는 공상에 근거하여 매우 자세하고 정교한 그림을 그렸으며 이에 대해 세부적이고 장황하게 설명하고 있다. 이러한 특성은 아동이 실제적인 사회적 상호작용보다는 내적인 공상에 집착하여 때로는 공상과 현실 간의 경계가 모호해질 수 있으며, 이로 인해 '공상 속의 자기'와 '현실의 자기' 간에 혼란이 초래될 가능성이 높아 보인다. 즉, 마치 공상이 현실인 것처럼 살고 있는 것이다.

① 집

집 그림에서 아동은 두 채의 집을 그린 후 그 위로 또 다른 집을 그려서 총 세 채의

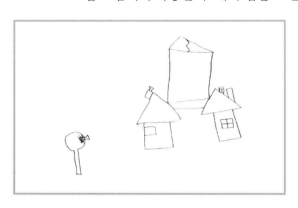

집을 그렸는데, '경비실(왼쪽)'과 '진짜 집(오른쪽)' 그리고 '로켓이 들어 있는 집(위쪽)'이라고 설명하고 있다. 아동이 그린 형태의 집들은 상당히 비현실적이며, 이는 아동의 공상 내용이 그대로 투사된 것으로 보인다. "경비실 지붕에는 로켓이 들어 있는 집을 찍는 카메라가 붙어 있다. 이는 로켓이 발사할 때 이상이 없는지를 보는 카메라로서, 여기에서 찍는 테이프는 집 안에 있다."라고 설명하고 있다. 또한 "진짜 집에는 로켓이 발사될 때 울리는 비상벨이 지붕에 달려 있다."라고도 하였다. 아동은 그림에 대해 마치 실제인 것처럼 완전히 몰입하여 생생하게 자신이 꾸민 얘기를 설명하였는데, 아동 스스로는 자신의 공상 내용과 현실을 전혀 구분하지 못하고 있는 것 같이 보인다. "로켓이 있는 집에 올라가서 밑으로 들어가면 로켓이 발사되고, 산산조각이 나서 집들은 다 폭발한다구요. 로켓은 비상시에 쓰는 건데, 예를 들면 공룡이 와서 도망을 가려 할 때에요. 문 잠그고 우주로 가서 1년 후에 돌아오는데, 갔다 와서 안전하게 착륙을 하지 못하면 박혀 버릴 수도 있어요. 그러니까 아주 위험할 때 쓰는 거예요." 이러한 비현실적인 설명은 아동의 지능이 최우수 수준임을 고려할 때 매우 특이하고 납득하기 어려운 특성이다.

공식적인 진단명은 아니지만 소위 '경계선 장애' 아동의 경우, 지능검사와 같은 객관적인 검사에서는 매우 우수한 수행을 보이지만, 내적 공상에 대한 투사활동을 허용하는 그림검사나 로르샤흐와 같은 투사법 검사에서는 마치 정신증적(psychotic) 상태와 같은 반응 특성을 보인다.

집 그림을 통해 아동은 자신이 직면한 환경 내에서 상당한 불안감과 위협감을 느끼고 있으며, 이러한 정서적인 어려움과 경계심을 공상을 통해 방어하려 한다는 것을 알 수 있다. 특히 집에는 문이 전혀 없어 실제적으로 외부와 접촉할 수 있는 정상

적인 통로가 차단되어 있으며 매우 우수한 지적 능력을 사회적 상황에서 활용하지 못하고 있는 것으로 보인다. 지나치게 활발한 공상활동으로 인해 외부 자극에 적절히 주의집중을 하지 못하여 학업과 사회적 관계 등에서 심한 어려움이 초래될 뿐만 아니라, 어휘력이 최우수 수준임에도 불구하고 실제 상호교류적인 의사소통에 어려움이 많을 것으로 생각된다.

② 나무

나무 그림도 집 그림과 주제나 내용이 비슷하며, 현실적으로 거의 불가능한 상황을 묘사하고 있다. "600년 된 아주 커다란 사과나무 위에 새가 둥지를 지어서 새끼 새가 살고 있고, 이 새를 관찰하려고 몰래카메라를 설치하고 찍은 것을 보기 위해 집을 지었다."와 같은 내용도 아동의 공상에서 근거한 것이며, 아동의 관심사가 상당히 특이하고 제한되어 있음을 알 수 있다. 아동이 알고자 하는 것은 적극적인 상호작용을 요하는 사회적인 영역이 아니라, 사회적으로 차단된 자신만의 영역이다. 이를 근거로 아동은 판단을 하고 행동을 하게 되는데, 이는 상당히 비현실적이고 주관적일 수밖에 없다. 나무는 집을 짓

기에는 너무나 몸통이 가늘고 약해 보이며 뿌리가 드러나 있어, 아동은 자신이 처한 환경에 안정된 기반을 가지지 못하고 있으며 상당히 불안하고 불안정한 상태임을 알 수 있다. 나무의 가지도 거의 묘사하지 못하고 형태가 분명하지 않은 잎들로 가려져 있어, 아동이 실제로 사회적인 대처를 하는 데 필요한 사회적 기술이나 행동 레퍼토리가 매우 부족하고 빈약해 보인다.

③ 사람

공상활동이 보다 자유롭게 전개될 수 있는 집, 나무 그림에 비해 사람 그림에서는

상당히 경직되고 단순화되어 있으며 상상활동이 제한된 면을 보이고 있다. 사람 그림은 그만큼 의식적인 자기 모습과 관련되어 있어 자유로운 투사가 일어나기 어려운 특성이 있다.

이 아동은 '의미 있는 타인(significant others)'에 대한 표상, 적절한 자기개념 등을 발달시키지 못하고, 대인관계를 맺기 위한 자원이 상당히 부족해 보인다. 이는 남자를 먼저 그리고, 여자와 남자 둘 다 특정인이 아니라 '생각나는 대로 그린 사람'을 그렸으며, 또한 남자는 5세, 여자는 3세라고 그림에서 표현된 것보다 나이가 매우 어리게 설명하였고, 사람의 행동이나 생각, 느낌, 희망 등을 전혀 말하지 못하고 "안정했어요, 없어요."라는 식으로 대답한 데서 추론해 볼 수 있다. 또한 사람 그림에서 필요한 구성 요소를 대부분 갖추고는 있으나, 팔을 양쪽으로 벌리고 다리 모양이 매우 부자연스러우며 상당히 경직된 자세로 전체적인 균형이 잘 맞지 않는다. 이러한 점으로 미루어 볼 때 아동은 타인을 자신과 상호작용하는 따뜻한 존재로 인식하기보다는 다른 사물과 마찬가지인 하나의 환경적인 자극처럼 받아들이는 경향이 있을 것으로 예상된다. 즉, 실제적인 대인관계 상황에서 자신과 능동적으로 관계를 맺는 대상으로서 타인을 자각하거나 실제적인 관계를 통한 즐거움을 느끼는 것이 어려워 보인다.

(2) KFD

가족화에서 사람 그림이 전반적으로 부자연스럽고 팔다리와 얼굴의 비율도 맞지 않으며, 사람에 비해 애정욕구를 시사하는 것으로 해석되는 식탁 위의 전등을 크고 자세하게 묘사한 점이 특징적이다. 어머니, 동생과 함께 피자를 먹고 있는 그림을 그리고, 아버지는 피자를 좋아하지 않는다는 이유로 그리지 않았는데, 이는 아동이 아버지에 대해 부정적인 감정을 가지고 있을 가능성을 시사하며, 뒷모습을 그린 동생에 대해서도 양가감정을 느낄 것으로 추정된다. 가족들이 먹고 있는 장면을 그린 점으로 보아, 아동이 부모로부터 애정과 안정에 대해 유아적인 수준의 욕구만족을 추구하고 있을 것으로 추측된다. 가족 내에서 정서적인 교류가 부족하며, "전등 위의 전선이 끊어질 듯한 모습인데, 이를 보고 엄마가 놀라서 입을 벌리고 있다."라는 표현은 아동이 자신의 애정욕구의 좌절과 관련된 불안감과 타인의 감정을 공감적으로 이해하는 데 어려움이 있고 그저 기능적인 수준에서 상호작용하며, 가족 내에서도 자신만의 다소 특이한 관심사에 몰두하고 있음을 알 수 있다.

5. 반응성 애착장애(reactive attachment disorder) 아동

6세 9개월 된 남아로 초등학교 1학년에 재학 중인 아동이다. 어머니의 직장생활로 인해 출생 초기부터 취학 전까지 거의 대부분의 시간을 놀이방에서만 보냈다고 한다. 언어 발달이 지체되고 사회성이 부족하여 약 3년간 소아청소년정신과 외래에서 치료를 받아 왔으며, 증상의 호전 여부를 확인하기 위해 심리학적 평가가 의뢰되었다. 아동용 웩슬러 지능검사 결과, 전체 지능은 111로 평균 상 수준에 해당되었고(FSIQ=111), 현재는 언어 능력의 발달도 상당히 이루어져 평균 상 수준에 해당되었다.

(1) HTP

비교적 양호한 지적 능력이나 연령에 비해, 선의 처리가 불안정하고 전반적인 조직화 수준도 저조한 바, 경미한 수준의 뇌기능 장애의 가능성이 의심된다. 관심 영역이 매우 제한되어 있고 자신의 주관적 경험에만 근거하여 표현하는 등 세상을 바라보고 접근하는 방식이 다분히 자기중심적이고 사회적 상호작용에 대한 관심도 여전히 부족한 면을 보이고 있다. 또한 다른 사람이 쉽게 납득하기 어려운 자신만의 공상과 관련된 내용만을 그리는 점을 고려컨대, 혼자만의 세계 속으로 위축되어 사회적 적응에 곤란을 겪고 때로 내적 공상과 외부 현실 간의 구분에 혼동을 겪을 소지도 있는 것으로 여겨지는 바, 자폐적인 공상세계에서 벗어나서 현실적이고 사회적인 적응능력을 습득하도록 돕기 위해서는 앞으로도 지속적인 관심과 개별 치료 및 사회기술훈련이 요구된다.

① 집

먼저 우측 하단에 강아지 집을 그린 다음에 아파트 건물을 그리는 등 수행 양상이 사회적 상황에서 일반적으로 기대되는 수준에서 벗어나 있다. 가정에 대한, 더 넓게는 세상에 대한 지각이 친근하거나 우호적이지는 않아 보이며, 따라서 적절한 사회적 관계를 형성하는 데 상당한 제약이 있어 보인다. 이에 따른 대인 관계 불편감 또

한 높은 수준에 이를 것으로 여겨진다. 따뜻한 훈기가 느껴지는 '가정'을 표현하지 못하고 강아지 집과 상단에 창문만 빼곡하게 늘어 선 아파트를 그린 점에서 자신을 보호해 주는 안전 기반으로서의 집에 대한 표상이 부재하는 것으로 추측된다. 한편, 창문의 묘사에서 보속증적 경향성(perseveration)이 시사되며, 이는 반응성 애착장애 아동들에게서 일반적으로 보이는 제한되고 협소한 흥미와 상동증적 행동 및 인지적 경직성을 반영하는 것으로 생각된다.

② 나무

텔레비전에서 보았다며 백두산의 '신간나무'를 그리고, "100살이기 때문에 잎과 가지는 모두 떨어진 상태이며 앞으로 1,000살이 되면 죽을 것"이라고 설명하고 있다. 집 그림과 마찬가지로 아동의 관심 영역이 제한되어 있고, 경험이나 다른 사람과의 상호작용을 통해 학습이 이루어지기보다는 텔레비전이나 책 등 일방적인 채널을 통해 지식이 기계적으로 습득되었고, 사고 내용 또한 관습적 수준에서 벗어나 다분히 자폐적인 특징을 지니고 있음을 짐작할 수 있다. 세상과 상호작용할 수 있는 통로인 가지를 제대로 그리지 못하는 점을 미루어 볼 때, 사회적 상황에 적절하게

대처할 수 있는 기술이 부족하고 이에 대한 자신감도 낮아 아동 스스로 이를 의식적으로 인식할 수는 없으나 대인관계 상황에서 느끼는 두려움과 불안이 심할 것으로 여겨진다. 종이를 모두 채울 정도로 나무 기둥을 지나치게 넓고 크게 그린 점을 통해서 사회적 상황으로부터 느껴지는 불안감을 과잉보상하고자 하는 시도를 엿볼 수 있으나, 이러한 그림 특성은 아동이 심리사회적으로 매우 미성숙하고 미분화되어 있는 점을 나타내 주기도 한다. 아동은 어머니를 비롯한 타인과의 관계에서 안정을 얻고자 하는 욕구가 번번이 좌절되는 과정에서 깊은 우울감, 무력감을 내면화해 왔을 소지가 많으며, 이는 나무가 "거미도 있고 벌레도 있어서 좋지 않은 상태이고 앞으로 죽을 것이다."라는 아동의 설명을 통해서도 시사되고 있다.

　③ 사람

　남자 그림에서는 '띠용이'를 머리에 하고 친구에게 보여 주러 가는 자신의 모습을 그렸고, 여자 그림에서는 음식을 갖다 주는 사람을 그렸는데 뾰족하게 쌓인 돌에 앉으려고 하다가 넘어진 모습으로 "얼굴과 몸은 생략한 채 다리와 신발만 표현한 것"이 아동의 좌절감, 슬픔을 생생하게 반영해 주는 것 같아서 매우 인상적이고 놀랍다. 그림이 종이 하단에 모두 몰려 있고 땅에서부터 발, 몸통, 얼굴 순서로 사람을 그리는 것을 통해 아동의 자폐적인 성향 및 불안정한 정서 상태를 짐작할 수 있다. 또한 앞서 그린 집이나 나무에 비해 사람 그림에서는 공상이 보다 활발하게 전개된 양상으로, 대인 관계에서 느끼는 불편감을 보상하기 위해 혼자만의 생각 속으로 철회되는(withdrawn) 경향을 보인다. 한편, 37세의 여자라고 표현한 그림에서 아동과 어머니와의 관계 양상이 그대로 반영된 것으로 생각된다. '음식을 갖다 주는 사람'이라는 설명에서 아동의 애정 및 의존에 대한 욕구가 있음을 알 수 있고, '돌에 걸려 넘어져서 얼굴이 보이지 않는 모습'에서 아동에게는 아직 어머니에 대한 안정된 내적 표상이 형성되어 있지 않았음을 알 수 있으며 자신의 정서적 요구(emotional need)를 좌절시키는 어머니에 대한 억압된 분노감(repressed anger)이 내면에 자리 잡고 있음을 생각해 볼 수 있다. 이렇게 의식적으로는 인식할 수 없거나 말로는 표현할 수 없는 자신의 핵심 갈등과 좌절감을 투명하게 보여 주는 아동의 그림이 임상

가들에게는 아동의 내면 세계로 안내하고 이해를 돕는 길잡이가 된다.

(2) KFD

　가족화에서 부모를 제외하고 아동과 동생이 물을 발사하고 있는 그림을 그렸고, 부모는 "안 그리고 싶어요."라고 말하였다. 아동은 "나쁜 놈 비키"라고 하며 물을 발사를 하고 있으며, "불로 공격해도 소용이 없다."고 설명하고 있다. 아동이 세상을 얼마나 부정적이고 위협적으로 표상하고 있는지를 이해할 수 있으며, 그 상당 부분이 부모와의 안정적인 애착 관계를 형성하지 못한 데에서 기인하는 것으로 여겨진다. 또한 자신이 물로 둘러싸인 공간에 갇혀 있고 위축되어 있는 점을 고려할 때, 보호받을 수 있는 안온한 세상 속으로 숨고 싶은 아동의 욕구가 반영되어 있음이 보인다.

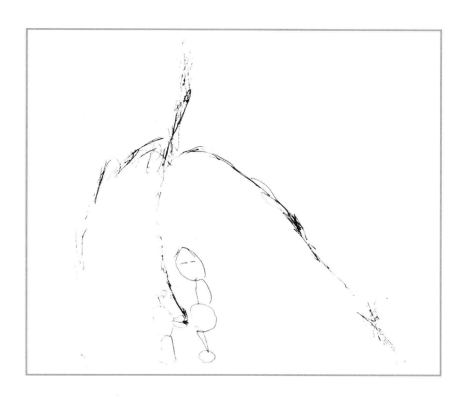

6. 뇌기능 장애

1) 교통사고를 당한 뇌기능 장애 아동

현재 11세로 초등학교 6학년에 재학 중인 남아이다. 만 6세 때 교통사고를 당하여 차에 받혀 공중에 떠올랐다가 의식을 잃었으나 2시간 후에 의식을 회복하였고, 그 후 4개월간 입원 치료를 받았다. 초등학교에 입학한 이후 물건을 잘 잃어버리고 감정이 둔해졌으며 계단에서 자주 넘어지는 문제를 보여 소아청소년정신과에 내원하였다. 아동용 웩슬러 지능검사 결과, 전체 지능은 평균 수준이나 우수 수준의 언어적 능력에 비해 시공간적 구성능력과 시각운동 협응능력은 경계선 수준으로 지체되어 있어, 우반구의 기능장애가 시사되었다(FSIQ=96).

(1) HTP

선의 질이 안정적이지 못하고, 약한 필압으로 여러 번 덧칠하는 방식을 사용하여 짙은 음영을 표현하고 있다. 이것으로 미루어 볼 때, 자신에 대한 확신이 부족하고 주변 환경에 대해 긴장하거나 불안해하는 경향을 보일 것으로 추측된다. 이는 또한 뇌손상에 기인한 시각–운동 협응능력의 문제를 보상하려는 시도일 수도 있다. 그림 전반에 걸쳐 오른쪽이 왼쪽보다 짧아 한쪽으로 기울어진 듯한 비대칭성이 나타나는데, 이러한 양상 역시 뇌손상을 시사하는 징후이다.

① 집

한쪽으로 기울어져 있어 불안정한 느낌을 주는 그림으로, 문을 오른쪽으로 치우치게 그린 것은 왼쪽으로 가라앉아 있는 듯한 그림에 균형을 부여하기 위한 시도로 보인다. 왼쪽 벽면은 육면체의 기둥으로 입체적으로 표현하였으나 그 외 다른 부분들에 대해서는 평면적으로 표현하거나 불완전하게 입체감을 묘사하고 있어, 3차원 구도의 설정에 어려움이 있는 것으로 보이며 이 역시 뇌기능 장애에서 기인된 시-지각적 조직화의 어려움을 잘 나타내 준다.

②나무

가늘고 약한 필압으로 여러 번 덧칠하여 그린 뒤 그 위에 진한 선으로 최종적인 윤곽선을 그리고 있어, 자신감이 없고 불안 수준이 높음을 암시한다. 땅에 닿을 듯이 아래로 무겁게 휘어진 줄기를 통해 아동의 내면에 우울과 같은 정서적 어려움이 자리하고 있을 가능성을 생각해 볼 수도 있다. 또한 잎이 없이 앙상한 가지는 길게 뻗어 나가지 못하고 줄기에 날카로운 가시처럼 돋아 있는 느낌을 주는데, 이는 아동의 사회적 관계형성 능력에 어려움이 있을 수 있음을 시사한다. 집 그림과 같이 한쪽으로 기울어진 듯한 불균형감은 없으나, 왼쪽과 오른쪽의 무게감이 다르게 표현되어 있어 여전히 좌우 비대칭성이 나타난다.

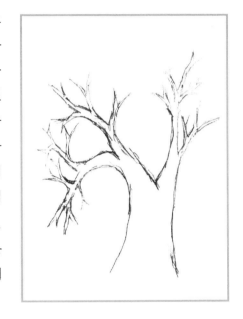

③사람

왼쪽으로 기울어져 있어 불균형감이 한층 뚜렷하게 드러나 있다. 이전 그림들에서와 마찬가지로 여러 번 덧칠하여 윤곽선을 그리는 양상이 나타났으며 얼굴이나 상체의 크기를 조절하기 위해 여러 번 지운 흔적이 보인다. 여자 그림의 치마 모양을 집 그림의 지붕 모양과 유사한 양상으로 그리는 보속성도 나타나고 있다. 남자, 여자 그림 모두에서 손의 처리가 인상적인데, 남자 그림에서 손은 팔과 자연스럽게 연결되지 못하여 어색하다는 느낌을 주며 여자 그림에서는 뒤로 감추어져 생략되어 있다. 이는 나무 그림에서와 마찬가지로, 대인관계 상호작용에서 요구되는 사회

적 기술이나 유능감이 부족할 가능성을 시사한다.

(2) KFD

KFD 지시가 주어지고 6분의 시간이 지난 후, 못 그리겠다며 포기하였다. 가족 역동과 관련하여 상당한 심리적 부담 및 어려움을 느끼고 있을 가능성을 생각해 볼 수 있다.

2) 경기력이 있는 뇌기능 장애 아동

13세 된 초등학교 6학년 남아로, 생후 14개월경 처음으로 경기가 나타난 이후 6세경까지 4~5회가량 열성 경기를 보인 적이 있다. 언어능력 및 전반적인 인지능력의 발달이 부진하여 중학교 진학을 앞두고 장애인 진단을 받기 위해 소아청소년정신과에 내원하였다. 아동용 웩슬러 지능검사 결과, 전체 지능은 60으로 지적장애, 경도 수준에 속하였는데, 비언어적 능력은 평균 하 수준에까지 이르는 데 비해 언어적 능력은 중등도 수준으로 발달이 매우 지체되어 있어, 언어 및 학습능력과 관련된 좌반구 뇌기능 장애가 의심되었다(FSIQ=60).

(1) HTP

모든 그림들을 1분 내외의 짧은 시간에 그린 점과 그림의 크기가 크고 세부묘사가 적은 점 등을 고려할 때, 성급하고 충동적인 면, 인지적 조절능력 발달의 미숙함이 시사된다. 사람 그림에서 아동의 회화적 표현의 특징이 두드러지는데, 선의 질이 불안정하고 대칭성이 부족하며 인물의 표정이나 신체 표현이 왜곡되고 보속적인 양상을 보이는 점도 뇌기능 장애와 관련 있어 보인다.

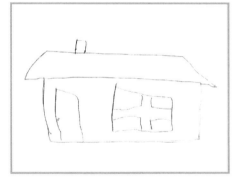

① 집

선의 연결이 끊어지거나, 선과 선이 정확히 맞닿아 있지 못하고 서로 지나치거나 틈이 있으며, 문이나 창문의 선은 구불구불하거나 기울어져 있는 등 전반적으로 선의 질이 불안정하고, 성급하게 그림을 그린 듯한 인상을 준다. 이는 시각-운동 협응능력 발달과 관련된 뇌기능 장애를 시사하며, 소근육 운동의 어려움도 생각해 볼 수 있다.

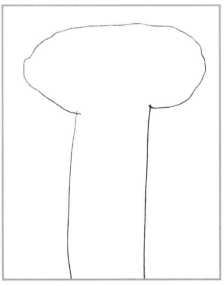

② 나무

매우 간단하게 최소한의 윤곽선만을 나타낸 열쇠구멍 모양의 그림으로, 나뭇잎이나 가지에 대한 세부묘사가 없어 전반적으로 빈약한 느낌을 주며, 개념형성능력이나 시-지각적 조직화 능력의 발달이 매우 지체되어 있는 것으로 보인다. 외부세계, 특히 주변 사람들과 적절히 소통할 수 있는 자원이 부족하고 사람들로부터 단절되어 있어서 내적으로 우울할 가능성도 시사된다.

③ 사람

인물 전체를 표현하지 못하고 상체만을 그렸는데, 이는 아동이 계획 능력이 부족하고 충동적인 성향이 있을 가능성을 시사한다. 선을 길고 매끈하게 그리지 못하고 짧게 그려 이어 나가거나 여러 번 겹쳐 그리는 양상이 나타나고 있다. 머리 모양만을 변화시킨 채, 눈, 코, 입의 표현이나 상체의 표현을 비슷한 방식으로 반복하는 보속성을 보이고, 어깨나 양팔의 표현에서는 대칭성을 유지하지 못하고 있다. 이러한 모든 특징들은 소근육 운동의 어려움 및 뇌기능 장애의 가능성을 시사하는 징후로 해석된다. 한편, 남자, 여자 그림 모두 양손을 뒤로 감춘 듯이 표현되어 있는데, 이는 아동이 일반적인 사회적 관계에서 적절한 사회적 기술을 갖추지 못한 채 쉽게 위축되고 상당한 불편감을 경험하고 있을 가능성을 암시한다.

(2) KFD

왼쪽에서 오른쪽으로 갈수록 인물의 크기가 작아지는 양상은, 사람 그림에서와 마찬가지로 계획능력의 부족을 시사하는 것으로 보인다. 모든 가족구성원을 비슷한 방식으로 그리는 보속성이 여전히 나타나는 가운데, 왼쪽 어깨를 지나치게 넓게 그리는 비대칭성이 이전의 사람 그림들에 비해 더 두드러지게 나타나고 있다. 모든 인물의 팔에 분할선이 부적절하게 그려져 있고 짧게 그어진 선들의 연결이 불안정한 느낌을 주며 전반적인 형태가 왜곡되어 있어, 뇌기능 장애를 일관되게 시사하고 있다.

그 림 을 통 한 아 동 의 진 단 과 이 해
House-Tree-Person test ✻ Kinetic Family Drawing

제9장

실제 사례 해석: 문제영역별

제9장

실제 사례 해석: 문제영역별

1. 이혼가정 아동

13세 된 중학교 2학년 남아로, 내원 1년 전 부모가 이혼하고 모와 살게 된 이후 주
의집중의 어려움을 보이고, 생활 전반에 걸쳐 의욕이 없으며, 모에게 지나치게 의존
하며 다른 사람들이 부모의 이혼 사실을 알게 될까 봐 과도하게 걱정하게 되었다.
아동용 웩슬러 지능검사 결과 전체 지능은 107로 평균 수준이었다(FSIQ=107).

(1) HTP

전반적으로 그림의 선이 불안정하고 약한 것으로 보아 정서적으로 불안하고 우
울해 보인다.

① 집

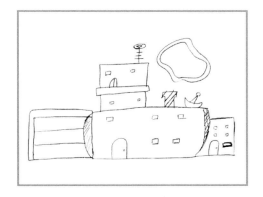

'나중에 돈 벌어서 혼자 살 3층집'을 그렸는데,
지붕이 없고 방음 장치와 안테나를 가지고 있어 마
치 '요새' 같아 보인다. 부모가 이혼하여 자신의 집
이 붕괴된 것에 대해 거절감, 분노감을 느끼고 있
는 것으로 여겨지며, 훗날 자신이 '혼자' 살 집을 그
린 것으로 보아 앞으로 다른 사람들과 더불어 살아

갈 수 있도록 타인에 대한 신뢰감을 심어 줄 수 있는 치료적 개입이 필요해 보인다.

② 나무

뿌리가 다 드러난 채 나무 기둥이 약간 오른쪽으로 기울어져서 언덕 위에 불안정하고 외롭게 서 있는 나무 그림은 아동이 불안하고 우울하고 무기력하며 자기감(sense of self)이 불안정한 상태를 잘 반영해 주고 있다. "사람 오기만을 기다린다."라는 반응 내용으로 보아, 집 그림에서 '혼자' 살 집을 그린 것은 부모로부터 거절받은 경험에 대한 분노의 표현이며, 실은 다른 사람에게 의존하고 싶고 친밀한 관계를 형성하고 싶은 간절한 바람과 외로움이 투사된 것으로 생각된다. 하지만 거절받을 것에 대한 두려움 때문에 자신이 먼저 다른 사람에게 다가가지 못하고 누군가가 자신에게 다가와서 반응해 주기만을 외롭게 기다리는 수동성이 안타깝게 느껴진다.

③ 사람

남자 그림에서 몸통부터 먼저 그린 다음에 손, 목, 얼굴, 다리 순으로 일탈된 순서로 그렸고 발을 반대 방향을 향하게 그렸는데 이는 남자에 대한 갈등적인 태도와 부정적 표상이 반영된 것으로 보여진다. 즉, 아버지로 상징될 수 있는 남성상과 자기 자신에 대해서 확신이나 자신감이 부족하고 부적절감을 느끼고 있는 것으로 여겨진다. 여자 그림에서는 눈, 코, 입을 생략한 그림을 그렸는데, 현재 함께 살고 있는 어머니에 대한 양가감정과 부정적인 감정이 있어 보인다. 둥글게 표현된 손 모양은 어머니가 느끼는 분노감, 혹은 어머니에 대해 아동이 느끼는 원망과 분노 감정, 무력감 등이 표현된 것으로 생각된다.

(2) KFD

현재 어머니와 같이 살고 있음에도 불구하고 KFD에서 "어머니는 저녁 하시고……." 하면서 모를 생략하였는데 이는 어머니에 대한 부정적이고 양가적인 감정이 투사된 것으로 보인다. '아버지와 같이 주사위 게임을 하고 있는' 가족화를 그린 것은 아버지와 함께 살고 싶은 소망이 표현된 것으로 볼 수 있다. 그러면서도 한편으로는 아버지를 옆모습으로 그린 채 얼굴과 몸 부분에 진하게 덧칠을 하거나 지우고 다시 그려도 정확하게 묘사하지 못하고 있으며, 서로 다른 곳을 쳐다보게 그린 것과 아버지와 자신 사이에 책상을 놓음으로써 거리감을 표현하고 있고 발은 얼굴과 반대 방향을 향하게 그린 것은 아버지에게 실제적으로는 가까이 다가갈 수 없는

현재의 가정환경과 양가감정이 잘 반영된 것으로 여겨진다.

2. 성적 학대 경험이 있는 아동

9세 된 초등학교 3학년 여아로 어려서 부모가 부부싸움 하는 걸 자주 보고 자랐으며, 7세 때 모르는 남자 어른에게 성적 학대(sexual abuse)를 당하였다. 그 이후 자위행위를 많이 하고 늘 피곤해하고 불안해하며 잘 놀란다는 문제로 소아청소년정신과에 내원하였다. 전체 지능은 102로 평균 수준에 속하였다(FSIQ=102).

(1) HTP

그림의 크기가 크고 필압이 강하여 불안하고 충동적이며 공격적인 성향이 시사된다.

① 집

발코니와 수많은 창문이 있는 집을 그린 점으로 보아 다른 사람들로부터 관심을 받고 싶어 하는 애정욕구가 매우 많은 것으로 여겨진다. 그러나 본인의 집이 아닌 친구가 살고 있는 빌라를 그리고 있는 것으로 볼 때, 실제 자신의 집에 대해 편하게 느끼지 못하고 있고, 가족에 대해서도 정서적인 유대감을 느끼지 못하고 있어 보인다.

② 나무

사과나무를 크게 그리고 그 옆에 뿌리가 잘린 것처럼 보이는 아주 작은 나무를 또 그렸는데, 집 그림에서 많은 창문을 그린 것과 유사하게 강한 애정욕구가 표현되고 있다. 또한 갈고리와 같이 뾰족한 가지와 드러난 뿌리, 기둥에 그려진 상처로 보아 내면에는 불안, 불안정감과 분노감이 많고 외상적 경험에 따른 심리적 아픔이 크게 자리 잡고 있는 것으로 보인다.

③ 사람

여자 그림에서 여자의 손이 성기 부분에 위치해 있고, 남자 그림에서는 허리띠와 바지 지퍼 부분을 강조해서 그리고 있는데, 이는 성적 학대경험과 관련하여 아동의 과도한 성적 관심사를 반영하는 것이며, 이에 대한 갈등이 시사된다. 또한 다리와 발 부분이 생략된 점은 자신과 타인에 대한 불안정감과 부적절감이 반영된 것으로 여겨진다. 여자와 남자를 모두 "더럽다."고 표현하고 있는데, 이는 성적 학대경험으로 인해 사람들에 대한 부정적 감정과 자신이 더럽혀졌다는 무의식적 갈등이 투사된 것으로 보여진다. 일직선으로 감긴 눈을 표현하고 있는 점은 아동이 자신의 내적 갈등과 심리적 어

려움을 인식하고 표현하기보다는 억압하고 회피하고 싶어 한다는 것을 시사한다.

(2) KFD

상호작용 없이 각자의 일을 하고 있는 옆모습을 그리고 있고, 서로 다른 곳을 쳐다보고 있는 점으로 보아, 가족들 간에 응집력, 친밀한 정서적 교류가 부족하고 심리적 거리감을 느끼고 있는 등 가정 내에서 애정욕구가 충족되지 못하는 것으로 보인다. 또한 가사도구나 TV와 같은 가정용품들을 세밀하게 묘사하고 있는 것은 가족 간의 관계에서 정서적인 안정감이나 따뜻함을 느끼지 못하는 것을 과잉보상하려는 방어적 표현으로 생각된다.

3. 외상후 스트레스장애(posttraumatic stress disorder) 아동

5세 된 남아로 아버지가 어머니에게 칼을 사용하여 매우 심한 폭력을 행사하는 것을 본 후, 낮에도 소변을 가리지 못하고 밤에는 자다가 울면서 깨는 등의 불안 증상을 보여 소아청소년정신과에 내원하였다. 전체 지능은 115로 평균 상 수준에 속하였다(FSIQ=115).

(1) HTP
그림의 크기가 전반적으로 작게 그려져 있어, 정서적으로 불안하고 매우 위축되어 있는 듯한 인상을 준다.

① 집
동생, 자기, 엄마, 할머니만 산다고 표현하고 있고 자신이 두려워하는 아버지를 가족구성원에 포함시키지 않고 있는 것이 특징적이다. PDI에서 '집에 살고 있는 사람'에 대해, 아버지를 말하지 않고 있는 점을 고려해 볼 때, 자신이 느끼는 불안의 원천을 차단하려는 시도로 볼 수 있다.

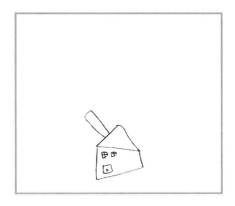

② 나무
뿌리가 없고 가지 끝이 잘린 나무 그림은 정서적인 불안정감과 무력감을 나타내 주고 있다. 특히 나무 줄기에 다람쥐가 들어가는 구멍을 그린 것은 불안한 가정환경으로부터 도피하고 싶을 때 자신을 보호해 줄 수 있는 안전지대(secure base)를 마련하고자 하는 욕구가 투사된 것으로 보인다.

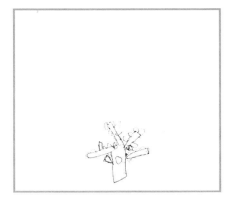

③ 사람
남자 그림에서는 손과 발을, 여자 그림에서는 몸을 다 검게 칠하고 있는 것으로 보아 정서적으로 상당히 불안한 면이 시사된다. 특히 사람들에 대해 매우 두렵고, 불안하게 느끼고 있으며, 또한 분노 감정도 있어 보인다. 안전하고 긍정적인 대상으

로 사람들을 볼 수 있도록 치료자와의 안정되고 수용적인 관계를 통한 교정적 정서 경험이 필요해 보이며, 아동과 부모를 포함한 가족치료도 요망된다.

(2) KFD

다른 가족들은 생략한 채 몸을 검게 칠한 자기만을 그리고 있으며, 가족들에 대

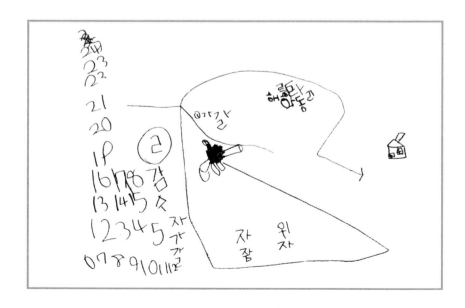

해서 질문을 할 때마다 이에 답변하는 대신 숫자나 글자를 반복적으로 쓰고 있는데, 이는 가족과 관련되어 있는 외상경험으로 인한 불안, 공포감을 회피하기 위한 방어적 시도라고 생각된다. 현재 아동에게 있어 부모는 어떠한 모습으로 표현할 수도 없고 떠올리기조차 힘든 그야말로 외상적인 대상(traumatic object)인 것으로 보인다.

4. 외상후 스트레스장애 아동의 치료 전후 비교

초등학교 2학년인 7세 남아로 심리평가를 받기 1년 전에 차량이 우측 발을 밟고 지나가는 교통사고를 당하였고, 이후 다리 통증으로 인한 신체적 불편과 함께 사회적 위축, 주의력 결핍 및 부산함, 폭력적인 단어의 반복적인 사용, 대소변 가리기의 혼란, 공포 반응, 신체접촉 회피 등의 다양한 심리적, 행동적 문제들을 보여 왔다. 치료를 위해 입원한 소아청소년정신과 병동에서 심리평가가 이루어졌고 나무, 사람, 가족화는 한 달 간격으로 두 차례 시행되었다. 아동용 웩슬러 지능검사 결과, 전체 지능은 102로 평균 수준에 해당되었다(FSIQ=102).

(1) HTP

입원 초에는 그림의 크기가 매우 작고 구성요소들이 많이 생략된 그림을 그리고 있어 심한 심리적인 위축감과 사회적 상황에서의 불안감이 반영된 반면에, 치료를 받은 지 1개월 후에는 그림의 크기가 커지고 필압도 강해졌으며 PDI에서 낙관적인 설명을 하고 있는 것을 볼 때, 외상적인 충격에서 벗어나기 시작하여 자아강도나 대처능력이 상당히 회복된 면이 시사된다.

① 집

입원 초에 그린 집은 외관은 집의 형태를 취하고 있으나 크기가 지나치게 작고, 현실과의 접촉이나 사회적인 교류를 의미하는 문은 생략하였으며, '색종이 집'이라고 명명하면서 "앞으로 찢어질 것 같다."고 표현하였다. 이러한 집 그림은 아동이

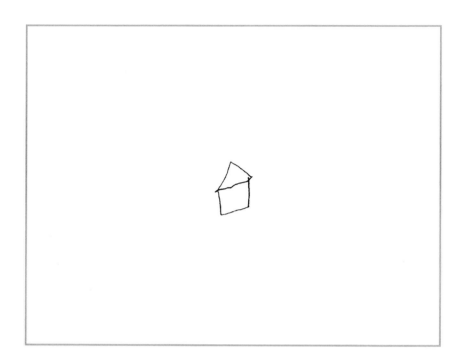

기본적인 안정감에 위협을 느끼고 있는 면을 나타내 주며 가족조차도 자신을 보호해 주지 못할 것 같은 공포감과 미래에 대한 절망감 및 두려움에 휩싸여 있음을 보여 준다. 자신이 세상으로 나가는 것이나 타인의 접근을 거부한 채 고립되어 있는 면을 잘 나타내 주고 있다.

② 나무

입원 초에는 잎이나 가지가 전혀 없는, 나무의 모습을 전혀 갖추지 못한 '통나무'를 그렸으며 "통나무이기 때문에 친구도 전혀 없고 앞으로 도끼에 베어질 것"이라고 표현하였다. '통나무'라고 하는 것은 일종의 죽은 나무로 이는 무의식적으로는 '나는 죽은 것과 다름없음'을 상징하고 있으며, 휘어진 기둥이나 잘려진 가지 및 뿌리와 함께 '자동차 사고'라는 외상적 경험으로 인한 부정적인 신체상과 손상된 자아상을 잘 드러내 보여 주고 있다. 외부로부터 양분을 받을 수 있는 통로가 차단되었다는 것은 현재 상황에 대처할 수 있는 능력이나 지금보다 나아질 수 있는 가능성에

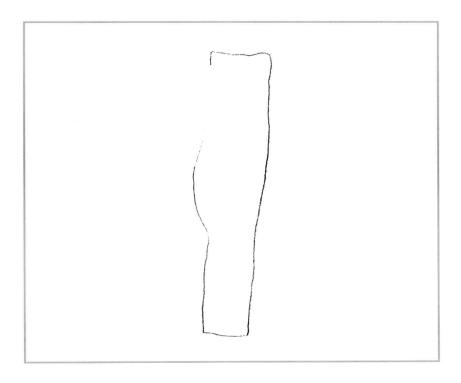

대해 비관적이고 절망적으로 바라보고 있음을 나타내며 오히려 또 다른 위협이나 고통이 유발될 것을 예견하며 심하게 두려워하고 있음을 반영한다.

　치료를 받은 한 달 후에 그린 나무 그림에서는 "졸라맨이 나무에 오줌을 싸는 1억 살 난 거지나무"라고 거부적이고 비현실적으로 표현하긴 했으나 크기가 커졌고 잎 사귀가 풍성해졌으며 "오줌을 주어 한 살씩 젊어질 것"라고 표현하는 것으로 볼 때 외부세상이나 스트레스에 대처할 수 있는 자아의 강도가 상당히 증가한 것으로 보이고, 타인과의 감정교류 채널이 열리고 앞날에 대한 비관성에서 차차 벗어나고 있음을 보여 주고 있다. 그러나 자신을 상징하는 나무에 오물이 묻은 그림을 그렸고 뿌리 부분으로 갈수록 나무 기둥이 매우 가늘어지고 뿌리가 잘린 것 같이 그린 것은 신체적 상실감을 느끼게 한 외상적 사건에 대한 불안과 분노감을 반영하는 동시에 자기가치감이나 존중감이 손상되어 있으며 상당한 부적절감이 존재하므로 이에 대한 지속적인 심리 치료적 개입이 필요함을 시사한다. 아동은 졸라맨이라고 표현하

고 있으나 나무 밑동에 그려진 작은 사람의 모습은 고통 속에서 사회적 철회 행동을 보이다가 이젠 세상에 자신을 드러내고 분노를 표현할 용기가 생긴 아동의 회복된 모습을 반영할 수도 있다.

③ 사람

치료 전의 사람 그림에서도 역시 크기가 매우 심하게 축소되어 있으며 자세가 경직되고 손, 발, 눈, 코, 입과 같은 중요한 부분들이 생략되어 있는 것으로 볼 때, 타인과 감정을 교류하고 의미 있는 관계를 맺는 것에 대해 극심한 불안을 느끼며 사회적인 상황에서 회피적인 태도를 보이고 무력감을 느끼며 매우 위축되어 있음을 나타내 준다.

남자 그림에서는 '5만 살의 슈퍼맨'이라 지칭하면서도 "똥 싸고 있는 모습" "지독하게 약해서 싸움도 못해. 죽을 것 같애."라고 표현하는 것을 볼 때 자신의 위약함과 무능력을 보상(compensation)하기 위해 반항적이고 공격적인 태도를 보이기도 하나 실제로는 나약하고 무기력한 자신의 모습이 자각되면서 미래에 대해 절망적으로 생각하고 우울해하는 면을 나타내 준다. 여자 그림에서 더욱 크기가 작고 "돈을 훔치는 도둑" "나쁜 생각을 하는 고약한 성격"이라고 표현하는 것을 볼 때 여성 표상(female representation)이 상당히 부정적인 것으로 보이며, 이는 교통사고 현장에 함

께 있었으나 사고는 당하지 않았던 여동생에 대해 적대적으로 대하고 자신에게 다가오면 밀쳐 내고 싫어한다는 현 병력과 관련되어 보인다.

한 달 후 그린 남자 그림에서는 "바지가 찢어져서 응가가 나왔어요. 응가가 다 묻어서 가방도 만들고 양말도 만들고 장갑도 만들고 모자도 만들었어요……."라고 말하며 '번개에 맞아서 응가를 싸는 엉뚱한 사람'을 그렸다. 이 그림을 그릴 즈음에 또래 아동이 퇴원하자 2시간 이상을 서럽게 우는 모습과 한 가지에 몰두하면 몇 시간이고 같은 놀이를 반복하는 행동을 보인 것과 관련지어 볼 때 행동억제(inhibition) 및 주의전환 기능에 상당한 어려움이 있어 보이며 이러한 억제력의 결여와 해소되지 않은 심리적 충격과 분노, 그리고 인지적인 충동성이 반영된 것으로 보인다. 그러나 나무 그림에서와 마찬가지로 크기가 상당히 증가했으며 손발과 얼굴의 생김새를 표현하는 극적인 변화를 보인 것은 치료효과의 맥락에서 주목할 만한 점이며, 내면으로는 외부세상이 번개가 내리치는 것처럼 두렵고 위협적이어서 매우 불안하고 긴장되어 있으며 이에 대한 역공포 반응(counter phobic response)으로 반항적이고 충동적인 행동을 보이기는 하나, 이에 대한 분노를 표현할 수 있을 정도로 스트레스에 대한 감내력이 증가하고 있음을 나타내 준다.

(2) KFD

입원 초에는 가족을 전혀 그리지 못하였으나 1개월이 지난 시점에는 '여동생이 똥싸는 모습'만을 그렸다. 앞서 언급하였듯이 나무 그림과 사람 그림에 이어 항문기적 내용(anal theme)을 보속증적(perseverative)으로 반복하고 있는 것 역시 억제 기능의 장애와 맞물려 있어 보이며 이에 더해 여동생에 대한 갈등적이고 수동공격적인 감정이 투사되고 있는 것으로 보인다. 막대기 모양의 옆모습 인물상에 배변을 하는 모습을 그린 것은 여동생에 대한 정서적인 유대감을 부인하고 저항하려는 시도로 보여지며 다른 구성원들을 생략한 것을 함께 고려할 때 가족 간의 애정적 교류나 안정감이 매우 부족함을 반영하는 것으로 볼 수 있다.

5. 만성 청각장애 아동

9세 9개월 된 남아로, 청각장애가 있어 보청기를 착용하고 있으나 다른 사람들의 말을 거의 알아듣지 못하고, 아동의 발음도 부정확하여 다른 사람들과 의사소통하고 관계를 형성하는 데 상당한 어려움을 겪고 있다. 아동용 웩슬러 지능검사 결과, 전체 지능은 70으로 경계선 수준의 하단에 속했는데, 비언어적 능력이 평균 하 수준에 해당하는 데 비해 언어적 능력은 지적장애 경도 수준으로 상대적으로 발달이 지체되어 있었다(FSIQ=70).

(1) HTP

그림의 선이 불안정하고 필압이 강하며 형태가 단순한데, 이는 시-지각적 조직화 능력이나 시각-운동 협응의 어려움과 관련되어 있는 것으로, 뇌기능 장애의 가능성도 의심해 볼 수 있다. 또한 전반적으로 그림의 크기가 작고 종이의 왼쪽에 치우쳐 그리고 있는 것으로 보아 정서적으로 위축되어 있고 불안정한 면이 있어 보인다.

① 집

문과 창문을 다 그린 점으로 미루어 다른 사람들과 관계를 맺고 상호작용하는 데 관심은 있으나, 손잡이를 강조한 문은 굳게 닫혀 있는 듯한 느낌을 주고, 그 위에 위치해 있는 창문에도 십자형의 창살이 처져 있는 것으로 보아 대인관계에서 방어적이며, 타인들과 친밀한 사회적 관계를 형성하는 데 어려움이 있어 보인다.

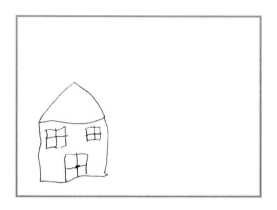

② 나무

뿌리가 드러난 채 공중에 떠 있는 느낌을 주는 나무로 정서적으로 무기력하고 불안정한 면이 나타나 있으며, 잘린 듯한 가지는 아동이 겪고 있는 사회적 교류의 어려움과 사회적 대처자원이 부족한 면을 나타낸다.

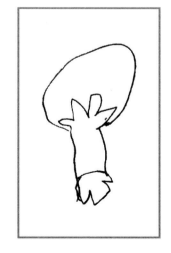

③ 사람

남자 그림에서 입과 귀를 생략하고 있는데, 이는 청각적 손상과 이로 인한 언어장애와 관련된 아동의 어려움을 반영해 준다. 여자, 남자 그림 모두에서 눈과 같은 다른 감각 기관도 정확하게 묘사하지 못하고 일직선으로 감고 있는 것처럼 표현하고 있는데, 이는 외부 자극을 민감하게 받아들

이고 반응하는 데 있어 회피적이고 수동적인 태도를 나타내고 있는 것으로 해석해 볼 수 있다. 더 나아가서 몸통을 생략하고 팔을 머리에 붙여서 그린 것이나 손이나 발 처리가 미흡한 점으로 보아 또래에 비해 인지적·정서적·사회적 발달이 미성숙해 보인다.

(2) KFD

다른 가족들은 제외하고 파이를 만들고 있는 어머니만 그리고 있는 것으로 보아 가족 중에서 어머니가 아동에게는 가장 중요한 사람으로 지각되고 있는 것으로 생각되며, 어머니에 대한 의존욕구가 강해 보인다. 반면, 자신을 생략하고 있는 것은 부정적 자아상, 낮은 자기존중감 및 우울한 면을 잘 드러내 주며, 이것이 청각적인 결손과 관련되어 있음을 추론해 볼 수 있다.

그림을 통한 아동의 진단과 이해
House-Tree-Person test * Kinetic Family Drawing

제10장

실제 사례 해석: 공존 병리

House-Tree-Person test 제**10**장 Kinetic Family Drawing

실제 사례 해석: 공존 병리

1. 주의력결핍 과잉행동장애와 사회 기술 결함을 함께 보이는 아동
(ADHD with poor social skill)

10세 10개월 된 초등학교 5학년 남아로, 학교생활에서 산만하고 또래와 어울릴 때, 쉽게 흥분을 잘 하여 또래 관계가 원만하지 못한 문제로 심리검사가 의뢰되었다. 아동용 웩슬러 지능검사로 평가한 전체 지능은 103으로 적절한 발달을 보이고 있으나, 언어적 능력은 평균 상 수준에 속하는 반면, 지각적 조직화 능력과 시각−운동 협응 능력 및 정보처리 속도는 87로 평균 하 수준에 속하여 인지 발달이 불균형하게 이루어진 면과 함께 뇌기능 장애의 문제가 있을 가능성이 시사되었다.

(1) HTP
HTP 그림의 전반적인 특징은 필압이 강하고, 팽창되어 있는 반면, KFD은 작고 위축되어 있다는 점이다. 지면을 벗어날 정도로 큰 집과 나무 그림에 비해 사람과 KFD 그림은 상대적으로 크기가 작으며, 치아와 손을 강조하여 그린 면은 아동이 외현적으로 충동적이고 과잉행동을 보이고 있는 반면, 대인관계를 포함한 타인과의 관계 및 가족 내에서 위축되고 좌절감이 많으며 이로 인한 적개심 혹은 분노감정을 느끼고 있음을 보여 주고 있다. 더불어 그림에서 일관적으로 보이는 특성은 환아가 타인과의 관계에서 애정 및 관심에 대한 욕구가 상당히 많으나 이에 대한 좌절감이 상당해 내적으로는 정서적으로 배고프고(affectively hungry) 우울한 면이 있다는 점이다.

① 집

집의 크기가 종이 한 면을 다 차지할 정도로 크며 직선의 기울기가 불균형적인 것을 볼 때, 아동이 인지적 · 행동적인 면에서 과잉활동적이고 비계획적이며 충동적인 성향이 시사된다. 그러나 집에 대한 설명에서 "집이 아니고 독서실 같은데……사람들이 많이 다니는 공공 장소"라고 표현한 것이나 "여러 명이 있는 게 좋다."고 표현한 점을 함께 고려해 볼 때, 환아가 가정 내에서 안정감 및 소속감을 느끼지 못하고 동시에 매우 외로움을 느끼고 있는 것에 대한 보상 욕구를 반영해 주는 것으로 생각된다. 특히 집의 지면선이 없이 용지의 하단을 기반으로 삼아서 그린 것은 환아

가 느끼는 안정감에 대한 욕구를 반영해 준다. 아동의 안정감과 친밀감에 대한 욕구는 집 가득히 그린 창문의 개수에서도 잘 드러나고 있다. 따라서 현재 이 아동은 친밀감 및 애정에 대한 욕구와 관심은 매우 많아 보이나 부족한 사회 기술과 과잉활동적이고 충동적인 행동으로 인해 이와 같은 욕구가 계속 좌절되어 왔으며 이를 과잉보상하고자 하는 시도가 엿보인다.

②나무

1,000년 된 기둥이 매우 두껍고 큰 나무를 종이가 꽉 찰 정도로 그리고 있는 바, 집 그림과 마찬가지로 계획 능력이 부족하고 자신의 욕구에만 몰입하여 충동적이

고 과잉활동적인 모습을 보일 것으로 생각된다. 이러한 과도하게 큰 나무 그림은 아동이 자기 자신에 대한 낮은 자존감 및 부정적인 자기개념을 보상하려는 욕구가 반영되었을 가능성도 있다. 나무 그림에서 특징적인 것은 나뭇가지가 하나도 없는 점과 사과와 다람쥐 집을 그린 점인데, 이는 아동이 타인에 대한 관심, 안정감과 소속감에 대한 욕구가 많지만, 이를 적절히 표현하고 충족시킬 수 있는 사회적인 기술이 결여되어 있음을 시사한다. 게다가 PDI에서 "주위에 동물이나 사람이 많이 살았으면 좋겠다."고 말하고 있고 다람쥐가 사는 집을 그린 것은 집 그림에서 보여진 것처럼 환아가 지각하는 가정환경은 환아를 따뜻하게 품어 줄 수 있을 정도로 안정적이지 못하며 스스로 자기를 보호해 줄 안전지대(secure base)를 갖고자 하는 유아적인 소망이 표현된 것으로 해석 가능하다.

③ 사람

집과 나무 그림이 용지가 가득 찰 정도로 큰 데 비해, 사람 그림은 상대적으로 작으며 치아와 손을 강조하여 그린 점을 고려해 볼 때, 아동이 우선 심리사회적인 성숙이 연령에 비해 미숙하며 대인관계 기술이 부족하고 내면의 좌절감 및 불만족감이 만연해 있다는 것을 생각해 볼 수 있다. 사람 그림에서 좌우측 간의 불균형적 특성이나 목을 그리지 않은 점 역시 아동이 미세한 뇌기능 장애가 있을 가능성과 함께 아동이 대인관계 상황에서 충동적이고 체계적이지 못하며 조직화 능력이 부족하고 부주의한 행동을 보일 가능성을 시사한다. 이러한 면은 ADHD 아동의 주된 특성이라 할 수 있다.

손발 처리가 미숙한 점과 더불어 PDI에서 "할 게 없어서 가만히 있으면서 무슨 친구가 올까 생각하고 있다."고 설명한 점을 함께 고려해 볼 때, 아동이 대인 관계에서 적극적으로 관계를 맺기보다는 오히려 자신감이 부족하고 수동적일 가능성이 있으며 이러한 대인 관계 기술의 부족은 나무 그림에서 가지를 그리지 못한 점과도 일치한다.

(2) KFD

가족들이 윷놀이를 하고 있는 모습을 그렸는데, 부모와 동생은 함께 윷놀이를 하는 반면, 아동은 혼자 말판을 두고 있는 것으로 그리고 있어, 가족 내에서 스스로 고립감을 느끼고 거부적이고 반항적인 면이 있어 보인다. 또한 사람 그림에서와는 달리 KFD에서는 사람을 직선으로 매우 간단하게 막대기 모양(stick figure)으로 그리고 있어 가족 간에 따뜻한 스킨십이 부족하고 정서적인 교류가 부족할 가능성이 시사된다. 즉, 아동이 보이는 사회적 기술의 부족은 부모와의 관계가 긍정적이지 못하고 소원하며, 서로 따뜻하게 품어 주고 지지적인 면이 부족한 데 그 뿌리가 있는 듯하다.

2. 강박장애와 우울증을 함께 보이는 청소년
(obsessive-compulsive disorder with depression)

14세 6개월 된 남자 청소년으로 5개월 전부터 "말을 하면 뭔가 나쁜 일이 일어날 것만 같다."는 강박사고 때문에 말을 하지 않는 강박행동을 보이고 있으며 숫자 3에 집착하고 가족에게 난폭한 행동을 보이는 것을 문제로 소아청소년정신과에서 입원 치료를 받았다. 아동용 웩슬러 지능검사에서 전체 지능은 91이었고 제반 인지 발달이 평균 하에서 평균 수준으로 평가되었으나, 아동이 말을 하지 않는 증상으로 인해 손으로 써서 대답을 했기 때문에 자신의 능력보다 과소평가되었을 가능성이 있다.

(1) HTP

전반적으로 그림의 선이 매우 약하고 중간중간 선이 연결되지 않고 끊기는 양상을 보이고 있어, 매우 심리적으로 취약한(vulnerable) 면이 시사된다. 모든 그림에서 일반적으로 강박장애를 가진 환자들의 특성인 세세한 모사나 정교한 그림 특성을 보이지 않고 있으며 오히려 단순하고 세부묘사가 생략된 그림을 그리고 있다. 이러한 특성은 우울하고 불안하며 회피적이고 스트레스에 대한 방어력이 저하된 면과 관련이 있는 것으로 보여진다.

① 집

종이 한가운데 매우 약한 필압으로 단순하고 기본적인 구조만을 갖춘 집을 그렸다. 집 그림에 창문과 문을 모두 그리고 있어 외부세계에 대한 관심은 있어 보이나, 필압이 약하고 대충대충 그리는 등의 수행 태도를 고려해 본다면 검사에 적극적으로 관여하는 면이 부족하고 의욕이 없으며 에너지 수준이 낮을 가능성이 시사된다. 더불어 집 옆에 작게 들국화 꽃 2개를 그린 것은 자신의 수행에 대한 불안감을 보상하려는 것과 관심받고자 하는 수동적인 의존욕구가 반영된 것으로 생각된다.

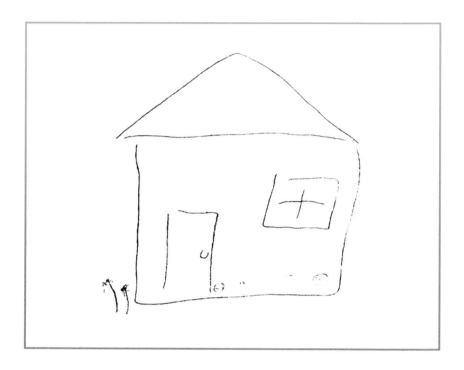

②나무

나무를 그리라는 지시에 '야자나무'를 그렸는데, 따뜻한 기후에서 줄기나 잎이 크게 자라는 야자나무를 그리기보다는 잎이 작고 약해 보이는 나무를 그렸고, 나무 기둥의 중간에 옹이도 함께 그렸다. 이는 아동이 환경 내에서 외적인 지지자원이 부족하고 대인관계를 통해서 욕구를 만족시키는 능력이 결여되어 있으며 자기 자신에 대해 느끼는 자존감이나 자기가치감이 낮고 약하다는 것을 반영해 준다. 더불어 따스한 온도가 필요한 야자나무를 그렸고 "바람이 불면 옆에서 막아 줄 사람이 필요하다."는 설명과 뿌리 부분에 돌을 그린 점은 아동 스스로 자신을 지탱할 힘이 없다는 무기력감을 드러내고 있으며 주위에서 자신을 든든하고 따스하게 돌보아 주기를 바라는 의존욕구를 표현하고 있는 것으로 추측된다.

③ 사람

　남자, 여자 그림 모두에서 얼굴을 자세히 묘사한 것에 비해 팔, 다리 및 몸통과 같은 대부분의 신체 부분들은 대충대충 미숙하게 처리하고 있다. 특히 머리와 몸통이 연결되어 있지 않고 목이 생략된 것은 아동이 파국적인 강박사고를 통제하는 데 어려움이 있음을 시사하며, 손과 발 역시 대충 동그랗게 그리고 팔과 다리에 연결되지 않은 점은 아동이 나무 그림에서 잎과 가지를 가는 선으로 끊어지게 그린 점과 함께 사회적 자원과 대처 기술이 매우 부족함을 나타내 준다. 사람 그림에서 남녀 모두 눈과 머리카락을 상대적으로 강조하여 그리고 있는 것은 아동이 타인의 시선이나 평가에 상당히 예민하여 주변의 상황을 위협적, 공격적으로 지각할 가능성을 시사한다. 더불어 두 사람 모두 가상의 인물이라고 설명한 것은 아동이 진솔하게 자신의

감정을 표현하지 못하고 억압하고 분리시키고 있는 면과 더불어 현재 긍정적인 관계를 맺고 있는 대상이 부재할 가능성을 시사한다.

(2) KFD

운동성 가족화 그림에서 아동은 가족들이 축구공 받기 놀이를 하고 있는 그림을 그렸다. 특징적인 것은 가족들이 상호작용해야 하는 놀이임에도 불구하고 모든 가족들을 서로 바라보고 있는 것이 아니라 정면을 향하게 그린 것인데, 이는 가족 간의 친밀한 정서적 교류의 부족과 더불어 아동의 경직되고 융통성이 부족한 면을 나타내 준다. 아동은 수비자세만 취하고 있으며 다른 가족들은 모두 발로 차는 공격적인 자세를 취하고 있도록 그린 점은 아동이 가정 내에서 다른 가족구성원에 비해 자기 주장을 잘 못하고 늘 실수나 실패에 대비하기 위해 수비태세에 있는 가족 내 역동을 반영하는 것으로 추측된다. 더불어 동생-자신-아빠-엄마를 한 연결 고리에 선을 이어 그린 점은 가족 간의 정서적 결속에 대한 아동의 소망을 반영하는 것으로

해석해 볼 수 있다. 또한 현재 공을 어머니가 가지고 있는 점은 아동에게 엄마의 존
재가 지배적이고 통제적인 존재로 비치고 있는 것은 아닌지 생각해 볼 필요가 있다.

(3) 빗속의 아이 그림

부가적으로 그린 빗속의 아이 그림에서 아동
은 '우산도 없이 경직된 자세로 비를 다 맞고 있
는 모습'을 그렸다. 우산이나 우비 등을 그리지
않은 것은 아동이 스트레스에 대응하는 대처전
략을 전혀 갖고 있지 못함을 나타내 주며, 마치
좁은 빗속에 갇혀 있는 듯한 모습은 '나쁜 일이
일어날 것 같다.'라는 예기 불안을 방어하기 위
해 '말을 하지 않는' 강박적인 행동을 보이고 있
는 '답답할 정도로 억제적이고 경직되어 있으며

무기력한 아동의 모습'을 그대로 보여 주는 듯하다.

3. 불안장애와 주의력의 문제 그리고 신체 증상을 보이는 아동
(anxiety disorder with attention problem & somatic symptoms)

5세경 오빠가 뇌종양으로 투병 중 사망한 후 복통과 두통을 자주 호소했다는 9세 2개월 된 여아로 현재 초등학교 3학년에 재학 중이다. 또한 6세경에 교통사고를 당한 이후부터는 차에 대한 두려움이 굉장히 커졌고, 문구점에도 혼자 가지 못할 정도로 무서움을 많이 타게 되었으며, 학교에 책을 깜박 잊고 두고 오거나 준비물을 챙기지 못하는 등의 건망증이 생겨서 소아청소년정신과에 내원하게 되었다. 아동용 웩슬러 지능검사에서 전체 지능은 126으로 우수수준에 해당되었고(FSIQ=126), 전반적인 인지능력의 발달도 우수한 수준이었다.

(1) HTP

전반적으로 그림에서 세부적인 부분에 대한 묘사가 많고 음영처리가 많으며 지우개질을 자주하는 행동을 보여 친숙하지 않은 상황에서 쉽게 긴장하고 불안해하는 면이 시사된다. 환아가 여러 가지 문제를 복합적으로 보이고 있기는 하나, 지능수준이 우수하고 심리적 어려움을 방어할 수 있는 건강한 측면도 많아 보인다.

① 집

집의 모양이나 분위기가 안정감 있어 보고, 굴뚝에 연기를 예쁘게 그리고 있는 점을 고려해 볼 때 가족구성원들이 아동에게 상당히 지지적이고 온정적인 관심도 많이 가져 주는 것으로 보여진다. 하지만 지붕 위에 무늬를 그리고 있는 점이나 앞마당에 꽃과 풀, 연못 등을 아주 세밀하게 묘사하고 있는데, 이는 아동이 내면의 불안감을 보상하기 위해 의존적인 행동을 많이 보일 가능성을 시사한다. 오빠의 사망 이후 교통사고라는 외상적인 사건을 연이어 겪음으로 인해 아동의 불안감이 가중되

었던 것으로 생각되나, 아동이 스트레스의 충격에서 보호해 줄 수 있는 우수한 지적
능력 등과 같은 내적 자원을 갖추고 있는 점은 좋은 예후를 시사할 수 있는 긍정적
인 지표이다. 창문을 집 크기에 비해 크게 그리고 있고 문에 초인종까지 다 그려 넣
고 있는 바, 대인관계를 맺고자 하는 욕구와 의존 욕구는 매우 강하나, 한 창문은 열
려 있으나 꽃병과 커튼으로 가리고 있고 다른 창문에는 격자 무늬를 그려 놓고 있는
점을 고려해 볼 때 대인관계를 적극적으로 맺기보다는 수동적인 태도로 관망하거
나 회피적인 행동을 보일 수 있는 양가적인 면도 시사된다.

②나무

나뭇가지 위에 딱따구리 새끼들을 그려 넣고, 딱따구리가 나무의 벌레를 잡아먹고 있는 점이 인상적이다. 오빠가 뇌종양으로 투병하는 동안 부모의 관심을 받지 못한 아동은 복통이나 두통과 같은 신체 증상을 통해 부모의 관심과 사랑을 확인하려 했고 이를 통해 유아적인 의존욕구를 충족시키려 했던 내적 갈등이 나무 그림에 그대로 반영되고 있는 듯하다. 또한 나무의 잎이 무성하지 못한 것과 뿌리를 그려 넣지 못하고 있는 점, 나무의 기둥이 다소 기울어져 있고 나이테를 두 개나 그리고 있는 것으로 보아 사소한 스트레스나 외부 자극에도 쉽게 불안해하고 적절히 대처하는 데 어려움이 있을 것으로 예상된다. 한 잎 떨어지는 나뭇잎과 나중에 "나무가 썩는다."는 표현은 아동이 느끼는 예기 불안과 좌절감을 나타내 준다.

③ 사람

여자 그림에서 머리에 짙은 음영처리를 하고 눈을 강조하고 있는 점과 남자 그림에서 옆모습을 그리고 있는 점이 주목된다. 이는 아동이 쉽게 긴장하고 불안해하며 상황을 상당히 예민하게 지각할 가능성이 많음을 시사한다. 또한 남자 그림은 옆모습을 그렸고 모자 쓴 6세 남아를 그린 것은 5세 때 뇌종양으로 방사선 치료를 받느라 모발이 손실되어 모자를 쓰고 다녔을 오빠의 모습이 투사된 것으로 생각되며, 오빠가 사망한 심리적 충격이 여전히 남아 있어 이러한 심리적 갈등을 회피하느라 정면을 그리지 못하고 옆모습을 그렸을 가능성이 있어 보인다. 가장 슬펐을 때가 언제냐는 질문에 "힘들게 가꾼 꽃이 시들었을 때"라고 대답하고 있는 것으로 보아, 심리적인 어려움을 진솔하게 표현하기보다는 부정하고 억압하는 면이 있으며 손발을 매우 작게 그린 것은 자기 자신에 대해서도 불안정하게 지각하고 있고 이로 인해 원만한 대인관계를 형성하거나 유지하지 못하는 것에 대한 불만족감도 느낄 수 있을 것으로 생각된다. 아동이 보이는 건망증은 불안이나 심리적 갈등을 억압하거나 부정하고 신체적 증상을 통해 표현하는 등 전환 증상에 기인되었을 가능성도 있어 보인다.

(2) KFD

가족구성원들 모두를 그리고 있기는 하지만 각자 다른 활동을 하고 있는 모습이 특징적이다. 즉, 아빠는 신문을 보시고 엄마는 요리를 하시는 등 평소 부모님의 집 안에서의 활동을 그대로 그려 놓은 것으로 보인다. 이러한 상황에 자신은 부모님이 원하는 대로 책을 읽고 있는 모습을 그려 넣고 있는 바, 부모의 기대에 부응하고 성취를 통해 부모의 관심과 애정을 받고자 하는 모범적인 자녀로서 역할을 하는 아동의 모습을 보여 준다. 아동이 지각하기에 가족구성원들 간에 응집력 있는 활동이 부족하며, 친밀한 관계를 형성하고 유지하는 데 자신감이 부족해 보인다. 아동은 가족들에게 두려움을 호소하고 계속 의존적이고 연약한 모습을 보임으로써 부모로부터 관심을 받고 가족들도 아동의 증상으로 인해 서로 결속되는 이차적인 이득을 얻고 있어 보인다.

4. 주의력결핍 과잉행동장애와 투렛 장애를 함께 보이는 아동
(ADHD with Tourette's disorder)

7세부터 유치원에서 장난이 심하고 제자리에 앉아 있지 못했으며, 학년이 올라갈수록 지나치게 산만해져 학습이 잘 되지 않는다는 문제로 소아청소년정신과에 내원한 9세 2개월 된 초등학교 3학년 남아이다. 초등학교 1학년 때부터 숙제를 하지 않아 부모가 엄하게 대했더니 그 뒤로 어깨를 움직이거나 눈을 씰룩거리는 운동 틱과 쿵쿵 소리를 내는 음성 틱까지 보이기 시작해서 현재 약물치료를 받고 있는 중이다. 아동용 웩슬러 지능검사 결과 전체 지능은 89로 평균 하 수준에 해당되었고(FSIQ=89), 제반 검사 결과에서 주의집중의 어려움을 보였다.

(1) HTP
전반적으로 그림의 크기가 크고, 선의 처리가 불안정한 반면, 필압이 높고 세부묘사가 자세한 부조화적인 특성을 보이고 있다. 따라서 아동이 겉으로는 과잉활동적이며 충동적인 외현화된 문제를 보이고 있지만, 내적으로는 긴장감이 높고 불안하며 이를 틱과 같은 신체적 채널을 통해 표출하고 통제하려는 노력을 보이는 것으로 생각된다. 이런 특성은 틱을 공존 병리로 보이는 ADHD 아동에게 자주 관찰되는 검사 소견이다.

① 집
집의 크기가 크고, 창문을 많이 그린 것으로 보아 다른 사람들로부터 관심을 받고 싶어 하는 욕구가 상당히 많아 보인다. 그러나 창문이 보이지 않을 정도로 빽빽하게 격자를 그리고 있는 점과 집의 문도 한쪽 벽면에 치우쳐 그리고 있는 점 등을 고려할 때, 다른 사람들에 대한 관심이 많기는 하나 다른 사람과 정서적인 교류를 하는 데 자신이 없고 대인관계 상황을 불안하고 불편하게 지각하여 회피하려는 양가감정이 반영된 것으로 생각된다. 뿐만 아니라 풀로 된 초가집을 그렸고, 집의 상태가

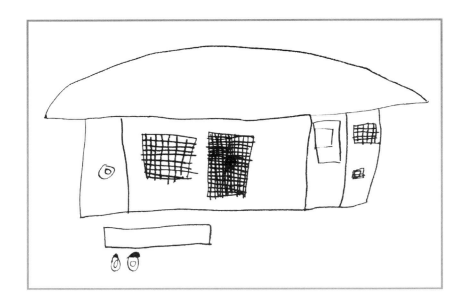

"더럽고 분위기도 안 좋다."고 보고하는 것으로 보아 실제 아동의 가정환경이 아동에게 안정감이나 지지적인 기반이 되어 주지 못하고 있는 것으로 보여진다.

②나무

나무의 나이가 6세이고, 사과가 많이 달려 있을 뿐만 아니라 PDI에서도 "친구들에게 사과를 나눠 주는 생각과 열매가 많이 나는 소원이 있다."고 말하는 것으로 보아, 애정 및 의존 욕구가 상당히 많아 보인다. 하지만 끝이 잘린 몇 개의 나뭇가지를 약하게 그리고 있고 나무 밑동도 불안정하게 처리하고 뿌리도 생략되어 있으며, 나무 기둥에 음영처리를 많이 하고 있는 것으로 보아 타인과 관계형성 욕구가 많은 것에 비해 이를 충족시킬 만한 사회적 관계형성능력은 부족하며 자신에 대한 불안정감이 심하고 자존감이 손상되어 있으며 내적 불안이 많은 면을 나타내 준다.

③ 사람

　남자 그림에서 "울고 있어요. 엄마한테 혼나서요…… 친구랑 싸워 가지고."라고 말하고 있는데, 이는 평소 아동이 산만한 행동과 학업 성취가 부진한 점으로 인해 어머니에게 자주 혼나는 자신의 모습을 그대로 반영해 주는 듯하다. 아동은 부모로 부터 잦은 질책과 훈계를 받아 자존감이 저하되었고 자기상(self-image)도 부정적 인 것으로 보여진다. 또한 남녀 그림 모두 눈을 크게 강조하여 그리고 있고, 머리카 락을 거칠게 음영 처리하여 그리거나 삐쭉삐쭉하게 그린 점, 몸통 부분에 해를 그려 넣거나 나비넥타이를 그리는 등 세부적인 묘사를 많이 하고 있는 것은 사회적 상황 에서 매우 경계적인 면이 있으며, 내면의 분노감과 불안을 통제하고 보상하고자 하 는 시도로 해석된다. 뿐만 아니라 선 처리를 깔끔하게 하지 못하고 신체의 균형을

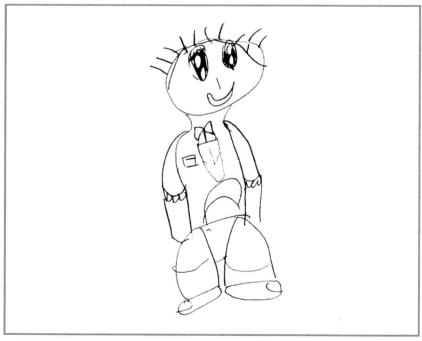

맞춰서 그리지 못하고 있으며 세부적인 부분에 대한 묘사는 많이 하고 있으나 신체 기관을 생략하여 그린 점을 고려해 볼 때 매우 불안하고 부주의하며 충동적인 행동으로 인해 조직화된 방식으로 과제를 수행하지 못하고 자기조절에 어려움이 있어 대인관계에 어려움이 초래될 수 있음을 시사한다.

(2) KFD

가족들이 다 함께 하는 활동이 아니라 각자 독립적인 일을 하고 있는 가족화 그림을 통해 가족 간의 응집력 있는 상호작용이 부족한 면을 엿볼 수 있다. 서로 거리가 떨어져 있기는 하나 얼굴을 마주 보려는 듯이 그리고 있고 프라이 하는 누나의 모습은 평소 누나가 아동에게 의존욕구를 충족시켜 주는 대상임을 잘 나타내 주고 있다. 아버지는 술을 마시고 있고 어머니는 잠을 자고 있는 바, 아동이 지각하는 부모는 아동을 따뜻하게 품어 주고 무조건적인 사랑을 제공하는 '충분히 좋은 부모상(good enough parents)'은 아닌 듯하며, 특히 누워서 잠을 자는 어머니를 선으로 구획을 지워서 종이 하단에 치우쳐 그린 것은 어머니에 대한 태도가 부정적이고 정서적인 유대감이 결여되어 있으며, 모의 통제로부터 벗어나고 싶은 욕구를 시사한다.

5. 불안장애와 더불어 강박적 성향과 조현형 성격 특성을 가진 아동(anxiety disorder with obsessive tendency & schizotypal personality trait)

초등학교 6학년인 11세 된 남자 아동으로 대인관계나 사회적 상황에 민감하여 별 일 아닌 것에 자주 화를 내며, 자기주장만 하고 무엇이든 깔끔하게 정리정돈해야 한 다는 문제로 모와 함께 소아청소년정신과에 내원하게 되었다. 전체 지능은 104였으 며, 전반적인 인지기능은 양호하게 발달되어 있었다(FSIQ=104).

(1) HTP

그림들이 전반적으로 다소 비현실적이고 기묘하며, 자연스러운 감정이 느껴지지 않고 삽화적인 특성이 있다. 그림들을 지면을 다 차지할 정도로 크게 그렸고 오랜 시간을 들여 세세한 부분까지 지나치게 자세하게 묘사하고 있다. 이런 점은 아동이 불안 수준이 높은 면과 더불어 융통성이 부족하고 정서나 대인 관계 양상이 특이하 고 강박적인 성향을 지니고 있음을 나타내 준다. 또한 나무나 집은 지면에 꽉 찰 정 도로 매우 자세하게 그린 반면, 사람 그림은 거의 동일하고 경직된 모습으로 그렸으 며, 음영이 매우 진한데, 이는 환아가 사회적 기술이 결여되어 있고 융통성이 부족 하여 대인관계에서 어려움이 있음을 나타내 준다. 또한 불안이 극심하여 혼자만의 공상 활동이나 반복적인 작업을 통해 자신이 대처하기 힘들 외부세계를 통제하고 완벽한 균형을 유지하고자 애씀으로써 불안감에 대처하고 통제감을 획득하려는 강 박적인 방어전략을 나타내 준다.

① 집

흔히 사람이 사는 집이 아니라 유럽에서 봤던 집을 그렸는데, 강한 필압으로 빼곡 히 그린 벽돌로 된 십자 모양의 길이 매우 특징적이다. 이와 더불어 양옆에 대칭으 로 서 있는 나무나 양옆으로 물이 뿜어져 나오는 정중앙의 분수대가 지나치게 통제된 방식으로 그려진 점에서 안정감을 주기보다는 오히려 긴장감을 가중시키고 있다. 이러한 묘사는 아동의 매우 강박적인 특성을 반영해 주고 있으며 뿜어 오르는 분수는 아동 내면의 높은 긴장 수준을 나타내 준다. 또한 많은 창문을 문 높이보다 위쪽에 그리고 있는데, 이는 아동이 타인에게 관심은 있지만 실질적인 상호작용이 원활하지 않거나 내적인 거리감을 두려는 경향이 있음을 시사하는 것으로 여겨진다. 이러한 특성은 세상과의 상호작용 통로인 문을 분수대로 가려 그린 것과 일맥상통한다고 볼 수 있다.

② 나무

가지가 없는 버섯 모양의 나무를 매우 굵고 크게 그렸다. 이는 아동의 자기중심적이고 미분화되고 매우 미숙한 심리사회적인 특성을 반영해 준다. 또한 기둥에는 진하고 여러 겹으로 그려진 옹이가 있는데, 이는 아동이 대안적인 생각을 하지 못하고 자신의 기준이나 주장만을 내세우는 경직된 특성과 더불어 사회적 기술의 결핍에서 기인된 대인관계에서의 좌절감 및 피해 의식과 같은 내적인 상처를 나타내 주는 것으로 추측된다. 매우 팽창되어 있는 나무 크기와 창이나 화살촉 같은 인상을 주는 거친 음영이 칠해진 나무 끝 모양은 아동 내면의 공격성이나 적대감을 시사한다. 정신 분석적인 접근으로 이해하자면, 아동은 그린 나무 모양은 남근 같은 모양인데 (phallic shaped tree), 집 그림에서 그린 두 그루의 나무도 같은 모양으로 이는 아동이 사춘기로 접어드는 연령임을 고려할 때 성적 호기심의 반영 및 자신의 불안을 방어하기 위해 과도하게 남성성을 강조하는 특성으로 해석해 볼 수도 있다.

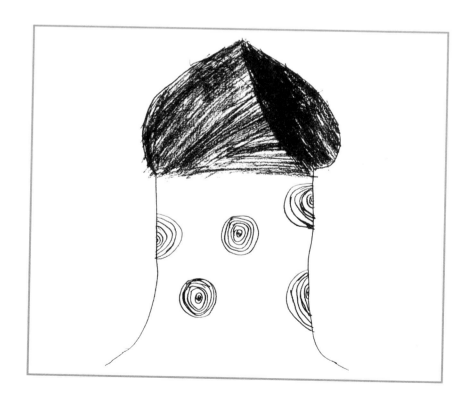

③ 사람

사람 그림을 그릴 때 아동은 검사자에게 팔을 뻗고 있거나 입을 벌리고 있는 포즈를 요구했으며, 그 모습을 그대로 묘사했다. 또한 사람 그림뿐 아니라 가족화 그림에서도 똑같은 양식과 똑같은 순서로 사람을 묘사하고 있어 다소 기계적인 인상을 주며, 발을 그리지 않았다. 이러한 아동의 행동은 매우 구체적이고(concrete), 창조성이나 융통성이라고는 조금도 없는 매우 사회적 능력이 결여된 특징을 드러내 주며, 다양성이나 변화에 대한 대처 능력이 매우 비효율적일 가능성을 시사한다. 검사자에게 특정 자세를 해 달라고 요구하며 그대로 그린 것은 환아가 보여지는 대상을 마치 물건처럼 그대로 카피하듯이 그리는 특성을 나타내 주며 중요한 타인에 대한 내적 표상과 정서적 관계형성능력이 안정되게 형성되어 있지 못함을 나타내 준다. 즉, 대상관계에 근본적인 결함이 있음이 시사된다. 한편, 남자 그림에서 세상이나 타인과의 정서적 교류를 상징하는 눈이 매우 크고 귀는 쫑긋하게 세워 그렸는데, 이는 대인관계에서 항상 경계하고 의심하는 경향성을 반영하는 것으로 보인다. 이와 더불어 단추와 치아까지 자세하게 묘사한 것 역시 융통성이 매우 부족하고 정서

적으로 미숙하며 강박적인 성향을 나타내 준다. 이러한 특성을 고려할 때, 아동은 대인관계에서 자연스런 감정 교류가 어렵고 융통성 있게 타인의 감정이나 입장에 대해 생각해 보거나 공감하는 능력이 매우 부족한 반면, 타인의 의도나 생각에 대해 매우 예민하여 사소한 일에도 화를 내거나 부적절하게 대체할 가능성을 시사한다.

(2) KFD

다소 키를 작게 그린 것 외에는 부모와 자신의 그림에서 전혀 차이점을 발견할 수 없으며 매우 경직된 자세로 그리고 있다. 아동은 이 그림에 대해 "있는 그대로 그냥 서 있는 거예요."라고 설명하고 있다. 손톱이나 수염 등 세부적인 부분은 매우 신경 써서 세세하게 그린 것에 비해 가족끼리 서로 다가가는 이동 수단인 발은 그리지 않고 있어 가족 내에서의 감정 이입적인 상호작용이나 친밀한 정서를 나누고 공유하는 면이 부족함을 짐작할 수 있다. 연령상 청소년기로 곧 접어드는 환아에게는 자아 정체감 형성과 이성에 대한 자연스런 감정 표현과 친밀감 형성이라는 청소년기의

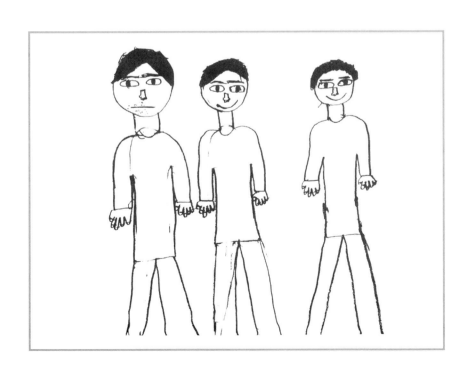

막중한 발달과제가 기다리고 있어 앞으로의 적응에 심한 어려움이 예상되므로 집중적인 심리치료와 사회기술 훈련이 요구된다.

6. 방치된 과거력이 있으며 불안장애와 주의력결핍 과잉행동장애를 보이는 아동(neglected child with anxiety & ADHD)

9세 2개월 된 초등학교 3학년 남아로 집에 들어오려 하지 않고, 주의가 산만하고 학업 성취도 낮으며, 친구가 거의 없다는 문제로 심리검사를 받게 되었다. 아버지는 아동이 어릴 적에 사고로 돌아가셨고, 어머니도 아동이 어렸을 때 가출하여 조부모와 함께 살아 왔다. 아동의 전체 지능은 85로 평균 하 수준이며(FSIQ=85), 특히 시-지각적 조직화와 관련된 과제, 주의력 및 학습과 관련된 과제 그리고 사회적 판단력과 대처와 관련된 과제에서 저조한 수행을 보였다.

(1) HTP

대체로 그림의 질이 빈약하고 불안정하며, 필압이 강하고 지면의 사용도 비효율적인 것으로 보아 불안정한 면과 더불어 주의 산만하고 시-지각적 조직화 능력이 부족한 특성이 시사된다.

① 집

집 그림에서 그림의 배치와 전반적인 구도가 불안정하고 불균형적인데, 이러한 측면은 아동의 심리적 불안정성과 시-지각적 조직화 능력의 발달이 미숙한 것과 관련될 수 있다. 집이 한쪽으로 기울어져 있고 지붕의 기와를 강조해서 그린 점은 자신이 처한 가정환경에 대한 불안정감이나 불안감을 나타내 주는 것으로 보인다. 또한 "어떤 집이니?"라는 질문에 "부자 같은 집. 사람이 살고, 사람이 밥을 짓고 있어요."라고 설명했고, "사는 사람들의 기분은 어떤가?" 하는 질문에는 "언제나 즐거워요. 밥 먹을 때나 잠 잘 때나."라고 대답했다. '가족들이 바라는 것'은 "가축들이

많이 있게 해 달라고, 소 5마리, 말 3마리, 돼지 2마리. 가축들의 우유를 먹고 자라요. 아이들이."라고 대답하는 등 음식이나 먹는 것 그리고 소유물들에 대한 언급을 많이 하고 있다. 이는 어려서 부모로부터 버림받고 조부모와 함께 살아오면서 충족되지 못하고 결핍되었던 애정을 갈구하는 표현으로, 아동이 가정 내에서 기본적인 따뜻함과 보살핌을 매우 갈망하고 있음을 짐작케 한다. 또한 "앞으로 어떻게 될 것인가?"라는 질문에는 "모두 죽고 헐어요. 세월이 흐르면서 집이 낡아지니까."라고 대답하고 있는데, 이는 아동이 가진 자신의 가정에 대한, 그리고 더 넓게는 세상에 대한 절망감과 우울, 부정적인 기대를 반영해 준다.

② 나무

나무를 비교적 크게 그린 편이긴 하지만 좌측 하단에 치우쳐 그렸고 뿌리도 잘린 듯하며 뭉뚝하게 그려진 가지들이 인상적이다. 이는 사회적으로 안정된 기반이 부족하고 위축되어 있으며 우울하고 좌절감이 많은 아동의 모습을 잘 보여 준다. 뽕나무를 그렸는데, "무슨 생각을 하지?"라는 질문에 "열매가 많이 있게 해 달라고."라고 대답하였지만, 실제 그림에서는 열매를 그리지 않고 있다. 열매가 애정에 대한 욕구, 그리고 구강 의존적인 특성을 지닌 상징으로 생각해 볼 때, 아동은 따뜻한 사랑과 관심에 대한 욕구는 많으나 이것을 적극적으로 얻기 위해 주장하지 못하며 그러한 욕구가 충족되리라는 기대 또한 적은 듯하다. 이는 반복적으로 좌절되어 왔던 애정욕구로 인한 아동의 만성적인 좌절감 및 우울감과 관련되어 있어 보인다.

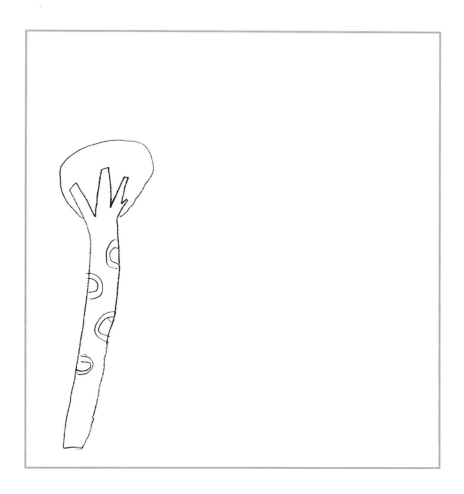

③ **사람**

　사람 그림에서 아동의 핵심적인 갈등과 심리적 고통이 너무나 생생하게 잘 드러나 있다. 우선 사람 그림에서 그림의 배치가 매우 불안정한 것은 아동이 부모 자녀 관계에서 느끼는 심한 불안정감과 관련되어 있다. 남자, 여자 모두 매우 빈약한 모습인 데 비해, 남자의 입술과 여자의 가슴을 강조하여 그리고 있다. 입과 가슴은 모두 구강기적인 의존욕구를 나타내는 것으로 아동의 초기 환경에서 애정욕구의 좌절 경험과 그로 인한 심리적 퇴행과 고착을 추측케 한다. 또한 여자 그림에서 손발이 없고 옆모습으로 그리고 있는데 이는 자신에게 다가와 자신을 가슴에 품어 주고

따뜻하게 안아 줄 수단이 없는 여성 표상으로 현재 아동이 갖고 있는 어머니에 대한 부정적인 상을 나타내 준다. 아동이 가진 엄마에 대한 상은 이렇듯 애정을 갈구하지만 애정을 줄 수 없는 병적인 상(morbid image)이며, 그럼에도 막연하게 그리워하고 애정을 몹시 갈구하고 있는 것으로 예상해 볼 수 있다. 한편, PDI에서 남자의 입에 대해서는 "부었어요. 깡패들한테 입에 주먹으로 맞아 가지고."라고 말함으로써 구강 의존적인 욕구의 좌절에 따른 분노감을 표현하고 있고 여자 그림에서 "발에 가시가 박혀서 우울해요."라고 대답하며 "진짜 발을 갖고 싶지 않고 강철발, 가시가 들어가지 않는 발을 갖고 싶다."라고 설명한 점은 더 이상 사람들로부터 버림받고 상처받지 않기 위해 자신을 보호하려는 욕구가 반영된 듯하다. 아동에게 부모로 상징되는 가정과 세상은 자신에게 고통이 되고 상처를 주며 자신을 우울하고 기분 언짢게 만드는 부정적인 원천으로 자리 잡고 있는 것으로 보이며, 더 나아가 자신을 괴롭히는 세상에 대한 분노나 공격성이 있을 가능성도 예상된다. 이는 남자 그림에서 크게 그려진 주먹 쥔 것 같아 보이는 손의 처리에서 시사된다.

(2) KFD

가족화에서 부모는 부재하고 할머니, 할아버지, 동생, 자신을 그리고 있다. 동생이 할머니에게 혼나고 있는 그림으로, 막대기를 들고 입과 이가 강조되어 무섭게 보이는 사람이 할머니이다. 할아버지는 오른쪽에 포위하듯이 구획화하여 그렸다. 동생 한 명이 손발이 생략된 채 무력하게 누워서 울고 있고 아동 자신은 이러한 상황을 외면하고 등을 돌리고 있다. 인물들이 한쪽 방향으로만 정렬되어 있고 그들 사이의 간격도 넓어 심리적인 거리감이 커 보이며, 가족 간의 친밀한 상호작용은 전혀 기대하기 어려워 보인다. 또한 전반적으로 가정환경에서 불안정하고 공격적인 분위기가 느껴지며 이런 불안하고 공격적인 환경에서 아동의 손발 역시 생략된 채 마치 오징어같이 생긴 연체동물의 모습으로 TV를 보면서 상황을 외면하고 있다. 이는 따뜻한 안식처가 되어 주지 못하고 매우 두렵고 처벌적으로 지각되는 가정환경에서 아동이 불안정감과 분노감을 느끼고 있지만, 어떠한 대처행동도 보이지 못한 채 무력한 존재로 방관하고 있음을 나타내 준다. 아동이 집에 들어오지 않고 밖으로 배

회하는 것은 '자신을 삼켜 버릴 것' 같이 고통스럽게 느껴지는 환경으로부터 도피하려는 방어적 행동으로 여겨진다. 아이들은 가정이 더 이상 자신을 안전하게 보호하고 품어 주지(holding) 못한다고 느낄 때, 집에 들어오지 않으려 하고 무기력하게 밖으로 나돌게 된다. 이런 아동을 품어 줄 팔이 없는 여자 그림이 더욱 안타깝게 느껴진다. 아동을 돕기 위해서는 치료자가 아동을 품어 줄 수 있는 팔이 있는 자애로운 어머니상이 되어야 할 것 같다.

7. 모와의 관계에 문제가 있고 반항 행동과 유분증을 보이는 ADHD 아동(ADHD with oppositional behavior & encopresis)

9세 4개월 된 초등학교 4학년 남아로, 어려서부터 집중력이 떨어지고 산만하며, 또래 사이에서 왕따를 당한 경험이 많고, 대소변을 너무 참아서 옷에 묻히는 경우가 있어 심리검사가 의뢰된 아동이다. 전체 지능은 102로 평균 수준에 해당되었다 (FSIQ=102).

(1) HTP

필압이 상당히 강하고 사람 머리나 동물의 털에 음영이 진하게 있는 것으로 볼 때, 긴장 수준이 높고 충동적이고 공격적인 면이 시사된다. 또한 그림에 똥, 칼, 총 등을 그려 놓고 있어 상당히 반항적이고 공격적인 성향이 강하게 내재해 있는 것으로 보인다.

① 집

주위에서 흔히 볼 수 있는 집이 아닌 성을 상상하여 그리고 있으며, "엄마 아빠는 왕"이라고 설명하고 있다. 실제 사람들이 살고 있는 집을 그리지 못하고 있는 것은 이 아동이 다른 사람들과 현실적인 상호작용을 통해 만족감을 얻기보다는 욕구 충

족적인 자기만의 공상활동을 즐기는 면을 나타내 준다. 또한 성 주변이 울타리(성벽)로 둘러싸여 있는데, 이는 주변세계를 경계하고 자신을 위협하는 존재들로부터 자기를 보호하고 방어하려는 욕구를 반영해 주며, 아동이 왕따 경험으로 인해 더욱 세상을 위협적으로 지각하여 자기만의 성벽을 쌓고 모든 권력을 가진 왕이 되는 공상활동에 몰두할 가능성이 시사된다.

②나무

나무 또한 집과 마찬가지로 "초콜릿 나무"라고 하면서 열매가 많이 달린 상상의

나무를 그리고 있는데, '초콜릿 맛이 나는 똥 열매'가 달린 것으로 설명하고 있다. 이 아동은 애정욕구가 상당히 많은 것으로 보이나 애정욕구에 대한 좌절감을 수동 공격적이고 반항적으로 표현하고 있다. 이 나무의 소원으로 "똥 말고 초콜릿을 달아 주길……."이라 말하고, '미래에 어떻게 될 것 같은가'라는 질문에 "똥이 다 굳으면 초콜릿이 되니까 다 나누어 줘요."라고 답변하고 있는 것으로 볼 때, 자기가 갈망하는 애정욕구를 비록 청개구리처럼 반항적으로 표현하고 있긴 하나, 주변 사람들로부터 사랑을 받고 애정을 교류하고 싶은 욕구를 표현하고 있는 점이 긍정적이다. 이와 함께 뿌리와 가지가 없고 기둥에 ××표시를 하고 옹이처럼 원을 불안정하게 그린 것으로 보아 사회적인 기술이 부족하고 자존감이 상처받고 상당히 불안정감을 느끼고 있음을 알 수 있다. 유분증 아동들은 HTP나 로르샤흐 등 투사법 검사에서 똥이나 항문기적 반응(anal response)을 하는 것이 특징적인데, 이는 유분증이 분노의 수동 공격적인 표현임을 시사해 준다.

③ 사람

남자 그림에서는 손에 갈고리와 칼을 들고 공격적인 자세를 취하고 있는 '해적'을 그리고 있으며, 여자 그림 또한 총을 들고 범인을 체포하려는 자세로 있는 '경찰'을 그리고 있어 내면에 공격성, 적대감, 분노감 등이 상당한 것으로 보인다. 남녀 모두 옆모습을 그렸고 표정이 매우 사나워 보이며, 무기를 들고 있어 상대방에게 공격을 하고 공포를 주려는 자세를 취하고 있는데, 이는 역공포 반응으로서(counter-phobic response) 자신의 분노감의 표현 및 이에 따른 불안감을 보상하려는 듯한 시도로 여겨진다. 모와의 관계에 특히 어려움이 있는 아동의 가족력을 고려해 볼 때 경찰로 묘사한 여성 그림에서 '어머니상(mother figure)'이 투사된 듯하고, 여성이 줄로 묶어 놓은 애완용 강아지에게는 아동 자신이 투사된 듯한데, 여성이 손에 잡고 있는 줄이 강압적이고 통제적이며 지배적인 모와 아동의 관계를 상징할 가능성이 있어 보인다.

"남자가 무슨 생각을 하는지?"에 대한 질문에 "보물을 찾으면 사람들에게 나누어 줘야지."라고 대답하고 있고 "여자는 미래에 어떻게 될 것인가?"라는 질문에 "사령

관이 되어 사람들에게 인기를 얻는다."라고 대답하고 있는 점은 아동이 적절한 사회적 기술이 부족하여 수동-공격적이거나 미숙한 방식으로 행동하고 있기는 하나 다른 사람에게 인정과 관심을 받고자 하는 욕구가 상당히 많음을 알 수 있다.

(2) KFD

가족이 여행 가는 모습을 그리고 있는데, 자신은 부와 함께 말을 타고 가고 모는 혼자 자동차를 타고 가는 것으로 그린 것은 아동이 모의 통제로부터 벗어나고 싶은 욕구 및 긍정적인 정서 경험이나 친밀감을 충분히 느껴오지 못했을 가능성을 시사하며, 모에 대해 심리적인 거리감과 양가적인 감정을 느끼고 있을 가능성이 시사된다. 대체로 유분증은 모-자 관계의 문제와 관련되어 나타나므로 모에 대해서 느끼는 양가감정과 수동 공격성을 먼저 다루어 줄 필요가 있겠으며, 가족력을 고려할 때 누나와의 관계도 역시 부정적이므로 여성상에 대해 긍정적인 표상을 가질 수 있도록 가족 치료적 개입이 필요해 보인다.

8. 틱과 학습 문제를 동반한 ADHD 아동
(ADHD with tic & learning problem)

　13세 1개월 된 중학교 1학년 남학생으로 주의산만하고 눈깜박임, 고개 떨기 등의
운동성 틱과 콧소리의 음성 틱을 동시에 보이고 있으며, 공부할 때에는 잠시도 집중
을 하지 못하여 학교에서 수업을 듣고 공부를 하는 데 어려움을 보여 소아청소년정
신과에 내원하였다. 전체 지능은 106으로 평균 수준에 속하며, 전반적인 인지기능
의 발달이 양호하였다(FSIQ=106).

(1) HTP
　집, 나무의 크기는 큰 데 비해 사람의 크기가 작은 것으로 보아 외현적으로는 충
동적이고 과잉활동적인 면이 있어 보이나 자신에 대한 부적절감이 심하고 자신감
이 부족하며 위축되어 있고, 사회적 대처능력 및 체계적이고 계획적인 조직화 능력,

그리고 자기조절능력이 부족해 보인다. 또한 필압이 강하고, 지우고 다시 그리는 등의 특성은 내면에 불안감이 많고 상당히 긴장되어 있으며 자신감이 부족한 면을 나타내 준다.

① 집

입체적으로 3차원의 집을 그리려고 하였으나 조망이 제대로 이루어지지 않은 것은 볼 때, 과제 수행 시 체계적인 접근이 어려워 보인다. 또한 용지 한 면에 집 전체를 그리지 못하고 반만 그렸고 새의 관점(bird-eye-view)으로 그리고 있는데, 이는 아동의 계획 능력이 부족한 면을 반영하는 동시에 가정에 대한 내면의 부적절감을 과잉보상하려는 욕구 및 부모의 통제로부터 벗어나고 싶은 욕구를 나타내 준다. 특히 자신이 사는 집이 아닌 "숲속에 있는 집"이라고 설명하며 분위기는 "어둡고 쓸쓸하며", 미래에는 "허물어 쓰러질 것"이라고 표현하고 있는 것으로 보아 가정 내에서 느끼는 정서가 외롭고 우울하고 쓸쓸하며 무기력감을 느끼고 부정적인 기대를 하고 있음을 보여 준다.

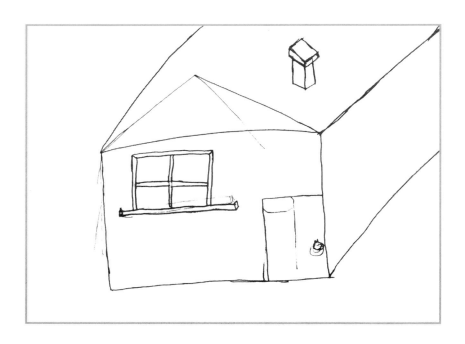

② 나무

　나무 기둥이 굵고 나무의 머리(crown)는 크게 그리고 있어 포부수준은 높아 보이지만 굴곡이 있는 동산 위에 홀로 불안정하게 서 있는 것으로 볼 때, 자신에 대한 부적절감, 불안감 등이 심하여 이를 과잉보상하려는 시도가 엿보인다. 또한 큰 나무 기둥의 한 켠에 구멍이 뚫려 있는 것으로 그리고 있으며, 나무의 건강에 대해서 "다

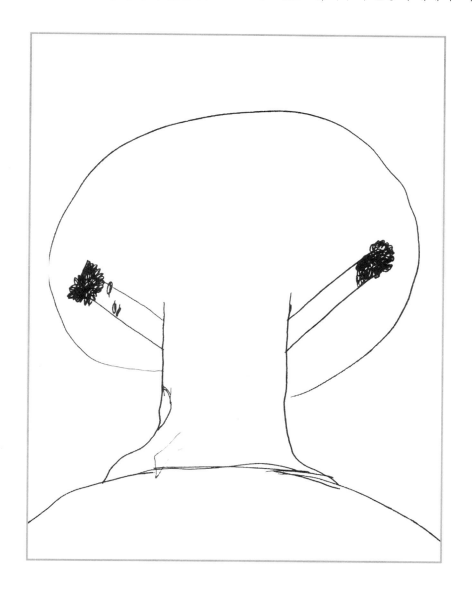

람쥐 때문에 구멍이 뚫어져 병들었을 것이다."라고 대답하고 있는 것으로 보아 외적인 요인으로 인해 자존심에 손상을 입고 좌절감을 느끼고 있는 것으로 여겨진다. 아마도 산만한 특성과 부진한 학습 성취로 인해 오랫동안 부정적인 피드백 및 지적을 많이 받아 오면서 자신감이 저하되고 좌절감이 상당히 크게 자리 잡고 있는 것으로 보인다. 마치 양팔을 벌린 듯 가지를 두 개만 달랑 그린 데 비해 작은 잎을 가지 양 끝에 빽빽하게 그린 점은 아동이 세상과의 상호작용에서 자신감이 없고 대인관계에서 위축되고 억제되어 있는 면을 반영하는 동시에 이를 강박적으로 방어하고 보상하려는 욕구를 나타내 준다. 이러한 양상은 아동이 ADHD 증상과 더불어 틱 증상을 함께 보이는 임상 특성과 일치한다. "외톨이겠죠, 동산 위에 혼자 있으니까."라고 표현하고 있는 것에서 매우 외롭고 쓸쓸한 아동의 모습이 느껴진다.

③ 사람

연령이나 평균 수준의 지능에 비해 사람 그림도 질적으로 빈약하며 얼굴과 목, 몸의 경계를 구분하여 그리지 못하고 있고 정면을 그리지 못하고 옆모습을 그린 점을 고려해 볼 때, 대인관계에서 매우 위축되고 회피하는 면이 있어 보이며, 자기와 대인관계 표상이 부정적인 것으로 생각된다. 사회적 상황에서 스스로의 대처능력이나 상호작용능력에 대한 부적절감을 느끼고 있으며, 타인과 관계를 맺고자 하는 욕구는 있으나 이를 표현하고 대처해 나가는 데 양가감정을 느끼고 접근과 회피의 내적 갈등을 겪으며 불안감과 무기력감이 내재해 있는 것으로 보인다. 이에 반해 머리 끝처리를 톱니 모양으로 하였고 옆얼굴의 눈꼬리가 올라가고 표정이 사나워 보이는 것으로 보아 내면에 억압된 분노감이 시사된다. 남자, 여자 그림에서 머리와 가슴 외에는 거의 차이가 없는 점과 필압이 강하고 손을 몸에 딱 붙인 형태의 경직된 자세로 그린 점에서 환아의 내적 긴장과 융통성의 결여, 위축된 면이 느껴진다.

(2) KFD

가족이 모여 만두를 빚고 있는 모습을 그리고 있는데, 특징적인 것은 자기 자신
은 매우 여러 번 지웠다 다시 그리기를 반복하면서 그렸고, 자신과 모를 그릴 때 각
각을 둘러싸는 경계선을 그린 점이다. 또한 부와 동생은 심리적 거리가 가까운 반
면, 자신은 모나 부로부터 심리적 거리가 소원하며, 단절되어 있는 면을 보이고 있
다. 아동은 자신에 대해 자신감과 자기확신이 부족하고, 가족 간에 정서적인 교류가
부족하며 소속감을 느끼지 못한 채 소외감을 느끼고 있는 것으로 보인다. 자신의 입
모양은 불만 가득한 표정으로 표현하고 있는 바, 과잉통제적인 모로부터 심리적 거
리를 유지하려는 욕구와 더불어 가정 내에서 자신에 대한 부적절감을 크게 느끼고
있는 것처럼 보인다. 또한 부에 대해 '무뚝뚝하게 언제나 동생 편'이라고 표현하고
있는 점을 고려해 볼 때, 동생만 예뻐 하는 부에 대한 불만감과 심리적 거리감, 섭섭
함 등을 나타내고 있는 것으로 보인다.

그 림 을 통 한 아 동 의 진 단 과 이 해
House-Tree-Person test * Kinetic Family Drawing

제**11**장

투사적 그림의 치료 전후 비교

투사적 그림의 치료 전후 비교

임상장면에서는 여러 가지 의뢰 사유로 심리학적 평가가 실시된다. 아동, 청소년들의 경우, 진단이나 감별진단을 위한 목적뿐만 아니라, 향후 학습이나 학교 적응 등에 필요한 정보를 얻고자 현재의 발달수준이나 심리사회적 자원을 포괄적으로, 객관적으로 평가하기 위해 심리검사가 의뢰되기도 한다. 또한 치료 후 증상이나 문제 행동이 호전이나 변화된 정도를 평가하고, 때로는 진단을 재확인하고 치료계획의 변경(예: 약물 치료 변경이나 현재 치료를 유지할지 여부 등)을 위한 목적으로 심리검사가 의뢰되기도 한다.

아베-랄레만트(Ave-Lallemant, 1978)가 개인의 내면에서 변화가 나타나면 그림에 상징적으로 표현된다고 보았듯이, 투사적 그림에 증상이 호전되거나 변화된 정도가 잘 반영되어 나타나는 경우가 많다. 그러므로 본 장에서는 치료 후 증상이 계속 유지되거나 악화된 경우, 다른 진단이 의심되는 경우, 혹은 증상이 호전된 경우를 각각 제시하고, 각 사례에서 투사적 그림에 반영된 특성을 살펴보고자 한다. 이러한 경우에 대개는 객관적 검사, 투사적 검사, 신경심리검사를 포함한 정신과적 진단평가가 실시되지만 본고에서는 주로 HTP, KFD 두 가지 투사적 그림검사 자료에 입각하여 증상의 변화, 호전, 혹은 악화된 정도를 반영해 주는 구조적·질적 반응 특성을 살펴보았다. 첫 번째 사례는 HTP, KFD 전후 비교를 개인력과 함께 비교적 자세히 기술하였고, 두 번째, 세 번째 사례는 그림에서 핵심적인 변화만 기술하였다.

1. 사례 1: 심리적 문제가 악화된 경우

사회불안이 심하고 우울, 주의집중력 문제 및 머리털 뽑는 문제로 내원한 11세 여아로, 이전에 평가한 아동용 웩슬러 지능검사에서 IQ는 평균 수준이었으나, 1년 후 재평가 시에는 경계선 수준으로 인지능력이 저하된 양상을 보였다.

먼저 검사 의뢰사유와 개인력 및 가족력을 간단히 살펴본 후에, 아동이 보인 증상의 변화 및 심한 정도를 평가하기 위해 1년 전과 후의 HTP와 KFD 수행을 비교해 보고자 한다. 개인정보보호를 위해 개인을 확인할 수 있는 정보들은 생략하거나 수정하였다.

1) 검사 의뢰사유

아동은 어려서부터 사회성이 다소 부족한 편이었으며, 초등학교 2학년 때부터 친구들에 대해 불안증상을 보이기 시작했고 무서운 만화영화를 본 후에 대인 불안 증상이 더욱 심해졌다고 한다. 초등학교 4학년 초에 친구관계에서 소외감, 우울감을 호소하고 주의력 문제를 보여서 심리검사를 받은 적이 있으나 치료는 받지 않았다고 한다. 최근에 머리털 뽑는 증상(trichotillomania)과 아기같이 퇴행된 행동과 더불어 자살 위협 및 공격적인 행동을 보였고, 대부분의 활동에서 의욕 저하를 보이는 등 점차 심한 정서적 · 행동적 문제를 보여 정확한 진단 및 현재 상태의 평가를 위해 정신과적 진단평가가 의뢰되었다.

2) 검사 태도

마른 체격의 11세 여아로 위생 상태는 양호했으나, 왼쪽 귀 위쪽에 머리털이 뽑힌 흔적이 크게 눈에 띄었다. 눈 맞춤은 적절했지만 무기력하고 기운이 없는 모습이었다. 자발적인 발화량은 적절했으나, 주로 외박과 병동 내 규칙에 대해 반복적으로 질문하였고, 눈물을 흘리면서 "강아지 너무 보고 싶어요. 제가 애지중지 자식같이 키운 애를 못 본다고 생각해 봐요."와 같이 연령에 맞지 않는 태도로 말했다. 전반적인 수행 동기는 낮은 편으로 지능 검사에서 성급하게 "모르겠어요." "어려워요."라고 말하면서 포기했으며, 대체로 빠르게 충동적으로 대답하여 오답이 많았다. 면담 시에 스스로 불편하다고 느끼는 질문에는 "그런 건 얘기하기 싫어요." "기억 안 나요."라고 말하며 방어적인 태도를 보였다.

3) 개인력

모의 보고에 따르면, 아동은 출생 후 전반적인 발달상의 문제는 없었으나, 2세 전후로 손을 심하게 빨았다고 하며, 아토피로 인해 매우 예민하고 편식이 심한 편이었다.

초등학교 입학하면서부터 모가 학습 지도를 하였는데, 아동이 진도가 느려서 자주 꾸중했다고 한다. 아동은 수줍음이 많고 소극적이며 예민한 성격이긴 하지만, 어려서는 또래들과 노는 데는 문제가 없었고, 몇몇 친구들이 아동을 잘 챙겨줬다고 한다. 그러나 초등학교 2학년 때부터 학교 밖에서 친구들을 마주치면 불안해하며 먼저 피하였고, 이 시기부터 손톱을 물어뜯기 시작했다고 한다.

초등학교 3학년 때는 무서운 만화영화를 보고 나서 '내가 뭔가를 잘못하면 상대가 나를 죽일 수 있지 않을까'와 같은 생각이 들어 친구들을 더욱 피하게 되었다고 하나, 친구들이 자신만 빼고 놀아서 외톨이처럼 느껴졌다고도 말했다. 모는 아동이 친구들이 먼저 다가와도 감정적으로 공감해 주지 못하고 문자메시지에 단답형으로 딱딱하게 응답하는 것을 보고 아이가 대인관계 기술이 부족하다는 생각이 들었다고 한다. 이에 개인병원에 방문하여 심리검사를 받았고, 우울한 면이 있다는 말을 들었으나 치료를 받지는 않았다. 학교에서는 담임 선생님으로부터 멍 때리지 말라는 지적을 자주 받았다고 한다.

2년 전부터 아동이 우울하다는 호소를 했고, 공부를 잘 하고 싶지만 집중이 잘 되지 않는다고 우는 일이 잦았다. 모가 생각하기에 아이가 학업에 대한 이해력은 부족하지 않지만, 주의력이 부족해서 같은 실수를 반복하는 것 같아서 1년 전에 대학병원 소아청소년정신과에서 심리검사 받았다. 초기 진단적 인상은 높은 학업 스트레스에 기인된 적응 문제이었고, 배제진단으로는 ADHD, 부주의형(R/O ADHD, Predominantly inattentive presentation)이었다.

최근에는 머리털을 뽑는 행동을 보였다고 하는데, 모의 보고에 따르면 이전에도 머리카락을 조금씩 뽑기는 했던 것 같으나, 이 시기부터는 머리카락이 수북하게 쌓일 정도로 심하게 뽑았다고 한다. 또한 자신이 스스로 "뾰족한 연필로 찔러도 아프지 않을 것 같다."고 말하거나 "아기처럼 대해 달라."고 하면서 모가 자신이 원하는 대로 들어주지 않으면 "죽겠다."고 하며 집 밖으로 나가 도로에 드러눕는 충동적인 행동도 보였다. 모에게 지속적으로 자신을 신생아처럼 대해 달라고 조르며, 유모차를 사 달라고 했고, 아침에 일어나자마자 "신생아처럼 대해 줘."라면서 소리를 질러서 모가 밥을 먹여 주고 씻겨 주고 옷을 입혀 주었다고 한다. 자신이 원하는 사항을 하나라도 들어주지 않으면 불같이 화를 내면서 모에게 욕을 했으며, 심할 때는 모를 죽이겠다고 한 적도 있다. 그러나 잠시 지나서 안정이 되면, "나도 내가 왜 이러는지 모르겠다. 이게 잘못된 걸 알지만 요구를 하게 된다."와 같이 말하기도 하는 등 자신의 행동을 후회하는 듯 당혹스러운 표정을 짓기도 했다고 한다.

● 가족관계

아동은 외동딸이며, 부모와 함께 세 식구가 주택에 거주하고 있다. 아동의 보고상, 부모 사이는 좋아 보이나, 가끔 시댁 문제로 부모가 싸운다고 하였다.

- 부(44세/대졸, 회사원): 어린 시절에 부가 술만 마시면 가족들에게 폭력적인 행동을 보였다고 한다. 2남매 중 맏이로 성실하고 온순하지만 욱하는 성격으로, 초등학교 때는 친구들과 싸우기도 했다고 하나, 중고등학교 때는 친구들과 원만하게 지냈다고 한다. 모와는 지인 소개로 결혼하였고, 아동이 부를 좋아하는 편이라고 한다.
- 모(43세/고졸, 주부): 꼼꼼하고 의사표현이 확실한 편이다. 허리통증이 심해서

한 달에 2~3일가량은 일어나지 못할 정도라고 한다. 걱정을 잘하는 편이고 자신이 아플 때는 아이를 잘 돌보지 못한다고 하는데, 아동이 모의 눈치를 보며, 의지를 많이 하는 편이라고 한다. 모는 5살 때 부가 사망하였고, 12살 때 어머니가 자신을 두고 집을 나가서 버림받았다는 느낌을 많이 받았다. 동생과 함께 친척집에서 살아서, 자신은 사랑을 못 받고 자랐지만 아이에게는 그런 경험을 주고 싶지 않아서 아이에게 자신이 해 줄 수 있는 것은 아끼지 않고 다 해 줬다고 한다. 스트레스를 잘 받는 성격으로 탈모 증상이 나타난 적이 있다.

4) HTP, KFD 결과 1년 전후 비교

먼저 아동이 그린 HTP에 대해 전반적 인상에 입각해서 해석해 보면, 1년 전에 비해 현재 그림의 선이나 질이 대체로 빈약해진 경향이 있어 보인다. 구조적인 특성에서도 세부묘사가 단순하고, 위치나 자세가 불안정한 양상을 보인다.

[집 그림]

• 누가 살고 있나?

  부자가 살겠죠. 형제, 자매 많은 사람.

• 무엇으로 지었나?

  벽돌로 지은 집.

• 이 집의 분위기는 어떠한가?

  살벌해 보여요. 뭔가 창을 이렇게 많이 해서.

  창문으로 하려고 했는데 감옥처럼 된 것 같아요. 원래 그렇게 그리려고 한 건 아니고.

• 주변에는 무엇이 있나?

  길 고양이, 길 강아지가 많아요. Q) 형제자매들 중 한 명이 음식을 많이 먹어서.

• 나중에 집이 어떻게 될 것 같은가?

  초토화되겠죠. Q) 오래되면 거의 다 무너트리니까.

집 그림에는 아동이 가족구성원에 대해 느끼는 감정과 내적 심리적 표상이 잘 투사되어 나타난다. 또한 현재 살고 있는 가정 내에서 느끼는 감정과 갈등, 소망, 내적 공상을 집 그림이 잘 드러내 보여 줄 수 있다. 실제적으로 아동은 외동딸로 부모님과 함께 살고 있는데, 아동의 부모 역시 불안정하고 결핍된 환경에서 성장하였고, 특히 모는 어려서 부모님을 잃어서 아동은 조부모가 부재하고 친척들이나 형제자매와 상호작용이 별로 없는 가정환경에서 성장하였을 가능성이 있다. 따라서 아동이 집 그림에서 "형제, 자매 많은 부자가 산다."고 표현한 것은 현실에서 충족되지 못한 아동의 애정욕구가 반영된 것으로 해석해 볼 수 있다. 하지만 이는 욕구충족적인 공상이나 소망일 뿐 아동이 실제 가정 내에서 느끼는 감정은 따뜻한 소통이 이루어지는 포근한 분위기라기보다는 마치 '살벌한 감옥' 같이 느껴지고, 외부와의 교류가 차단된 분위기일 가능성이 있어 보인다.

'격자무늬 창과 문고리가 그려진 문'은 아동이 사회적 관심과 교류에 대한 욕구가 있지만 면담에서 "내가 뭔가를 잘못하면 '상대가 나를 죽일 수 있지 않을까'와 같은 생각이 들어 친구들을 더욱 피하게 되었다."라고 말한 것처럼 대인 불안으로 인해 '창문과 빗장을 걸어 잠그고' 있어 보이며, 이로 인해 아동은 가정과 또래관계에서 좌절된 애정적 허기와 불안, 외로움을 느끼고 있으며, 이를 "음식을 많이 먹는 형제자매와 그걸 찾아오는 주변의 길 고양이, 길 강아지"에 투사하고 있어 보인다. 하지만 아동은 이러한 애정욕구가 충족되기를 기대하기 어렵다고 느끼고 있으며, 현재 환경 내에서 느끼는 불안감, 미래에 대한 부정적이고 절망적 생각("앞으로 집이 초토화되겠죠. 오래되면 거의 다 무너트리니까.")이 시사된다. 집 그림에서 지면선이 없이 공중에 떠 있는 듯한 것도 아동의 심리적 불안정감을 반영해 준다.

1년 전 내원 당시 모는 "아동이 우울하다는 호소를 하며, 공부를 잘 하고 싶은데, 집중이 잘 되지 않는다고 자주 울어서 ADHD 문제를 확인하기 위해 심리검사를 받았다."고 말하였으나, 아동이 보이는 우울, 주의력 문제는 불안정한 부모-자녀 간의 애착관계 및 내면에 누적되어 있는 대인관계에서 느끼는 불안감과 갈등, 심리적 어려움과 관련되어 있을 가능성이 커 보인다. 실생활에서 아동은 사람들과의 상호작용보다는 앵무새, 강아지 등을 통해 애정욕구를 대리보상하고 있어 보인다. 면담 시 "속상한 일 생기면 앵무새한테 얘기한다."고 표현한 것과 검사 수행 중 "강아지가 너무 보고 싶어요. 제가 진짜 애지중지 자식같이 키운 애를 못 본다고 생각해 봐요."라고 말한 것도 이러한 해석을 뒷받침해 준다.

[1년 후 집 그림]

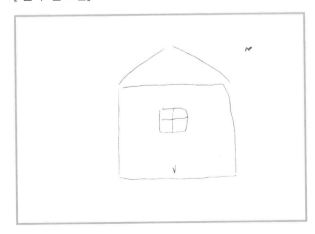

- 누가 살고 있나?

  그냥 땅에 있는 집. 사람이 살아요.

- 이 집의 분위기는 어떠한가?

  아늑해 보여요.

- 무엇으로 지었나?

  블록이요.

- 주변에는 무엇이 있나?

  풀이요.

- 더 추가하고 싶은 것은?

  없어요.

  (문?) 없어요. 문이 없는 집.

- 나중에 집이 어떻게 될 것 같은가?

  잘 모르겠어요.

1년 전의 집 그림에 비해 더 필압이 약하고 집을 구성하는 중요한 구조적 요소가 생략된 단순하고 빈약한 집을 그렸다. 사후질문과정(Post Drawing Inquiry: PDI)에서도 아동은 그림에 대한 질문에 대해 "없어요." "잘 모르겠어요."라고 말하거나 단답형으로 짧게 응답하여 우울하고 의욕이나 동기가 부족한 면을 보여 주었으며, 회피적인 경향이 있었다. 이러한 특성은 다음에 제시될 나무, 사람 그림에서도 유사하게 나타나고 있는 것으로 보아, 이전에 비해 아동의 우울감과 무력감 등이 더 진행되고 심화되었으며, 지붕과 벽의 빈약한 연결과 지면선도 그리지 않아서 현실과의 안정된 접촉, 자아의 통합 및 통제능력이 약화되었을 가능성을 시사한다.

누가 사는지에 대한 구체적인 언급도 없고, 검사자가 추가 질문했음에도 문을 생략하고 안 그린 것으로 보아('문이 없는 집') 다른 사람이 자기 세계 안에 들어오거나 자기 스스로 세상 밖으로 나가는 것을 불안해하여 일상생활에서도 또래관계를 포함하여 대인관계에 회피하고 사회적 철회를 보일 것으로 예상된다. 이전 그림에서 "길고양이, 길강아지가 많아요."라고 표현하였으나 이번에는 "풀이 있다."고 표현한 것도 이와 일치하는 검사 반응으로, 이전보다 더 무기력하고 수동적이며, 대인관계에서 회피적이고 철회된 양상을 반영해 준다.

최근에 모에게 자신을 신생아처럼 대해 달라고 요구하고, 자신이 원하는 대로 들어주지 않으면 모에게 욕을 하고, 죽이겠다고 한 적도 있으며, "죽겠다."고 하며 도로에 드러눕는 충동적인 모습도 보여서, 모가 아동에게 아기처럼 밥을 먹여 주고 씻겨 주고 옷을 입혀 주는 행위를 다 해 주도록 강요한 것은 아동이 애정욕구의 좌절에 따른 분노로 인해 모를 극적으로 조종(dramatically manipulate)하고, 모와 힘겨루기(power struggle) 하는 행동을 보인 것으로 생각해 볼 수도 있겠으나, 자아기능 약화에서 기인된 불안을 다루기 위해 아동이 모에게 전적으로 의존하며(totally dependent) 보호받는 신생아처럼 퇴행해서 불안을 방어하려는 매우 유아적이고 원초적인 행동으로 해석해 볼 수도 있다. 평균 수준이었던 지능이 경계선 수준으로 저하된 것도 정서적으로 불안정하고 우울하며, 저조한 수행동기가 인지기능 발휘에 영향을 주었을 가능성도 있겠으나, HTP 검사를 함께 고려할 때 정신병 전 상태(prepsychotic state)를 의심케 하는 우려가 되는 결과이므로 조속한 입원치료를 받게 한 것은 정신병으로 진행을 예방하는 데 적합한 치료적 결정이라 생각된다.

분위기에 대해 질문하였을 때 이전 집 그림에서는 "살벌해 보여요."라고 표현했으나, "아늑해 보여요."로 변화된 것은 아동이 가정 내에서 실제적으로 그렇게 느끼고 있기보다는 자신이 느끼는 불안감을 가정 내에서 아늑하고 따뜻하게 품어 주고 견뎌 주기를 바라는 아동의 소망이 반영된 듯하며, 아동이 입원 후 병실에서 HTP를 실시하였으므로 그때 아늑하게 보호받는 병실 환경에 대한 아동의 느낌이 반영되었을 가능성도 있어 보인다. 누가 사는지 물었을 때 "그냥 사람이 산다."고 말한 것도 가족 간에 따뜻한 정서적 유대감(emotional bonding)이 느껴지지 않는 표현이다.

[나무 그림]

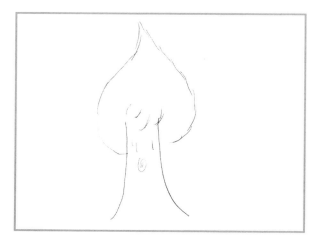

- 어떤 종류의 나무인가?

  소나무.

- 나무의 나이는?

  1살.

- 어디에 있나?

  좋은데, 산.

- 나무 주변에 어떤 것들이 있나?

  아무 소량의 음식물 쓰레기, 다람쥐.

  Q) 나뭇잎과 다람쥐도 있을 수 있고. 쓰레기도 사람들이 많이 버리니까 있을 수 있고.

- 나무의 건강은 어떠한가?

  쓰레기 보면 기분 나쁠 거 같고. 다람쥐 보면 기분이 좋아질 거 같아요.

- 나무의 소원은 무엇인가?

  쓰레기가 주변에 없는 것, 쓰레기 안 버리고 다람쥐나 새들 만날 때.

  필압이 약하고, '나뭇가지와 잎, 나무 밑동의 뿌리' 부분이 생략된 나무 그림이다. 나무 기둥의 윗부분이나 뿌리 부분도 전혀 통합이 안 되고, 집 그림과 마찬가지로 지면선이 생략된 나무를 그렸다. 이는 아동이 어려서부터 수줍음이 많고 소극적이며 예민한 성격 특성을 가지고 있어서 사회적 상황에서 대처하는 능력을 발달시키기가 어려웠을 것으로 여겨지며, 스스로 느끼는 자기감(sense of self)과 자기개념이 매우 불안정함을 시사해 준다.

나무 기둥이 통합이 안 되고, 양쪽으로 갈라진 채로 그린 것은 자아기능의 약화 및 자신에 대한 혼란감을 나타내 준다. 기둥에 옹이를 그린 것도 성장과정에서 경험한 상처로 인한 자아손상감을 시사할 수 있다. '소나무'라고 말했으나 나무 상단이 횃불처럼 올라간 나무를 그리며, 추가로 "어수선하게 올라간 게 아니라 나뭇잎이에요. 풍성한."이라고 말한 것으로 보아 대인관계에서 느끼는 불안감, 좌절과 무기력감을 과잉보상하고자 하는 욕구가 반영된 듯하다. 나무 나이가 1살이라고 표현한 것은 실제 연령에 비해 정신내적으로는 유아와 같이 매우 미성숙하여 다른 사람과 원만한 상호작용을 통해 문제를 해결하고 능동적으로 욕구만족을 추구하기보다는 아주 연약하고 무기력한 자신을 다른 사람들이 무조건적으로 사랑해 주고 보호해 주길 바라는 마음을 반영해 준다. 특히, 가지와 잎을 그리지 않은 것은 '창문과 빗장을 걸어 잠근 집 그림'과 일치하는 것으로 '상대가 나를 죽일 수 있지 않을까' 하는 대인 불안으로 대인관계에서 어려움을 경험하고 회피행동을 보이고 있는 것과 같은 맥락에서 해석할 수 있다. 나중에 "나무가 사람들이 와서 베어 가거나 산사태 나서 죽고, 다람쥐, 새들 아무것도 안 오고 뽑혀지고."라고 말한 것은 무의식적으로 내재된 자기소멸에 대한 두려움, 사회적 거절감 및 피해의식, 그리고 자신 및 세상과 미래에 대한 부정적이고 파국적인 생각을 반영해 준다.

[1년 후 나무 그림]

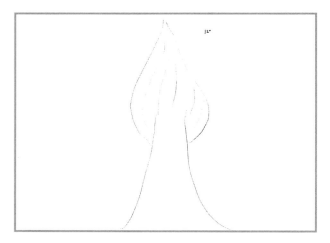

- 어떤 종류의 나무인가?

  소나무요.

- 나무의 나이는?

  100살이요.

- 어디에 있나?

  숲에요.

- 나무의 주변 환경은 어떠한가?

  좋아요.

- 나무의 건강은 어떠한가?

  좋아 보여요.

- 나무의 기분은 어떠한가?

  슬플 것 같아요. Q) 모르겠어요.

- 나무의 소원은 무엇인가?

  모르겠어요.

- 필요한 것은 무엇인가?

  물이요.

- 나중에 이 나무는 어떻게 될 것인가?

  오래도록 살겠죠.

외형은 비슷하지만 집 그림처럼 1년 전에 비해 더욱 필압이 약하고 세부요소가 생략된 아주 빈약한 나무 그림이다. 구조적인 요소에서도 가지 잎, 뿌리 등이 모두 생략되었고 마치 횃불이 타오르는 것처럼 음영을 세로줄로 그려서 현재 아동에게서 심리사회적 어려움에 동원될 수 있는 대처자원을 기대하기 어려우며, 전반적으로 현실과의 접촉(reality contact) 및 자아 기능의 약화가 시사되는 바, 적극적인 치료적 개입이 요망된다. 또한 뿌리가 없이 나무를 종이 밑면에 닿게 그려서 일상생활에서 사소한 것도 스스로의 힘으로 할 수 있으리라는 자신감과 통제감 역시 기대하기 어려운 그림이다. 입원 직전에 자신을 신생아처럼 대하고 보호해 달라며 요구하며, 자신이 원하는 대로 들어주지 않으면 불같이 화를 내면서 모를 죽이겠다고 하다가도 "내가 왜 이러는지 나도 모르겠다. 이게 잘못된 걸 알지만 요구를 하게 된다."와 같이 말하는 등 후회하며 당혹스러워했던 아동의 심리적 혼란감과 무력감이 얼마나 큰지 이 나무그림을 통해 가늠해 볼 수 있다.

[사람 그림: 여자]

• 이 사람의 성별?/나이?

　여자/19살.

• 지금 무엇을 하고 있나?

　딴 사람 부르고 있어요. Q) 사촌이나 자기 강아지.

• 이 사람의 기분은 어떤가?

　슬프기도 하고 행복하기도 할 것 같아요. Q) 강아지가 오면 사람이나 뭐…… 슬픈 소식이
있을 수도 있고 그런 데 와서 좋기도 하고. Q) 슬픈 소식? 부모님이 자살하셨거나 그런 거
들을 수도 있고. 해킹당했다고. 아니면 자기가 아끼는 동물이 저세상 갔다고.

• 이 사람의 장점은?

　동물을 치료하는 것.

• 이 사람의 단점은?

　음치.

• 이 사람의 소원은?

　슬픈 소식 안 듣는 것.

• 이 사람의 걱정은?

　자기가 아끼는 동물이 죽을까 봐 걱정. 그 동물 걱정을 계속 말해 가지고 엄마가 혼낼까 봐
걱정. 그 동물이 아프거나 다 칠까 봐 걱정. 만약 다치면 또 심하게 자기가 통곡해서 걱정.

• 이 사람이 행복할 때는?

　자기가 좋아하는 동물이랑 놀 때.

• 이 사람이 불행하다고 느낄 때는?

　혼날 때, 동물 죽었을 때.

• 이 사람의 친구관계는?

　남친은 없고 모태솔로. 여친들은 많을 거 같아요.

• 이 사람은 앞으로 어떻게 될까?

　한 40년 더 살고 인공지능 나오면 한 100살까지 살 거 같아요.

• 이 사람을 보고 누가 떠오르나?

　그냥 생각하면 만화에서 나왔던 애. 명탐정 코난에 나오는 모리 란. Q) 머리 스타일이 닮
아서.

사람 그림은 여자를 먼저 그렸으며, 나이는 19살이라고 하였다. 자신과 비슷한 연령과 동성의 사람 그림을 먼저 그리거나 부모나 형제자매, 혹은 자신이 좋아하는 연예인 등 자기와 관련된 사람들을 그리는 게 일반적인데 이 아동은 일본 만화영화 〈명탐정 코난〉의 주인공인 코난의 여자 친구 모리 란을 그렸다. 이는 아동이 실제 적으로 정서적 유대를 맺고 있는 친밀한 애착대상이 부재함을 시사한다. 그림의 위치도 중간에서 다소 왼쪽 상단에 그려서 불안정하며, 손발이 작고 양팔과 손을 몸에 붙여서 그렸다, 코를 선으로 작게 그리고 귀를 생략했으며, 눈을 한쪽만 그린 것으로 보나 정서적 교류를 회피하는 면이 있으나, 눈동자는 강조해서 그리고 있는 점은 대인 불안 및 대인 예민성을 시사한다.

PDI에서 아동이 표현한 주된 내용은 '사랑하는 대상의 상실(loss of loved objects)에 따른 슬픔(아끼는 동물의 죽음이나 부모님의 자살)' 그리고 '신체 손상이나 처벌에 대한 두려움(동물이 아프거나 다칠까 봐 걱정, 엄마가 혼낼까 봐 걱정)'이다. 면담에서 아동은 "애들을 밖에서 만나면 무서워요. 불안하고, 심장박동이 빨라져요. 친한 친구여도. 인사도 못하고. 숨어 버리고. 뭐 내가 잘못했으면 죽일 수도 있나?" 그런 생각

[사람 그림: 남자]

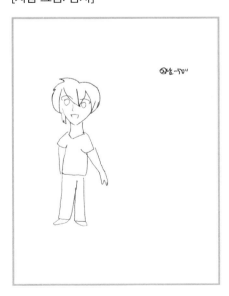

- 이 사람의 성별?/나이?

  남자/10살.

- 지금 무엇을 하고 있나?

  그냥 서 있는데……(얼버무림).

- 이 사람의 기분은 어떤가?

  좋을 거 같아요. Q) 아무 생각을 안 하고 있어서.

- 이 사람의 장점은?

  운동 잘하는 거.

- 이 사람의 단점은?

  조금 짜증낼 만한 걸 크게 짜증내서.

- 이 사람의 소원은?

  오래 사는 거.

- 이 사람의 걱정은?

  사고 나서 죽지 않을까 자기가.

- 이 사람이 행복할 때는?

  운동할 때.

- 이 사람이 불행하다고 느낄 때는?

  비 올 때. Q) 운동 못해서.

- 이 사람의 친구관계는?

  여친은 많을 거 같아요. 남친도 많고.

- 이 사람은 앞으로 어떻게 될까?

  한 30살 정도에 죽을 거 같아요. Q) 어떤 사람한테 심하게 짜증내서 그 사람이 죽일 거 같아요. 술 먹고 화내가지고. 쬐그만 숙제 못해서 막 그런 거에 막.

- 이 사람을 보고 누가 떠오르나?

  없어요.

이 들어요. "그런 생각은 무서운 영화를 보고 나서(〈명탐정 코난〉). 살벌한 죽음이라는 파트에서 살인사건, 그거 보고 악몽도 꾸었어요."라고 말하였는데, 명탐정 코난은 고등학생인 주인공이 괴한들이 강제로 먹인 약으로 인해 어린아이 몸으로 변하게 되어 자기 집에 가지도 못하고 코난이라는 가명으로 살아가며 모리 란의 아버지 탐정사무소에서 살인사건을 해결해 나가는 만화영화이다. 사람 그림에서 명탐정 코난과 모리 란을 떠올린 것은 악의를 가진 타인으로 인해 부모로부터 영영 분리되거나 자신이나 부모가 죽을지도 모른다는 무의식적인 불안감이 투사된 것으로 보인다.

남자 그림도 여자 그림과 별 차이 없이 다소 작게 그렸고, 그림의 위치도 중간에서 다소 왼쪽에 그려서 지면에서 붕 떠 있듯이 불안정해 보인다. 손발이 작고 특히 오른 손을 등 뒤로 감춘 듯이 그린 것은 외부환경에 대한 대처에 자신감이 부족하고 회피하는 경향을 나타내 준다. 눈을 그렸지만 눈동자를 그리지 않았고 입을 벌린 채 그린 것도 정서적 교류를 회피하는 경향을 반영해 준다. 발을 작게 둥그렇게 반쯤 가려지게 그린 것도 스스로 외부환경에 대응할 수 없다는 자신감과 자율성이 부족한 면을 나타내 준다. PDI에서 자기가 사고 나서 죽지 않을까 걱정한다고 말하였고, "앞으로 30살 정도에 어떤 사람한테 심하게 짜증 내서 그 사람이 죽일 거 같아요."라고 표현한 것은 나무 그림과 여자 그림에서와 마찬가지로 대인불안 및 피해의식, 죽음이나 자기소멸에 대한 두려움을 시사해 준다.

[1년 후 사람 그림: 여자]

- 이 사람의 나이?

  3살이요.

- 지금 무엇을 하고 있나?

  노는 것 같아요.

- 이 사람의 기분은 어떤가?

  좋아 보여요.

- 지금 무슨 생각을 하고 있나?

  잘 모르겠어요.

- 이 사람의 소원은?

  잘 모르겠어요.

- 이 사람의 걱정은?

  잘 모르겠어요.

- 이 사람이 행복할 때는?

  놀 때요.

- 이 사람이 불행하다고 느낄 때는?

  없어요.

- 이 사람에게 필요한 것은?

  없어요.

- 이 사람은 앞으로 어떻게 될까?

  계속 잘 살 것 같아요.

 1년 후에 그린 여자 그림은 그림의 크기, 위치, 전체적인 외양은 비슷해 보이나, 이전에 비해 필압이 더 약하며, 그림을 약간 기울어지게 그렸다, 이전에는 양팔과 손을 몸에 붙여서 그렸는데 이번에는 밖으로 어정쩡하게 벌려서 그린 점이 변화된 특성이며 나이도 3살이라고 매우 미숙하게 대답하였다. 이는 심리사회적으로 유아처럼 퇴행되어 있을 가능성을 시사하며, 사람 그림을 수직축에서 15도 이상 기울여서 그린 것은 코핏츠(Koppitz, 1968)가 제시한 '정서장애지표'에 포함되는 특성이다. 이러한 정서장애지표는 건강한 아동의 그림에서는 6% 미만의 낮은 빈도로 나타나는 30개 항목으로 구성되어 있다. 약한 필압이나 15도 이상 기울어짐은 사르니와 아자라(Saarni & Azara, 1977)가 제시한 불안지표−불안정성 범주에도 포함된다.

　PDI에 대한 응답도 1년 전에 비해 매우 빈약한 양상을 보였다. "기분은? 좋아 보여요. 불행하게 느낄 때는? 없어요. 앞으로 잘 살 것 같아요."라고 표현하였고, 대부분의 질문에 "잘 모르겠어요." 또는 "없어요."라고 대답하여 이전에 비해 방어적으로 대답하여 근거 없는 낙관을 보이거나, 정신기능과 대처능력이 더욱 퇴행된 면이 시사된다.

[1년 후 사람 그림: 남자]

- 이 사람의 나이?

　10살이요.

- 지금 무엇을 하고 있나?

　놀고 있는 것 같아요.

- 이 사람의 기분은 어떤가?

　좋아 보여요.

- 지금 무슨 생각을 하고 있나?

  잘 모르겠어요.

- 이 사람의 소원은?

  없어요.

- 이 사람의 걱정은?

  잘 모르겠어요.

- 이 사람이 행복할 때는?

  놀 때요.

- 이 사람이 불행하다고 느낄 때는?

  없어요.

- 이 사람에게 필요한 것은?

  없어요.

- 이 사람은 앞으로 어떻게 될까?

  잘 살 것 같아요./선생님 저 힘들어요.

남자 그림은 여자 그림에 비해 기울어지지 않게 비교적 더 안정된 자세로 그렸다. 1년 전 그림과 큰 차이는 없으나, 손을 다 그린 점이 긍정적으로 변화된 특성이지만, 발을 더욱 작게 역삼각형으로 뾰족하게 그려서 환경 내에서 느끼는 불안정감과 더불어 무력하고 자율성이 부족해 보인다. PDI에 대한 응답도 여자그림과 마찬가지로 1년 전에 비해 매우 빈약하고 방어적인 양상을 보였다. 남자 그림은 10살이라고 비교적 자신의 실제 나이에 가깝게 표현한 데 비해, 여자는 3살이고 그림을 기울어지게 그린 것은 아동이 자신에 대해 느끼는 자기감(sense of self)과 심리적 표상이 매우 불안하고 무력한 면을 나타내 주는 것으로 해석해 볼 수 있다. 이는 나무 그림과 마찬가지로, 자아기능의 약화에 따른 심리내적 불안과 무력감을 방어하기 위해 아동이 입원 직전에 모에게 자신을 신생아처럼 보호해 달라고 부적절하거나 심지어는 위협적인 태도로 요구를 할 수밖에 없었던 내적 불안과 위급함의 심한 정도를 잘 드러내 보여 주고 있다. PDI 마지막에 "선생님 저 힘들어요."라고 말한 것도 입원 후

안정된 병실 환경 내에서 지내면서 심리적 어려움에 대해 팔을 내밀며 도움을 요청하고 있는 듯하다. 사람 그림에서 양팔을 밖으로 뻗은 자세로 그리는 것은 타인과의 교류를 갈망하는 것으로 해석되기도 하므로, 여자 그림에서 이전 그림과 달리 양팔을 벌리고 있고 남자 그림에서도 양팔과 손을 다 그린 것은 치료진에게 손을 내밀며 도움을 추구하는 것으로 가설적으로 해석해 볼 수도 있다.

[KFD]

- 그림을 그린 순서는?

  나-아빠-엄마.

- 지금 무엇을 하고 있나?

  앵무새와 놀아 주고 있어요.

- 분위기는 어떤가?

  그냥 괜찮아요.

- 실제로 집에서는 어떤가?

  엄마는 앵무새를 못 만지고 저하고 아빠만 만지는 거.

- 가족들 중에서 편하고 가까운 사람은?

  동물 포함돼요? 앵두/레몬(앵무새 이름).

  내가 뭐 잘못해도 화를 안 내고, 저 공부하다가 울 때도 화 안내고.

  엄마는 혼내서. 제가 좀 짜증 내서. 보통 하루에 한 번씩 싸워요.

- 어떤 때 짜증 내나?

  문제 안 풀리고 계속 다시 읽으라고 할 때.

  수학 문제를 푸는데 대충하는 게 습관이 돼서.

  100점 맞으려면 그래야 된대요. 일직선으로 가야 된대요.

- 최근 걱정은?

  −앵무새 레몬이가 스트레스를 받아서 털을 뽑고. 인터넷 검색해 보니 사망한다고.

  −비듬. 계속 긁어서 두피가 빨갛게 됨. 엄마가 계속 뭐라고 해서. 모공이 망가져서 머리 까

  질까봐 걱정.

- 미래는 어떻게 될 것 같나?

  못살면 좀 싫을 거 같아서. 하고 싶은 것도 많아요.

  애견 행동전문가가 되면 행복. 내가 원하던 일이고 애견을 만날 수 있으니까.

- 가족들이 좋을 때?/싫을 때?/바라는 점?

  −엄마: 물건이나 먹을 거 사줄 때/화 좀 안 냈으면 좋겠어요.

  −아빠: 용돈 줄 때/분위기 파악 좀 해줬으면 좋겠어요.

  보통 아빠 때문에 엄마가 더 화가 나요.

아동이 아빠를 좋아하는 편이라고 했듯이 KFD에서는 자기 옆에 아빠를 먼저 그렸고 엄마를 멀리 그렸다. 학습이나 일상생활에서 엄격하게 통제한다고 느끼는 엄마와 갈등이 많아 보이며, 아빠와 함께 앵무새와 놀아 주고 있는 가족화를 그렸다. 그러나 가족이 서로 바라보며 상호작용하기보다는 아동은 등을 돌려 앵무새 쪽을 바라보고 있고, 부모는 등 뒤에 있으므로, 실제 가족 내에서 아동이 부모에게 자신의 속상한 마음이나 심리적 어려움을 표현할 수 있을 정도로 친밀하고 상호 호혜적으로 애정적인 교류가 이루어지지 못하며, 현재 주된 애착대상이 앵무새이고, 일방적인 방식으로 앵무새를 통해 애정욕구를 충족하고 있어 보인다(PDI에서 추가 질문: 속상한 일 생기면 → 앵무새한테 얘기해요. 엄마가 '뭐 그런 거 가지고 그러냐! 이렇게 말하지 않을 만한 거. 예를 들어 친구가 때린 일).

[1년 후에 그린 KFD]

- 그림을 그린 순서는?

  아빠−나−엄마.

- 지금 무엇을 하고 있나?

  TV 보고 있는 거요.

- 분위기는 어떤가?

  화목해 보여요.

- 가족들의 좋은 점?/나쁜 점?

  −나: 잘 모르겠어요./고집이 세요.

  −엄마: 모르겠어요. 그냥 엄마여서 좋아요./없어요.

  −아빠: 키가 커요./모르겠어요.

- 가족들에게 바라는 점?

  없어요.

- 앞으로 어떻게 될 것 같나?

  잘 살 것 같아요.

- 바꾸고 싶은 것이 있다면 무엇인가?

  없어요.

1년 후 그린 KFD에서 변화된 것은 가족들 간에 함께 능동적으로 활동하는 것이 없이 모두 정면을 향해서 수동적으로 TV를 보는 모습을 그린 점이다. 또한 사람은 정면에서 바라보듯이 그렸고, TV는 위에서 내려다보는 각도에서 그려서 조망이 맞지 않는 그림이다. PDI에서도 역시 1년 후에 그린 HTP에서와 유사하게 "모르겠어요, 없어요."라고 피상적으로 대답하였다.

자신을 제일 먼저 그렸던 이전 KFD와는 달리 이번에는 자신을 두 번째로 부모 사이에 그렸으며, 가족들의 크기가 이전 그림에서도 큰 편은 아니었으나 자신을 1년 전에 비해 더 작게 그렸고, 특히 다리를 팔보다도 매우 짧게 그렸다. 이는 나무 그림, 여자 그림과 같은 맥락에서 보면 스스로 외부환경에 대응할 수 없다는 자신감과 자율성이 부족한 면을 나타내 준다. 자신에 대한 심리적 표상이 매우 불안하고 무기력하여 앞으로 청소년기에 요구되는 자율성과 심리적 독립에 대한 욕구를 포기하고 퇴행하여 부모에게 유아처럼 의존하는 현재의 심리적 상태를 나타내 주는 것으로 해석해 볼 수 있다. 그러나 모의 발이 생략되어 있고 팔과 손도 몸에 붙여서 그렸으므로, 아동은 모에 대해 자신을 따뜻하게 품어 줄 수 있고(warm and holding), 강하고 안정된 정신적 표상(mental representation)을 형성하고 있지 못하며, 실제적으로 모로부터 받고자 하는 보살핌이나 애정욕구가 충족되지 못하고 좌절감을 느끼고 있어 보인다.

생후 1~2세에 손가락을 빠는 것은 유아들이 모와 분리-개별화(separation-individuation) 과정에서 불안감을 느끼는 경우에 심리적으로 편안함과 자기위안을 제공해 주는 발달적으로 자연스럽고 정상적인 행동이라 할 수 있으며, 일반적으로 2세 이후에는 점차 그런 행동을 보이지 않게 되지만, 이 아동이 2세 이후까지 심하게 손가락을 빨았던 것도 모와의 안정된 애착형성 과정에서 어려움이 있었음을 시사하는 행동으로 생각해 볼 수 있다. 현재 아동의 애착문제나 심리적 문제를 이해할 때 애착문제의 소위, 3세대 가설(three generation hypothesis)과 메리 에인스워스(Ainsworth, 1978)가 볼비(Bowlby, 1969)의 애착이론에 입각하여 개발한 '낯선 상황(strange situation)' 실험을 통하여 평가하고 분류한 애착유형을 적용해 보면 더욱 이해 가능하다. 어린 시절에 부의 사망과 모의 가출로 부모에 대한 애착이 매우 불안정했고 모성 결핍을 경험했던 아동의 모가 "자신은 사랑을 못 받고 자라서 아이에게 자신이 해 줄 수 있는 것은 아끼지 않고 다 해 줬다."라고 했지만, 결국 모와 아동의 애착관계도 불안정하며('외조모-모-아동' 3대에 걸친 불안정애착, 에인스워스의 애착유형에 따르면 C유형인 '불안정-양가적 애착(Insecure-ambivalent attachment type), 모의 스트레스성 탈모와 아동이 보이는 머리털을 뽑는 증상(pulling hair symptom)도 정신역동적으로는 모-아 애착관계 문제 및 그에 따른 유기 불안과 억압된 분노의 표현으로 해석해 볼 수 있다.

앞서 기술한 바와 같이 아동이 HTP에서 "부모님이 자살하셨거나 그런 거 들을 수도 있고. 자기가 아끼는 동물이 저세상 갔다고" 표현한 것과 면담 시 "계속 엄마한테 출산 안 할 거지, 다른 애 입양 안 할 거지? 라고 묻고 걱정한다, 사랑 빼앗길까봐."라고 말한 것도 이러한 해석을 지지하는 내용이라 할 수 있다. 모와의 불안정한 애착문제가 아동의 이후의 대인지각과 또래관계 형성에 영향을 미쳐서 아동은 친밀감을 매우 갈망하지만 거절에 대한 공포가 크며, "애들을 밖에서 만나면 무서워요. 내가 잘못했으면 죽일 수도 있나? 그런 생각이 들어 친구들을 피하게 되었다고 하며, 친구들이 자신만 빼고 놀아서 외톨이처럼 느껴졌다."라고 말한 것과 아동이 모에게 불안과 분노감을 극적으로 표현하는 것도 모두 모가 아동에게 안전지대(secure base)가 되어 주지 못하는 불안정-양가적 애착유형의 전형적인 특징과 관련되어 있어 보인다. 모와의 애착문제가 아동의 정신건강과 이후의 또래관계 및 사회적 관계형성능력에 미치는 부정적 영향을 극명하게 보여 주는 사례라 할 수 있다.

2. 사례 2: 치료 전후에 증상의 양상이 변화된 경우

1) 검사 의뢰사유

사회적 철수, 공격적인 행동과 부적절한 신체 증상을 호소하여 내원한 15세 남자 청소년으로, 치료 초기에 정신과적 진단평가가 의뢰되었고, 3개월 후에 추후관리 및 감별진단을 위해 성격평가가 다시 의뢰되었다.

2) 검사 태도

검사자의 시선을 피하듯이 옆을 응시하였으며, 검사자의 눈치를 힐끗 보거나 작은 소리에도 깜짝 놀라는 등 불안하고 긴장되어 보였다. 머리카락이 엉클어져 있었고, 상의 단추가 잘못 채워져 있었다. 목소리 톤이 단조롭고 발음이 부정확한 편이었는데, 검사 수행 중에 상황에 맞지 않는 말을 간혹 하였고, "선생님, 보고 싶었어요." "여기 와 주셔서 감사합니다."라고 다소 부적절하게 친근감을 표시하였다. 간단한 지시사항도 잘 이해하지 못해서 추가적인 설명이 필요했으며, 검사 수행 중에 갑자기 멍하게 있거나 "지금 뭘 하면 되는 건지"라고 물었으며, 아무런 대답을 하지 않은 채 바닥을 2분가량 쳐다보고 있어서, "무슨 생각을 하고 있는지"라고 묻자 깜짝 놀라며 "뭐라고 하셨어요?"라고 질문하는 등 과제에 집중하는 데 어려움이 있었다. 3개월 후 재검사 시에는 이전과 같은 부적절한 행동을 보이지는 않았으나, 질문에 답변을 하는 데 오랜 시간이 소요되었고, 응답을 포기하는 경우가 많았다.

3) 개인력

어린 시절부터 내성적인 성격으로, 초등학교 내내 친구 없이 혼자 노는 일이 많았다고 하며, 중학교 1학년 때부터 학교에서 따돌림을 당하면서 수업에 안 들어가고 다른 장소에 숨거나 무단결석하기도 했다. 그러나 3학년에 올라가면서부터 욕을 하거나 비현실적인 내용을 횡설수설하게 말하는 영상을 찍어서 다른 사람에게 보내고, 이전과 달리 부적절한 방식으로 친구들에게 다가가는 행동을 보였으며, 2시간 이상 몸을 씻는 강박적인 세척 행동을 보이기 시작했다고 한다. 1년 전부터 기분 변동을 보였는데, 자신을 비하하고 무기력한 모습을 보이다가 갑자기 사소한 일에도 화를 내고 모에게 물건을 던지거나 물건을 부수는 공격성을 보였고, 환청이 들리는 듯이 허공에 대고 주먹질하고 욕을 하는 등 이상행동을 보여서 내원하게 되었다. '옆에 다른 사람이 있으면 그 사람의 침이 튀어서 병에 걸릴까 봐 걱정하고, 세척과 확인하는 강박 증상이 더욱 심해졌다고 하며, 주먹으로 스스로 자기 얼굴을 세게 때리는 행동을 보였는데, 그 이유를 묻자 "남을 때릴 수 있는 용기가 있는지 시험해 보았다."고 말하였다. 약물치료 후 부적절한 행동과 강박증상은 약간 감소되었으나, 천장을 바라보고 누워만 있었고, "당뇨병에 걸린 것 같다, 방광염이나 신장염이 있는 것 같다."며 신체 증상을 자주 호소하였다. 초기 진단적 인상은 '정신병적 장애'였으나, 3개월 치료 후 진단은 '정신병적 삽화가 수반된 우울장애'로 변경되었다(배제진단: 양극성장애). 아동용 웩슬러 지능검사로 평가한 전체지능은 경계선 수준이었으나, 언어이해지수는 평균 수준이었다.

4) HTP, KFD 결과 3개월 전후 비교

아동이 그린 HTP, KFD에 대한 전반적 인상은 처음 내원하여 실시한 검사에서는 불안감, 부적절감 및 사회적 철수, 그리고 피해의식 및 억압된 분노 등 강렬한 정서가 현저하게 시사되는 반면에, 치료 3개월 후에 그린 그림에서는 부적절하고 공격적인 특성이나 언어표현은 감소되었으나, 선이나 질이 전반적으로 약하고, 세부묘사가 더 단순해진 편이며, 우울하고 무력해 보이고 정서적, 사회적 교류의 어려움이 시사되는 특성을 보였다.

[집 그림: 치료 전]

• 누가 살고 있는가?

　저희 가족.

• 분위기는 어떤가?

　그냥 어느 정도 화목한 거 같아요. 그냥 중간 정도 사이좋게 지내는 거 같아요.

• 더 필요한 것은 무엇인가?

　없어요.

• 앞으로 어떻게 될 것 같나?

　그냥 있어요.

[집 그림: 치료 3개월 후]

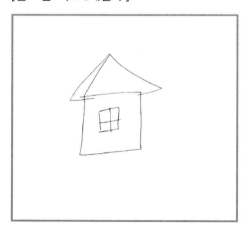

• 누가 살고 있는가?

　저희 가족.

• 분위기는 어떤가?

　편하게 지낼 것 같아요.

　집이 안전하게 지어져 있어서.

　사각형으로 되어 있어서 튼튼할 것 같아요.

• 더 필요한 것은 무엇인가?

　물이 지나가는 관. 지붕에 물이 너무 많이 쌓이는 걸 대비하기 위해서.

• 앞으로 어떻게 될 것 같나?

　지붕에 물이 안 쌓이면 안전해요.

　처음 그린 집 그림은 지붕을 두껍게 그렸고 양옆에 가늘게 지붕을 받치고 있는 선이 눈에 띄며, 창문과 문도 대칭적으로 그려서 외견상 안정되고 견고해 보일 수도 있으나, 창문이 가로세로 창살로 굳게 막혀 있어서 자신의 내적 울타리를 안전하게 방어하고자 하는 욕구와 사회적 교류를 회피하고 철수된 면이 시사된다. 집의 지면선을 그리지 않고 종이의 하단을 지면선처럼 사용하여 그렸으므로 현실과의 접촉이 불안정할 가능성이 시사되며, 심리적 불안과 불안정감을 강박적이고 경직된 방식으로 방어하고 통제하고자 하는 시도가 엿보인다. 치료 3개월 후에 그린 집 그림은 이전에 비해 더 작고 빈약하며, 문이 생략되어 있고, 집이 지면에 닿지 않고 공중에 떠 있는 것처럼 불안정하고 무기력해 보인다. PDI에서도 심리적 불안정감을 방어해 줄 수 있는 안전지대(secure base)에 대한 욕구가 표현되고 있다(더 필요한 것은? 물이 지나가는 관, 지붕에 물이 너무 많이 쌓이는 걸 대비하기 위해서, 지붕에 물이 안 쌓이면 안전해요). 부적절한 행동과 강박증상은 약물치료 후 약간 감소되었으나, 천장을 바라보고 누워만 있고 다양한 신체 증상을 호소한다는 증상 변화를 보인 점과 집 그림에서의 변화를 비슷한 맥락에서 이해할 수 있다.

[나무 그림: 치료 전]

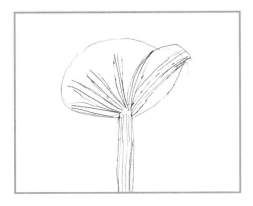

- 무슨 나무인가?

  은행나무.

- 나무의 나이는?

  50살.

- 기분은 어떠한가?

  공원에 사람 없을 때 행복해요.

- 나무의 소원은 무엇인가?

  조용하고 편안하게 100년 정도 사는 것. 공원 개방하는 날을 줄이고, 관광객, 관광 시간도
  줄이고.

[나무 그림: 치료 3개월 후]

- 무슨 나무인가?

  그냥 일반 소나무요.

- 나무의 나이는?

  50살.

- 기분은 어떠한가?

  혼자 있어서 좀 외로운, 그래서 슬픈 것 같아요.

- 나무의 소원은 무엇인가?

  자기랑 마음이 좀 잘 통하는 사람이 있었으면 좋겠다.

집 그림과 유사하게 처음에는 뿌리를 그리지 않고 종이 하단을 지면 삼아서 다소 크게 나무를 그린 반면에, 3개월 후에는 공중에 떠 있는 것처럼 다소 불안정한 위치에 나무를 이전보다 작게 그렸다. 심리적 고통과 불안, 우울 등 정서적 어려움을 시사하는 음영은 감소하였으나 두 번째 나무 그림에서는 나무 기둥에 옹이를 그리고 있어서 여전히 심리적 고통과 자아손상감이 시사된다. 치료 전 나무 그림에서는 나무 기둥이 좁고 길며 세로로 짙게 그은 음영으로 인해 약간 휘어 보이는 바, 자아강도가 약하고 이로 인한 불안감을 보상하고자 하는 욕구가 시사되나 이를 감당할 만한 내적인 힘과 현실과의 접촉은 약해 보인다. 치료 후 그린 나무 그림에서는 뿌리를 다소 작게 그렸으나, 지면에 안정되게 뿌리를 내리지 못하고 붕 떠 있어서 여전히 심리적으로 불안정감을 느끼고 있어 보인다. PDI에서 각각 '은행나무, 소나무'라고 설명하였으나, 모두 잎을 그리지 않아서 환경 내에 있는 사람들과 사회적 교류를 통한 욕구 충족이 어렵고 사회적 대처자원이 부족한 면이 시사된다. 잎이 없는 나뭇가지만 여러 개 그렸는데, 치료 전에는 사소한 일에도 화를 내고 모에게 물건을 던지거나 부수고 자신의 얼굴을 주먹으로 치는 공격적인 행동을 보였듯이 첫 번째 나무 가지는 끝이 약간 날카롭게 열려 있고 가지만 길게 그려서 대인 불안과 억압된 분노 및 사회적 철수와 위축이 시사되는 반면에(PDI에서도 "공원에 사람 없을 때 행복해요."라고 표현함), 두 번째 나무는 끝이 뭉뚝하게 잘려져 있어서 실생활에서 "자신을 이해해 주고 수용해 주는" 친밀한 관계형성 욕구의 좌절감과 그에 따른 우울감이 시사된다. 이는 PDI에서 "혼자 있어서 좀 외로운, 그래서 슬픈 것 같아요. 마음이 좀 잘 통하는 사람이 있었으면 좋겠다."라는 표현에 잘 반영되어 있다.

[사람 그림(남자): 치료 전]

- 누구인가?

  그냥 남자.

  (그리는 도중에) "옷도 그려도 되죠? 알몸으로 그릴 수 없어서 물어봤어요."

- 이 사람의 나이는?

  30살.

- 이 사람의 소원은 무엇인가?

  불행한 일이 닥치지 않았으면.

- 이 사람에게 필요한 것은 무엇인가?

  혼자만의 시간. 자기를 좀 더 들여다보고 자신에 대해서 잘 알아서 더 건강해지는 것.

[사람 그림(남자): 치료 3개월 후]

- 누구인가?

  그냥 남자.

- 이 사람의 나이는?

  그냥 어른 나이.

- 이 사람의 소원은 무엇인가?

  학원 가서 공부하는 거.

- 이 사람에게 필요한 것은 무엇인가?

  자기랑 마음이 좀 잘 통하는 사람이 있었으면 좋겠다.

　남자 그림에서도 치료 전후에 집, 나무 그림에서 변화된 특성과 전반적으로 유사한 변화된 양상을 보였다. 치료 전에 그린 남자 그림은 한 발이 지면 하단에 닿게 그린 반면에, 3개월 후에는 지면에서 다소 위에 불안정한 자세로 그렸다. 첫 번째 남자 그림에서는 눈, 코, 입, 귀를 강조하여 대인 예민성 및 긴장과 경계심이 시사된다. 또한 나무에서 강박적으로 세로로 음영을 그렸듯이 손과 발에도 선을 반복적으로 그렸고 손가락, 발가락 수가 불일치하며, 팔과 발의 선이 끊기고 자세가 다소 어색하고 불안정할 뿐만 아니라, 그림을 그리는 도중에 "옷도 그려도 되죠? 알몸으로 그릴 수 없어서 물어봤어요."라고 질문하였고, PDI에서 소원은 "불행한 일이 닥치지 않았으면."이라고 표현하는 등 심리적으로 매우 불안하고 부적절감을 느끼고 있어 보인다. 치료 후 그린 남자 그림에서는 코를 일자선으로 표현한 것 외에는 눈, 입을 나타내는 작은 점을 흐릿하게 찍었고, 귀, 목을 생략하였으며 양팔과 손을 벌린 자세로 그려서, 전반적으로 이전에 비해 선이 약하고, 세부묘사가 더 빈약한 그림을 그렸으므로, 우울하고 의욕이 저하되고 무기력한 면이 두드러지며, 자신의 감정을 표현하는 데 어려움이 있고 위축되어 있어 보인다. 또한 '그냥 남자'를 그렸다고 표현한 점을 함께 고려할 때, 아동이 실제적으로 정서적 유대를 맺고 있는 친밀한 애착대상이 부재하며, 타인과 정서적 교류 및 사회적 관계형성에 많은 어려움이 시사된다. 그러나 사람 그림에 대한 인상은 집, 나무 그림에서와 마찬가지로 이전 그림에 비해 불안감, 방어 및 피해의식, 억압된 분노감 등은 감소되어 있어 보이며, PDI에서도 15세 연령에서 적절하다고 여겨지는 현실적인 소원을 표현하고 있다(소원은 "학원 가서 공부하는 거. 자기랑 마음이 좀 잘 통하는 사람이 있었으면 좋겠다."). 치료 전 그림에서 눈과 입을 다소 과장해서 그린 것은 대인관계에서 느끼는 불안, 긴장감과 피해의식에 대해 공격적인 행동을 함으로써 역공포적(counterphobic)으로 대응하려는 욕구를 반영해 줄 수 있다. 면담에서 "아동이 허공에 대고 주먹질하고 욕을 하는 등 이상 행동을 보이기도 했고, 남을 때릴 수 있는 용기가 있는지 시험해 보기위해

[사람 그림(여자): 치료 전]

- 누구인가?

  그냥 여자.

- 이 사람의 기분은?/무슨 생각을 하고 있나?

  주변 사람들한테 내가 얕잡아 보일까 봐 걱정해요.

- 이 사람의 단점은 무엇인가?

  솔직한 감정 표현을 못해요. 표현하면 사이가 안 좋아질까 봐.

  너무 표현하면 만만하게 보고 대화를 안 하려고 할 수 있으니까.

- 이 사람의 소원은 무엇인가?

  혼자만의 시간.

[사람 그림(여자): 치료 3개월 후]

- 누구인가?

  그냥 여자.

- 이 사람의 기분은?/무슨 생각을 하고 있나?

  바쁘게 생각하다가 좀 지친 거 같아요.

  너무 좀 할 게 많다는 생각.

- 이 사람의 단점은 무엇인가?

  남이 싫어할까 봐 표현을 못해요.

• 이 사람의 소원은 무엇인가?
  그냥 일반 학생처럼 학원에 가고 공부하는 거요.

주먹으로 자기 얼굴을 세게 때리는 행동을 보였다."는 모의 보고가 이런 맥락에서 이해 가능하다.

여자 그림도 남자 그림과 마찬가지로 치료 전후에 거의 유사하게 변화된 양상을 보였다. 치료 전에 그린 여자 그림은 한 발이 들린 것처럼 다소 기울어지게 불안정한 자세로 그렸으며, 남자 그림과 유사하게 눈, 코, 입을 강조하여 그렸고 특히 머리에 음영이 많은 점은 불안감과 타인에 대한 예민성을 시사한다. PDI에서 "주변 사람들한테 내가 얕잡아 보일까 봐 걱정해요. 솔직한 감정 표현을 못해요. 표현하면 사이가 안 좋아질까 봐."라고 말한 점도 이를 지지한다. 손, 발도 남자그림과 유사하게 선을 반복적으로 그렸고 신발을 그리지 않아서 현실 적응이 불안정해 보인다. 그러나 치료 후 그린 여자 그림에서 자세는 이전에 비해 안정된 편이나, 눈과 입을 나타내는 작은 점 3개를 약하게 찍은 것 외에는 코와 눈썹, 눈동자, 귀, 목을 모두 생략하였고, 머리카락도 투명성(transparency)을 보이고 있는데, 이러한 특성은 말로니(Malony)와 글래서(Glasser)의 '부적응 지표' 9개 중 5개에 해당되는 바, 아동이 현재 적응상에 어려움이 있고, 여성 표상이 매우 불안하고 부적절함을 나타내 준다. '그냥 여자'를 그렸다고 표현한 점도 남자 그림과 마찬가지로 아동이 실제적으로 가족 내에서나 학교 등 대인 관계에서 친밀감을 느끼며 안정된 정서적 유대를 맺고 있는, 모로 상징될 수 있는 애착 대상이 부재하여 자신이 타인으로부터 사랑받거나 수용받을 거라는 확신이 부족하고 거절에 대한 불안으로 인해 우울하고 위축된 행동을 보이는 것으로 생각된다(PDI에서도 "기분은 바쁘게 생각하다가 좀 지친 거 같아요." "남이 싫어할까 봐 표현을 못해요."라고 말함).

KFD에서는 치료 전에 비해 치료 후에 상당한 긍정적인 변화를 보였다. 치료 전에는 '차 타고 드라이브 가는' 가족화를 그렸는데, 가족이 '차'라는 작은 공간 내에 함께 있으므로 한편으로는 가족들 간의 친밀한 공간과 가족 간의 응집력 있는 상호작용

[KFD: 치료 전]

- 그림을 그린 순서는?

  아빠-엄마-나-누나.

- 지금 무엇을 하고 있나?

  차 타고 드라이브 가요.

- 엄마, 아빠, 누나는 어떠한가?/싫을 때?/바라는 점?

  엄마는 제일 편한 사람./내가 말걸 때 대답 안하면 싫어요./바라는 것은 엄마가 먼저 친절하게 말했으면 좋겠어요.

  아빠는 집안을 보호해 주는 기둥./나한테 도움이 안 되는 이야기를 많이 해요. 다른 사람처럼 너도 할 수 있다.

  누나는 자기 할 일을 아주 잘 해요./말할 때 웃었으면 좋겠어요.

[KFD: 치료 3개월 후]

• 그림을 그린 순서는?

아빠-나-엄마-누나.

• 지금 무엇을 하고 있나?

같은 식탁에 앉아서 밥 먹는 장면이요.

• 엄마, 아빠, 누나는 어떠한가?/싫을 때?/바라는 점?

엄마, 아빠, 누나가 서로한테 잘해 주고 관심을 가졌으면 하는 소원. 밥 먹을 때 관심을 가져줬으면.

끼리끼리 대화하느라 정신이 없어서 저한테 관심을 못 가져 주는 그런 느낌이에요.

을 소망하고 있어 보이나, 다른 한편으로는 가족들이 차창으로 둘러싸여 분리된 공간에 있으며, 자신은 맨 뒤에 혼자 앉아 있는 모습을 그리고 있어서 실제로는 가족 간의 응집력과 친밀한 상호작용이 부족하고 심리적 거리감을 느끼고 있어 보이며, 아동이 가족 내에서 느끼는 심리적 단절감과 외로움이 시사된다. 그러나 치료 후에는 가족들이 '같이 식탁에 앉아서 밥 먹는 장면'을 그렸다. 자신을 가족들과 약간 떨어지게 반대 방향에 앉아 있는 것으로 그려서 아직 가족 내에서 심리적 거리감을 느끼고 있고 정서적으로 다소 거리두기를 하고 있어 보이나, 가족이 함께 식탁에 둘러앉아서 밥을 같이 먹는 것은 부모로부터 받는 애정과 보살핌을 의미하므로 부모에게 따뜻한 사랑과 관심을 받고 싶은 욕구가 표현된 것이라 할 수 있다. PDI에서 소원은 "서로한테 잘해 주고 관심을 가졌으면. 끼리끼리 대화하느라 정신이 없어서 저한테 관심을 못 가져 주는 그런 느낌이에요."라고 표현하고 있는 바, 아동이 느끼는 애정 및 관심을 받고자 하는 욕구가 음식이라는 '구강-의존적(oral dependent)' 방식에서부터 점차 청소년기에 보다 적절하고 건강한 방식으로 충족될 수 있도록 돕는 치료적 작업이 필요해 보인다. 이를 통해 앞으로 청소년기의 발달과업인 부모로부터 '의존-독립(dependence-independence)' 갈등을 잘 해결하고 자율성과 자신감 및 자존감을 발달시킬 수 있는 기회가 될 수 있으리라 생각된다.

3. 사례 3: 증상이 호전된 경우

1) 검사 의뢰사유

게임을 너무 많이 하고 부모에게 짜증과 반항, 공격적인 행동을 보이는 12세 남아로, 치료를 통한 변화 양상을 파악하고 향후의 치료계획 수립을 위해 '정서 및 성격평가'가 재의뢰되었다. 아동용 웩슬러 지능검사에서 지능은 평균 상 수준이었다.

2) 검사 태도

눈에 힘을 주고 검사자를 빤히 쳐다보았고, 가끔 짜증을 내고 힘을 주어 강하게 말하는 등 반항적이고 다소 적대적인 태도를 보였다. 심리검사의 진행을 자주 재촉하였고, 퉁명스러운 말투로 짧게 대답하거나 고갯짓으로만 의사 표현하는 등 검사에 비협조적이고 수행동기가 높아 보이지 않았다. 지능검사 시, 문항이 점차 어려워지자 크게 한숨 쉬며 "에이씨."라고 말하였고, 고난이도 문항에서는 제시하자마자 응답하기를 포기하였으며, 검사자의 격려와 칭찬에도 특별한 반응을 보이지 않고 가만히 있었다.

재검사 시에는 눈 맞춤을 적절히 하고, 이전보다 상당히 공손한 태도를 보였으나, 이마를 만지작거리거나 손가락을 자주 움직이는 등 다소 불안하고 긴장되어 있어 보였다. 검사 도중에 밖에서 다른 아동이 크게 울어서 잠시 쉬는 시간을 가졌는데, 밖으로 나가서 마치 보호자처럼 그 아이를 달래는 성숙한 모습을 보이기도 하였다.

3) 개인력

아동의 모는 섭식, 수면의 양이나 시간 등을 몇 그램, 몇 시간 몇 분 단위로 명확히 정해서 달성해야만 '좋은 엄마' '성공적인 양육'이 될 수 있다고 생각하여 아동을 규칙에 따라 매우 엄하게 훈육했다고 한다. 아동은 지나치게 규칙적인 생활에 대해 짜증 내거나 반항하였는데, 3살 때 모가 정해 준 반찬과 양만 먹도록 강조하자 식탁을 뒤엎는 행동을 보여서 놀이치료를 받은 적이 있다. 모는 아이의 고집을 꺾도록 엄격하게 양육해야 한다는 양육 코칭을 지인에게 받아서 아동이 잘못하면 체벌도 자주 하였다고 한다.

초등학교 입학 후 친구들이 실수로 아동의 물건을 건드려도 크게 화를 내었고, 고집이 세어서 또래관계 형성에 어려움이 있었다. 모는 아동이 친구들과 관계에서 어려움이 있다고 호소해도 학업에만 관심을 두었다고 한다. 학교에서 담임교사에게도 반항적인 태도를 보였으며, 수업 시간에 책상 위에 다리를 올리거나 책상 밑으로 들어가 놀아서 담임교사가 "아동을 맡지 못하겠다."고 말한 적도 있다고 하였다.

최근에 부부 간의 갈등이 심해지면서, 아동은 게임에 몰두하기 시작했고, 점차 잠을 자지 않고 게임을 하여 학교를 결석하기도 했다고 한다. 또한 부모에게 게임 아이템 구입에 필요한 돈을 요구하였고, 이를 거절하면 부모에게 욕설이 담긴 문자를 보내기도 했다. 또한 밤새 게임하는 것을 제지하는 부모에게 심한 욕을 하거나 물건을 던지는 등의 공격적인 행동을 보였으며, 잔인한 영화나 폭력적인 영상물 시청에 몰두하게 되어 내원하게 되었다.

치료 초기에는, 의료진에게 매우 적대적이고 예민한 모습을 보였다. 사소한 말에도 욕을 하며 화를 내고 양팔에 힘을 주어 떨면서 분노를 통제하기 어려워하였으며, 특히 '규칙'이라는 말에 민감하게 반응하였다. 그러나 치료가 진행되면서 점차 적극적으로 면담에 응하고 자발적인 표현이 많아졌으며, 부모와의 갈등이나 또래 관계에서 느끼는 스트레스를 울먹이며 보고하였다. 전반적으로 내원 시 보인 증상들이 많이 호전되었으나, 간혹 모가 자신을 버릴 것 같다고 불안해하거나, 부모에게 "이제까지 나를 힘들게 했으니 다 해 주어야 한다."고 말하기도 하였다. 치료자에게는 "저 잘하고 있죠?"라고 자주 물으면서 웃어 보이기도 하고, 손을 잡아 달라고 스킨십을 요청하는 모습을 보이기도 하였다.

4) HTP, KFD 결과 치료 3개월 전후 비교

아동이 그린 HTP, KFD에서 치료 전후에 현저하게 변화된 특성을 보이고 있으며, 이는 증상이 상당히 호전된 면과도 일치하는 양상이다. 즉, 처음 내원하여 실시한 검사에서는 전반적으로 억압된 분노나 적대감, 거부적이고 반항적인 면을 시사하는 반응 특성을 보인 반면에, 치료 후에는 정서적으로 안정되고 긍정적 정서 표현의 증가와 순응적인 면을 시사하는 검사 반응 특성을 보였다. 매우 반항적이고, 정서적으로 단절되어 있고 갈등적인 부모-자녀 관계를 시사하는 KFD도 치료 후에는 부모-자녀 간에 서로 따뜻하게 다독여 주고 이해해 주려 노력하며 함께 레고놀이를 하는 가족화를 그렸다.

[집 그림: 치료 전]

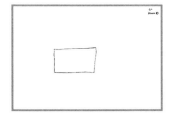

• 어떤 집인가?

굳이 지붕이 없어도 되고. 문은 안 만들면 안 만드는 거고. 창문도 있기 싫으면 없는 거고. 사람이 하나에 눕고 자고 할 수 있으면 집인 거예요.

• 누가 살고 있나?

저 혼자요.

• 분위기는 어떠한가?

평범한 집이요.

[집 그림: 치료 전, 거부적이어서 다시 실시]

- 어떤 집인가?

  제 마음 속에 있는 집이요.

  차고가 있고, 지하실로 내려가는 계단이 있고.

  (지하실?) 거기서 뭔가 작업하는 거요. 제가 어떤 걸 해요. 화나면 저기서 풀어요. 가위로

  잘라요. 인형이나 그런 것들.

- 누가 살고 있나?

  저 혼자요.

- 분위기는 어떠한가?

  평범한 집이에요.

[집 그림: 치료 3개월 후]

- 어떤 집인가?

  지구에 있는 집.

  ○○동이요.

- 누가 살고 있나?

  저희 가족이요.

- 분위기는 어떠한가?

  평안해 보여요.

검사태도와 면담 내용에서 나타난 바와 같이 아동은 HTP 검사 초기에 반항적이고 냉소적인 태도를 보여서 집을 그리라고 지시하니까 사각형 하나만을 그리고 "지붕은 없어도 되고, 문은 안 만들면 안 만드는 거고, 창문도 있기 싫으면 없는 거고."라며 거부적이고 반항적인 성향을 보였다. 다시 그리도록 하자 바로 지시에 순응하여 그렸으나, PDI 내용을 보면 가족들과 거리를 두고 자기만의 공간에서 수동-공격적인 행동을 통해서 내면에 누적된 분노를 표출하고 있음을 추측해 볼 수 있다("지하실에서 뭔가 작업하는 거요. 제가 어떤 걸 해요. 화나면 저기서 풀어요. 가위로 잘라요. 인형이나 그런 것들."). 현재 자신이 사는 집이 아니라 '마음속의 집'을 그렸으며, "저 혼자 산다."라고 표현한 것으로 보아 어려서부터 규칙을 강요하고 과도하게 통제하는 부모의 간섭이나 통제를 벗어나고 싶은 욕구가 시사되며, 부모의 불화에서 아동이 느끼는 불안과 좌절감이나 화난 감정을 가족들에게 진술하게 표현하고 수용 받는 경험을 통해서 적응적으로 해소하기보다는 내면에 깊게 자리 잡은 지하실 같은 어두운 공간에서 가위로 인형 등을 자르는 공상을 통해서 수동-공격적이고 대리적으로 분노 표현을 하고 있어 보이는 바, 해소되지 않은 분노와 우울감, 외로움, 고립감이 시사된다.

　그러나 치료 후에는 이러한 거부적이고 반항적인 행동과 분노감, 가족에 대한 거리감과 고립감이 감소된 면을 보여 주는 집 그림을 그렸다. 물론 여전히 자신이 사는 집이 아니라 '지구에 있는 집'을 그리고 있고, 지면선이 없이 공중에 떠 있는 듯 마치 장난감 모형처럼 작게 그린 점은 현재 살고 있는 집이 아동에게 친밀하고 편안한 안전지대(secure base)가 되어 주지 못함을 반영해 준다. 또한 아직 가족에 대한 정서적 유대감과 소속감이 부족해 보이지만, 이전에는 "저 혼자 산다."고 설명하였으나 "저희 가족이 살고 분위기는 평안해 보인다."고 변화된 모습을 보이고 있는 바, 치료 후에는 아동이 자기만의 안전지대인 마음속의 심리적 공간에서 나와서 가족들에게 다가가고자 하며 점차 정서적인 유대감이 싹트기 시작된 것으로 해석해 볼 수 있다.

　나무 그림을 그려 보라고 하자, 집 그림에서처럼 처음에는 수직선과 사선 3개를 작게 그렸으며 "기둥, 가지만 있어도 나무예요. 이파리가 있을 필요는 없잖아요."라며 다소 거부적이고 냉소적인 태도를 보였다. 일반적으로 나무 기둥과 가지를 일차

[나무 그림: 치료 전]

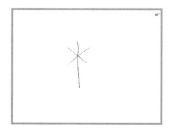

- 어떤 나무인가?

  기둥, 가지만 있어도 나무예요. 이파리가 있을 필요는 없잖아요. 겨울일 수도 있고.

[나무 그림: 치료 전, 거부적이어서 다시 실시]

- 어떤 나무인가?

  평범한 나무예요.

- 나이는?

  아직 1살이에요.

- 주변에는 무엇이 있나?

  황무지가 있어요.

- 무슨 생각을 하나?

  아무 생각도 안 해요.

- 어떤 감정을 느끼고 있나?

  외롭겠죠.

- 나중에 어떻게 될 것 같나?

  기둥만 남을 수도 있고.

  그대로 있을 수도 있고.

[나무 그림: 치료 3개월 후]

- 어떤 나무인가?

  사과나무예요.

- 나이는?

  12살 정도 되어 보여요.

- 주변에는 무엇이 있나?

  흙이 있어요.

- 무슨 생각을 하나?

  행복하다. 그냥 잘 자라서요.

- 어떤 감정을 느끼고 있나?

  앞으로 더 행복해야지. 물을 주고 열매를 맺고 그러면요.

- 나중에 어떻게 될 것 같나?

  더 크겠죠?

원 직선으로 성의 없이 그린 것은 반항적이고 부정적인 태도를 시사하는 특성으로 해석된다. PDI에서 "이파리가 있을 필요는 없잖아요."라고 말한 것은 아동이 환경 내의 사람들과 친밀한 관계를 맺고 사회적 교류를 함으로써 애정 및 의존 욕구를 충족시키기보다는 사회적 관계를 차단하고 거부적인 행동을 보일 수 있음을 시사한다. 다시 그리라고 지시하자, 가지와 잎이 없는 나무의 윤곽을 종이 중앙에 기저면 없이 불안정하게 작게 그렸다. "1살 된 어린 나무인데 황무지에 있어서 외로움을 느끼고 있다."는 아동의 표현에서 일상생활에서 보이는 아동의 적대적 반항행동의 이면에는 "엄마의 보살핌이 필요한 1살 아기지만 포근하게 안아 주고 품어 주는 모성결핍으로 인해 마치 황무지처럼 메마르고 따뜻한 온기가 부족한 환경 내에서 외롭고 무력감을 느끼는 자기상(self-image)"이 자리 잡고 있음을 짐작해 볼 수 있다.

출생 후 2년 이내가 모와 애착 형성에 매우 중요한 시기이며, 안정된 애착형성을 위해서는 모가 아이가 무엇을 원하는지 빠르고 정확하게 게 인식할 수 있는 '민감성(sensitivity)'과 아이의 욕구를 정확하게 파악하고 적절히 반응해 주는 '반응성(responsiveness)'이 필수적이다. 그러나 아동의 모는 자기 나름대로는 아이를 잘 기르기 위해 노력한 듯하나, "아기의 섭식이나 수면의 양과 시간 등을 명확하게 정해서 양육해야만 좋은 엄마, 성공적인 양육이 될 수 있다."는 경직되고 엄격한 양육 원칙을 고수하며, 자신이 정한 규칙에 따라 훈육하느라, 아동의 욕구에 민감하고 유연하게 반응해 주지 못했을 것으로 추측된다. 따라서 아동의 입장에서는 물리적으로는 모가 존재하지만 심리적으로는 따뜻하고 안정된 애착대상으로 존재하지 못한 듯하다. 이에 모의 규칙과 통제에 대한 저항으로 아동은 3세부터 반항행동을 보이기 시작하여 점차 교사, 또래와의 관계, 치료진과의 관계 등 모든 대인관계에서 적대적, 반항적이며, 거부적인 행동을 통해 부모로 상징되는 대상들에 대해 반항하고 힘겨루기(power struggle)를 해 온 것으로 생각해 볼 수 있다. 아동이 밤새 게임에 몰두하여 학교에 결석하거나, 부모에게 심한 욕을 하거나 물건을 던지는 등의 공격적인 행동을 보인 것은 충동조절능력 및 도덕성 발달의 문제를 시사하는 품행문제라기보다는 따뜻한 관심과 사랑받고 싶은 욕구의 좌절과 관련된 애정적 허기를 보상하기 위한 수단이거나, 우울 증상의 위장된 표현일 수 있으며, 부정적인 방식으로 관심을 추구하는 행동의 측면에서 이해해 볼 수 있다.

치료 후 그린 나무 그림이 이러한 해석을 뒷받침해 준다. 나무의 외형과 크기, 그린 위치는 거의 유사하나 조금 더 대칭적으로 안정되게 그렸다. 특히 그림에 대한 PDI에서 아동이 크게 변화된 모습을 보여 주고 있다. 치료 전에는 평범한 나무를 그렸으나, 치료 후에는 '사랑과 관심을 받고 싶은 욕구를 시사하는 사과나무'를 그렸으며, 나무의 나이도 1살에서 자신의 실제 나이와 같은 12살 된 나무를 그렸다. 외로운 감정이 행복한 생각과 감정으로 변화되었고, "앞으로 더 행복해야지. 물을 주고 열매를 맺고 그러면요. 더 크겠죠?"라고 말한 것은 황무지와 같았던 환경 내에 홀로 있었던 외롭고 결핍된 아주 어린 나무 같았던 아이가 부모나 치료진의 사랑과 보살핌의 물이 주어지면서 심리사회적으로 연령에 적합하게 변화, 발전하고 있으며, 미래에 대한 희망을 가지게 되었음을 반영해 준다. 다만 아직 안타까운 점은 사과나무를 그렸으나 가지나 열매는 전혀 그리지 않았고, 지면에 뿌리를 안정되게 내리고 있지 못한 것이다. 이를 위해서는 애정 및 의존 욕구를 진술하고 자연스럽게 표현하고 그러한 욕구가 충족될 수 있으리라는 희망이 실생활에서 안정되게 충족되는 경험을 지속적으로 할 수 있도록 아동과 부모에 대한 심리치료적 개입의 유지와 부모교육이 절실히 필요해 보인다.

남자 그림에서 눈에 띄게 변화된 점은 양팔을 크게 벌리고 양손에 가위를 들고 있는 모습에서 양팔을 얌전히 몸에 붙이고 있는 모습을 그린 것이다. 이 역시 치료 후에 억압된 분노나 반항적인 행동이 감소된 면을 보여 주는 특성이다. 치료 전에 남자 그림은 마치 로봇같이 팔과 다리를 그렸으며, 얼굴은 웃는 표정이지만 눈동자와 코, 귀, 머리카락을 그리지 않았고, "행복하거나 불행하지 않아요." "가위를 더 완전하게 사용하고 싶어요."라고 표현하고 있는 바, 아동이 자신의 진정한 감정을 숨기고, 회피하며, 친밀한 정서적 교류 및 대인관계 형성에 어려움이 시사되고, 내면에 누적된 분노를 수동−공격적으로 표현하고 있음을 나타내 준다. 치료 후에 '그냥 남자'를 그렸다고 하는데, 수동−공격적인 면보다는 아동이 정서적으로 따뜻한 유대감을 느끼는 남성상이 부재하며, 자기상도 부정적이고 부적절할 가능성을 시사해 주는 그림이다. 얼굴은 웃고 있지만 손을 몸통에 붙이고 발은 반대 방향으로 그

[사람 그림(남자): 치료 전]

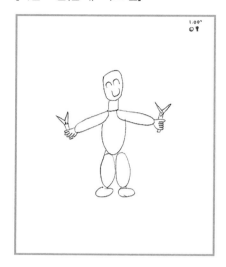

- 누구인가?

  그냥 남자요.

- 이 사람은 무슨 생각을 하고 있나?

  이 사람은 가위 생각을 하고 있어요. Q) 가위로 뭘 할 수 있을까.

- 이 사람은 언제 행복한가?

  행복하거나 불행하지 않아요.

- 이 사람의 소원은 무엇인가?

  가위를 더 완전하게 사용하고 싶어요.

[사람 그림(남자): 치료 3개월 후]

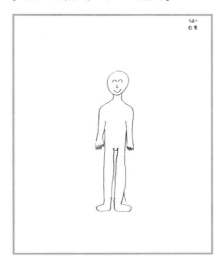

- 누구인가?

  그냥 남자요.

- 이 사람은 무슨 생각을 하고 있나?

  행복해지고 싶은 생각이요.

- 이 사람은 언제 행복한가?

  먹을 때요. 고기요.

- 이 사람의 소원은 무엇인가?

  외롭지 않은 거. 계속 행복한 거요.

린 것은 정서적으로 억제되고 대인관계에서의 대처기술이 비효율적이고 자신감이 부족하며 부적절감을 느끼고 있을 가능성을 시사한다. 옷을 그리지 않고 몸의 윤곽만 그렸으며, 나무 그림에서처럼 "행복해지고 싶은 생각"을 하고 "고기 먹을 때 행복하고, 소원은 외롭지 않은 거. 계속 행복한 거요."라고 표현하고 있는 점은 따뜻하고 수용적인 치료적 관계형성 경험을 통해서 아동이 세상으로부터 외롭게 고립되어 있기보다는 사랑과 관심을 받고 싶은 구강-의존적인 욕구를 표현하게 되었으며,

애정욕구의 좌절과 관련된 분노와 우울감으로부터 벗어나 행복해지고 싶은 바람이 반영되어 있어 보인다. 발달적으로 곧 사춘기에 진압하게 될 아동에게는 사회성 발달과 건강한 신체상과 남성적 성역할을 포함한 자아정체감 형성이라는 발달과업을 성공적으로 성취하기 위해서는 모의 역할만큼, 혹은 그보다 더 부의 역할이 매우 중요해 보인다. 아동의 자율성과 심리적 안정감이 수용되고 보장되는 가정환경 내에서 부모와의 진솔하고 친밀한 정서적 교류와 상호작용을 통해서 몸통이 텅 빈 남자 그림처럼 메마르고 결핍되었던 아동의 마음에 점차 긍정적인 정서와 자신감이 함양되고 채워질 수 있을 것이다.

[사람 그림(여자): 치료 전]

- 누구인가?

  그냥 여자.

- 이 사람은 무슨 생각을 하고 있나?

  기분 좋은 생각.

  그림 그릴 생각.

• 이 사람은 언제 행복한가?

　뭔가 폭발시켰을 때요.

　다른 사람 집을요. 그냥 심심해서요.

• 이 사람은 나중에 어떻게 될까?

　시간이 흐르면 죽겠죠.

[사람 그림(여자): 치료 3개월 후]

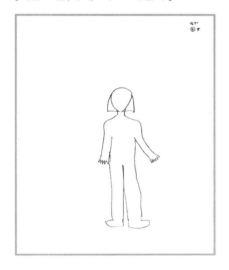

• 누구인가?

　엄마요.

• 이 사람은 무슨 생각을 하고 있나?

　아들을 보고 싶다는 생각.

• 이 사람은 언제 행복한가?

　아들이랑 함께 있을 때요.

• 이 사람은 나중에 어떻게 될까?

　더 행복해질 수 있을 것 같아요.

치료 전에는 남자와 여자 그림의 차이가 단지 머리카락의 윤곽을 그렸는지 여부에 있었으나, 치료 후 여자 그림도 남자 그림과 거의 유사하게 적대감이 감소된 긍정적인 변화를 보이고 있다. 그림을 그린 위치도 이전에 비해 안정된 위치에 그렸다. PDI 내용에서도 치료 전에 보인 억압된 분노나 수동-공격적인 특성이 치료 후에 감소된 면도 동일하다. 치료 전에 여자 그림은 남자 그림과 마찬가지로 로봇같이 팔과 다리를 그렸으며, 얼굴은 웃는 표정이지만 눈동자와 코, 귀를 그리지 않았고, 양팔을 크게 벌리고 양손에 가위를 들고 있는 모습을 그렸지만, 치료 후에는 옷을 그리지 않고 몸의 윤곽만 그린 점도 유사하다.

그러나 눈, 코, 입을 모두 그리지 않아서 얼굴 표정을 전혀 알 수 없으나, '그냥 여자' 그림에서 '엄마'를 그린 것과 양손에 가위를 들고 있는 모습에서 한 팔을 밖으로 내밀고 있는 모습을 그린 점이 치료 후 크게 달라진 특성이다. 여성 그림에서 양손에 가위를 들고 있은 것은 아동이 가진 엄마에 대한 정신적 표상이 포근하게 안아 주는 엄마라기보다는 양손에 가위를 들고 있어서 상처를 줄 수 있는 '나쁜 엄마(bad mother)' 표상이 투사된 듯하며, 아동은 위협적이고 두렵게 느껴지는 모로부터 마치 모르는 남인 것처럼('그냥 여자') 정서적 거리를 두고 회피하며, 역공포적(counterphobic)이고, 수동-공격적으로 분노를 표출하고 있어 보인다("뭔가 폭발시켰을 때 행복해요. 다른 사람 집을요. 그냥 심심해서요."). 하지만 치료 후에 양손에 가위가 없고 비교적 유연하게 한 팔을 내밀고 있는 모습을 그린 것은 "아들을 보고 싶다는 생각. 아들이랑 함께 있을 때 행복하다."라는 표현과 더불어 모가 아동에게 팔을 내밀어 안아 주고 품어 주기를 원하는 아동의 욕구가 표현된 듯하다. 하지만 엄마 얼굴에서 눈, 코, 입을 그리지 못하고 몸을 텅 빈 윤곽선으로 그린 것은 아동이 엄마가 자신을 정말 사랑하고 보고 싶어 하는지, 자신을 따뜻하게 양팔과 가슴으로 품어 줄지에 대한 확신과 자신감이 부족함을 나타내 주며, 이는 불안정-양가적 애착 유형에서 보이는 특성이라 할 수 있다. 유아기 때부터 '성공적인 양육과 사랑'이라는 이름으로 행해진 모의 엄한 규칙과 통제는 아동이 부모를 포함한 타인과 자신의 감정을 정확하게 인식하고, 적절히 표현하고 해소하는 능력을 발달시키는 데 어려움을 초래하였으며, 아동은 엄마에 대해 자신을 사랑하는지 잘 알 수 없다고 느끼며, 자신의

[KFD: 치료 전]

- 그림을 그린 순서는?

  아빠-엄마-나.

- 지금 무엇을 하고 있나?

  아빠는 신문 보고 엄마는 음식하고 나는 방 안에 침대에 누워서 쉬고 있어요. 가위가 좋아
  요. 가위를 들고 쉬는 거예요.

- 아빠, 엄마는 어떠한가?

  아빠 성격은 잘 모르겠어요. 친한 편은 아니에요. 싫지도 않아요. 서운할 때도 없어요.
  엄마 성격도 잘 모르겠어요. 친한 편은 아니에요. 서운하지도 않아요.

[KFD: 치료 3개월 후]

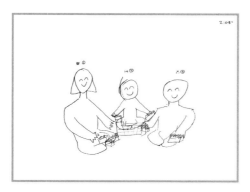

- 그림을 그린 순서는?

  엄마-나-아빠.

- 지금 무엇을 하고 있나?

  같이 레고 만들고 있어요.

- 아빠, 엄마는 어떠한가?

  아빠는 친절하게 말하려 노력해요. 어려운 게 있어도 다독여 줘요. 지금은 살짝 어색한 면이 있어요.

  엄마는 저를 더 이해해 주려 하는 것 같고 진짜 사랑하는 것 같아요. 항상 같이 있어 주면 좋겠어요.

외롭고 공허하고 우울한 내면의 실제 감정(true emotion)과 애정적 허기를 인식하지 못하고 이를 저항하고 반항하며 수동-공격적인 행동으로 표출해 온 것으로 해석해 볼 수 있다. 아동이 부, 모에 대해 잘 모르겠다는 것은 KFD에서 잘 드러나 있다.

KFD에서도 치료 전에 비해 치료 후에 가장 큰 긍정적인 변화를 보였다. 치료 전에는 "아빠는 신문을 보고 엄마는 음식을 하고 나는 방 안에 침대에 누워서 쉬고 있어요. 가위가 좋아요. 가위 들고 쉬는 거예요."라고 가족들이 각자 다른 활동을 하는 가족화를 그렸다. 또한 자신을 종이의 왼쪽 하단에 선으로 둘러싸이게 포위하여 부모들과 다른 공간으로 분리시켜 그린 것은 가족들 간의 응집력과 친밀한 상호작용이 부족하며, 정서적으로 단절되어 있음을 나타내 주고, 아동이 가족 내에서 느끼는 억압된 분노가 시사된다. 이는 집 그림에서 지하실을 그리고 "거기서 화나면 가위로 인형이나 그런 것들을 자르며 풀어요."라고 표현한 것과 일치한다. 엄마와 자신은 얼굴을 그리지 않았고 엄마를 자기로부터 가장 멀리 떨어지게 그렸으며, 특히 엄마는 목과 어깨, 팔다리의 연결이 가장 빈약하고 프라이팬을 쥐고 있는 손이 팔에 연결되어 있지 않아서 '가족을 위해 음식을 만들고 돌봄을 제공하기(feeding & caring)' 어려워 보인다. 이러한 가족화는 아동이 모와 안정된 애착을 형성하지 못하여 모와의 정서적 교류와 상호작용에 어려움이 많으며, 모에 대한 내적 표상이 부정적이어서 엄마로부터 음식으로 상징되는 애정과 따뜻한 보살핌을 기대하지 못함을 잘 드러내 보여 준다. 그러나 치료 후에는 '엄마–나–아빠' 순서로 가족 모두 웃는 얼굴을 그렸고, 함께 둘러앉아서 같이 레고를 만들고 있는 가족화를 그린 점은 부모–자녀 간의 상호작용에서 상당히 호전된 면을 보여 준다. 부모 사이에 자신을 그렸고 물리적 거리도 서로 가깝게 그린 것으로 보아 심리적 거리가 가까워졌음을 알 수 있다. PDI에서 치료 전에는 "아빠 성격은 잘 모르겠어요. 친한 편은 아니에요. 싫지도 않아요. 서운할 때도 없어요. 엄마 성격도 잘 모르겠어요. 친한 편은 아니에요. 서운하지도 않아요."라고 표현하며 부모에 대해 느끼는 감정을 모두 부인(denial)하였으나, 치료 후에는 "아빠는 친절하게 말하려 노력해요. 어려운 게 있어도 다독여 줘요. 엄마는 저를 더 이해해 주려 하는 것 같고 진짜 사랑하는 것 같아요. 항상 같이 있어 주면 좋겠어요."라고 표현하고 있는 바, 아동이 부모가 자신을 이해하려고 노력하고 힘들 때 다독여 준다고 느끼며, 모가 자신을 사랑한다는 확신이 생겨서 부모에게 친밀감에 대한 욕구를 이제는 거부적인 방식이 아니라 진술하게 표현할 수 있게 된 듯하다. 면담 내용에서 부부 간에 갈등과 불화가 생긴 후 아동이 게임에 몰두하기 시작했다고 하므로, 아동은 치료 전에는 애정적 허기와 불안, 좌절감을 게임을 통해 해소하고 애정욕구를 대리적으로 충족시켜 왔으나, 이제는 레고 만들기와 같이 가족과 함께 하는 놀이나 게임을 통해서 가족 간의 응집력도 높이고 즐거움도 공유함으로써 앞으로 게임에 몰두하는 문제도 변화될 수 있을 것으로 기대된다.

아이들이 자신의 행동을 조절하고 스스로 관리할 수 있는 자제력과 자율성을 발달시킬 수 있도록 하기 위해서는 부모가 아이의 발달단계에 적절하게 규칙과 한계를 설정함으로써, 허용할 수 있는 상황에서는 허용하여 자율성을 발달시킬 기회를 제공하고, 아동의 건강한 발달에 도움이 되지 않거나 위해한 경우에는 제한하고 보호함으로써 자제력을 발달시키도록 돕는 것이 필요하다. 이때 부모가 설정한 규칙은 아이가 납득할 수 있어야 하며, 아이의 연령에 적절하고 융통성 있게 적용해야 효과적이다. 부모가 아이에게 일방적으로 엄격한 규칙을 강요하는 것은 오히려 자율성 발달을 제한하며, 아이는 이에 저항하며 적대적이고 반항적인 행동을 보일 수 있게 된다. 가장 중요한 점은 부모가 서로의 의견과 입장을 존중하고 의견 차이가 있는 경우에 잘 타협하고 조정해야 하며, 본을 보여야 한다는 것이다. 이러한 화목하고 따뜻하며 수용적인 분위기에서 아이의 자제력과 자율성 및 타인의 입장을 이해하고 공감할 수 있는 사회적 능력이 순조롭게 발달하게 된다.

적대적 반항 행동(oppositional defiant behavior)은 사랑을 주기보다는 통제를 가한다고 지각되는 부모에게 아동이 분노를 느끼고 반항을 하며 힘겨루기를 하는 행동이지만, 부모는 아이의 그러한 반항 행동이 부모로부터 사랑과 관심을 받고 싶은 욕구 및 자율성 발달에 대한 욕구 표현과 다름이 아님을 알아야 한다. 아이의 건강한 발달과 행복에서 부모의 역할이 중요하다는 것은 몇 번 강조해도 지나치지 않다. 부모-자녀 관계 문제(parent-child relational problem)로 매우 적대적이고 반항적인 태도를 보이며, 부모님 말에 불순응하고 반대로만 행동하던 청개구리 같던 아이가 부모로부터 무조적인 관심을 받고 수용되는 경험을 통해 마치 순한 양처럼 변화되는 것을 임상장면에서는 드물지 않게 볼 수 있다. 최근에 어느 정신과의사가 "아이들은 언제나 부모를 용서한다."라고 한 말이 떠오른다. 아이가 부모로부터 따뜻한 말 한마디와 사랑과 관심, 인정을 받게 되면 부모로부터 받은 마음의 상처는 눈 녹듯이 사라질 수 있다.

친밀한 대인관계 경험은 심리장애의 회복탄력성에서 중요한 보호요인이라 할 수 있다. 이 사례의 아동이 3개월 만에 상당이 변화되었듯이, 아동이 보이는 정서적 · 사회적 어려움과 행동문제에서 '부모-자녀 관계 문제'가 핵심적인 원인인 경우에는 부모의 태도와 양육방식이 따뜻하고 수용적으로 변화되면 아이가 변화되며, 분노와 외로움, 우울, 좌절감 등 부정적 정서와 고통이 가득했던 아이의 마음이 행복으로 채워진다는 것을 HTP와 KFD에서 잘 보여 준 사례이다.

맺음말

투사적 그림검사는 검사자, 혹은 치료자의 통합적인 '해석'을 필요로 하는 검사이다. 그런 만큼 지난 한 세기 동안 투사적 그림검사의 객관성을 확보하기 위한 노력, 즉 검사를 표준화하고 객관적인 해석체계를 세우기 위한 경험적인 연구들이 꾸준히 진행되어 왔다. 그러나 그림을 통한 예술적 표현의 의미나 목적, 그 내용을 해석할 수 있는 단일한 방법에 대해서 명확한 합의가 이루어지기 어려운 만큼, 그림을 해석하고 숨겨진 의미에 가깝게 다가가려는 노력에 대해서도 많은 의문이 제기되었다.

그 대표적인 예로는, 투사적 그림검사의 발전 과정에서 중요한 위치를 차지하는 마코버와 코핏츠의 작업에 대한 비판을 들 수 있다. 많은 임상가와 연구자들은 그림이란 어떤 특성들에 의해 쉽게 분류될 수 없음에도 불구하고, 마코버나 코핏츠와 같은 이론가들이 결국 그림의 특징을 문자 그대로 해석하며 그림의 세부사항에 단일한 의미를 부여함으로써 그림에 대한 이해를 일차원적 수준으로 축소시키는 결과를 초래했다고 주장하였다. 회화적 특성을 특정한 해석과 일대일로 연결시키는 방식은 아동 발달의 다면적이고 역동적인 특성을 고려하지 않은, 편협한 접근방법이라는 것이다. 사실 검사자 혹은 치료자로 하여금 그림의 어떠한 면이 정상적이고 어떠한 특징이 중요하고 의미 있는지를 이해할 수 있도록 도와주는 발달적 측면에 대해서 사람들의 관심은 소홀한 편이다. 검사자나 치료자들은 투사적 그림검사에서 이끌어 낸 여러 가지 정보에 입각하여 아동의 그림을 해석할 때, 예술적 표현의 복잡한 성격과 아동발달의 다차원적 측면을 고려하는 것이 얼마나 중요한지를 다시 한번 진지하게 검토해 볼 필요가 있다.

아동을 평가함에 있어서 대부분의 투사적 그림검사들이 지나치게 정신분석적 관점에 치우쳐 있다는 점 또한 투사적 그림검사에 대한 주요한 비판 중의 하나이다. 정신분석적 관점에서 그림이라는 예술적 표현물을 분석하는 것은 아동의 그림을 다른 관점들을 통해 바라볼 수 있는 가능성을 제한시키는 것일 수 있다. 마코버의 정신분석적 가정은 아직까지도 충분한 검증을 거치지 않았고, 몇몇 연구자들은 사람 그림이 갈등, 불안, 또는 다른 정서적 어려움 등의 전반적인 성격을 나타내 준다는 제안을 반박해 왔다. 이러한 비판의 기저에는 투사적 그림검사를 정신병리를 확인하기 위한 수단으로 사용하는 것이 과연 타당한가에 관한 근본적인 의문과 논란이 존재하고 있다.

굿이너프(Goodenough, 1926)는 이미 아동의 사람 그림에 대한 자신의 초기 연구들에서 진단을 위해 그림과 같은 예술적 표현물을 사용하는 것의 한계에 대해 경고한 바 있다. 그는 그림을 통해 정신병리를 진단하는 것의 위험성에 대해 언급하면서 예술적 표현물이 단일한 특징에 의해 쉽게 범주화될 수 없다는 것, 그리고 치료자는 아동의 예술적 작업에 숨겨진 개인적 의미를 존중해야 한다는 것을 강조하고 있다.

투사적 그림검사의 타당도와 신뢰도에 관한 문제들 또한 논란이 되어 왔는데, 그 대표적인 내용으로는 대부분의 연구들이 규준을 확립하거나 검토하는 과정을 거치지 않았다는 점과 투사적 그림검사가 문화, 성별, 계층 등의 요인들에 대해 민감하지 않다는 점 등을 들 수 있다. 그리고 일부 연구에서 성인 표집을 사용한 연구 결과들을 아동의 그림 해석에 그대로 적용하는 것 또한 문제점으로 지적되고 있다.

이렇듯 투사적 그림의 신뢰도와 타당도에 대해서는 많은 논란이 제기되어 왔으나, 다른 한편으로는 투사적 그림검사의 신뢰도와 타당도를 입증하는 수많은 연구 보고들도 존재한다. 무엇보다도 투사적 그림검사는 임상 실제에서 임상가들에 의해 많은 경험적 지지를 받고 있다. 사실, 그림은 심리학자들이 임상 실제에서 가장 빈번하게 사용하는 검사 중의 하나라고 할 수 있다. 특히 사회적 · 정서적 문제를 가진 아동들을 대상으로 학교장면에서 가장 많이 사용되며, 미국에서는 학교 심리학자들의 41.3%가 항상 투사적 그림을 사용한다고 보고한 바 있다. 국내에서는 아직까지 이에 대한 정확한 조사 연구가 이루어지지 못했으나, 저자의 임상경험에 따르면 아동·청소년들을 주로 진단하고 치료하는 심리학자들이 가장 선호하는 검사 중 하나가 투사적 그림검사라고 생각된다. 실제로 국내의 거의 모든 임상장면에서 그림검사는 아동의 인지기능과 아동이 경험하는 정서적·사회적 어려움을 이해하기 위한 목적으로 사용되고 있다.

그러나 투사적 그림검사를 사용하는 데 있어서는 늘 조심스럽고 신중한 태도가 요구된다. 무엇보다도 특정한 그림의 특성 하나만으로 아동의 정신병리를 결정적으로 진단해서는 안 된다. 성격이나 정신병리를 평가할 때 그림만 단독으로 사용해서는 안 되며 반드시 아동에 대한 다른 정보와 검사 결과들을 함께 고려해야 한다. 또한 그림검사는 아동에 대한 여러 가지 가설적 정보를 제공하므로 그중 어느 것이 아동의 내면 상태를 가장 잘 반영해 주는 것인지는 다른 검사 반응들을 통해 확인되어야 한다. 앞서 기술한 바와 같이 아동의 정상적인 발달적 특성에 대한 지식, 개인력, 현재 문제가 되는 증상, 다른 검사나 면접에서 얻은 정보들을 종합하여 사려 깊은 태도로 그림검사 자료를 해석할 때만이 투사적 그림검사에서 얻은 정보들이 더욱 유용하고 신뢰롭고 타당하게 해석될 수 있으며, 투사적 그림검사가 아동의 내면 세계에 접근할 수 있는 방편이 될 수 있다. 따라서 검사자는 심리검사뿐만 아니라 정신병리, 성격이론, 인간발달에 대한 전문적인 지식과 풍부한 임상경험을 가지고 있어야 한다. 투사적 그림검사를 통해 얼마만큼 안전하고 정확한 정보를 얻을 수 있느냐는 검사자의 전문적 지식과 경험에 달려 있다고 할 수 있다.

참고문헌

김재은(1988). 그림에 의한 아동의 심리 진단. 교육과학사.

양익홍(1984). 정상아동과 정서장애 아동의 운동성 가족화 검사 반응의 요인분석. 석사학위 논문, 서울대학교 대학원.

한국 미술치료학회 편(1997). 미술 치료의 이론과 실제. 동아문화사.

杉浦京子, 金丸隆太 (2012). 投映描画法テストバッテリー: 星と波描画テスト ワルテッグ描画テスト バウムテスト. 이근매 역(2019). 투사그림검사: 별-파도그림검사, 발테그그림검사, 나무그림검사. 학지사.

香月菜々子 (2009). 星と波描画テスト:基礎と臨床的応用. 조정자, 강세나 역(2012). 별-파도그림검사: 투사검사의 기초적 이해 및 임상사례 적용. 학지사.

Alschuler, R. H., & Hattwick, L. W. (1947). Painting and Personality. *A Study of Young Children, 2.* University of Chicago Press.

Arnheim, R. (1974). *Art and visual perception.* University of California Press.

Buck, J. (1948). *The House-Tree-Person technique.* Western Psychological Services.

Buck, J. (1948). The H-T-P technique: A qualitative and quantitative scoring manual. *Journal of Clinical Psychology, 4,* 397-405.

Buck, J. (1966). *The House-Tree-Person technique: Revised manual* Western Psychological Services.

Burns, R. C., & Kaufman, S. H. (1970). *Kinetic Family Drawings (K-F-D): An Introduction to Understanding Children Through Kinetic Drawing.* Brunner/Mazel.

Burns, R. C., & Kaufman, S. H. (1972). *Actions, Styles, and Symbols in Kinetic Family*

Drawings (K-F-D): An Interpretative Manual. Brunner/Mazel.

Burt, C. (1921). *Mental and scholastic tests.* P. S. King & Son.

Dennis, W. (1966). *Group values through children's drawings.* John Wiley & Sons.

Di Leo, J. H. (1970). *Young children and their drawings.* Brunner/Mazel.

Di Leo, J. H. (1973). *Children's Drawings as Diagnostic Aids.* Brunner/Mazel.

Elkisch, P. (1945). Children's Drawings in a Projective Techique. *Psychological Monographs,* 1: 58.

Goodenough, F. (1926). *Measurement of intelligence by drawings.* Harcourt, Brace, & World.

Grenier, J. (1977). *Les iles.* 김화영 역(1997). 섬. 민음사.

Hammer, E. (1958). *The clinical application of projective drawings.* Charles C Thomas.

Hammer, E. (1969). Hierarchical organization of personality and the H-T-P, achromatic and chromatic. In Buck J. N., & Hammer, E. F. (Eds.) *Advances in House-Tree-Person Techniques: Variation and Applications.* Western Psychological Services, 1–35.

Handler, L., & Reyher, E. (1964). The Effects of Stress on the Draw-A-Person Test. *Journal of Consulting Psychology, 28,* 259–264.

Handler, L., & Reyher, E. (1965). Figure Drawing Anxiety Indexes: A Review of the Literature. *Journal of Projective Techniques, 29,* 305–313.

Handler, L., & Reyher, E. (1966). Relationship between the GSR and Anxiety Indexes in Projective Drawings. *Journal of Personality Assesment, 36,* 263–267.

Hulse, W. C. (1952). Childhood conflict expressed through family drawings. *Journal of projective techniques, 16,* 66–79.

Jolles, I. (1964). *A Catalogue for the Qualitative Interpretation of the House-Tree-Person (H-T-P).* Western Psychological Services.

Koch, C. (1952). *The Tree Test.* Hans Huber.

Kohut, H. (1971). *The analysis of the self.* International University Press.

Kohut, H. (1977). *The restoration of the self.* International University Press.

Koppitz, E. (1968). *Psychological evaluation of human figure drawings.* Grune & Stratton.

Koppitz, E. (1984). *Psychological evaluation of human figure drawings by middle school pupils.* Grune & Stratton.

Leibowitz, M. (1999). *Interpreting projective drawings*. Brunner/Mazel.

Machover, K. (1949). *Personality projection in the drawing of the human figure*. Charles C Thomas.

Malchiodi, C. (1998). *Breaking the silence: Art therapy with children from violent homes*. Brunner/Mazel.

Myers, D. V. (1978). Toward an objective evaluation procedure of the Kinetic Family Drawings(KFD). *Journal of Personality Assessment, 42*(4), 358–365.

Piotrowski, I., & Soberski, M. (1941). The primitive. *Journal of Aesthetics and Art Criticism*, winter, 12–20.

Read, H. (1966). *Art and Society*. Schocken Books.

Rubin, J. A. (1987). Approaches to art therapy: theory & technique. 주리애 역(2001). 이구동성 미술치료. 학지사.

Saarni, C. & Azara, V. (1977). Developmental analysis of human figure drawings in adolescence, young adulthood, and middle age. *Journal of Personality Assessment, 41*(1), 31–38.

Sagan, C. E. (1980). *Cosmos*. 홍승수 역(2004). 코스모스. 사이언스북스.

Waehner, T. S. (1946). Interpretations of Spontaneous Drawing and Paintings. *Genetic Psychology Monograph, 33*, 3–70.

Weider, A., & Noller, P. (1950). Objective Studies of Children's Drawings of Human Figures. *Journal of Clinical Psychology, 6*, 319–325.

Wolff, W. (1946). *The personality of the preschool child*. Grune & Stratton.

찾아보기

인명

내용

저자 소개

[대표 저자]

신민섭

서울대학교 대학원 심리학과 졸업

서울대학교병원 신경정신과 임상심리전문가 수련

연세대학교 대학원 심리학과 졸업(임상심리학 박사)

하버드의과대학 소아정신과, 독일 울름의과대학 소아청소년정신과 및 정신치료학과, UC 샌디에이고의과대학 정신과 방문 교수

한국임상심리학회장, 한국인지행동치료학회장, 한국자폐학회장 역임

현 서울대학교 의과대학 정신과학교실 · 서울대학교병원 소아청소년정신과 교수

[공동 저자]

김수경: 가톨릭대학교 대학원 심리학과 졸업, 서울대학교병원 소아청소년정신과 임상심리전문가 수련, 가족사랑서울정신건강의학과의원 임상심리전문가

김용희: 성신여자대학교 대학원 심리학과 졸업, 서울대학교병원 소아청소년정신과 임상심리전문가 수련, 임상심리전문가

김주현: 성신여자대학교 대학원 심리학과 졸업, 서울대학교병원 소아청소년정신과 임상심리전문가 수련, 분당서울대학교병원 정신건강의학과 소아청소년파트 임상심리전문가

김향숙: 서울대학교 대학원 심리학과 졸업, 서울대학교병원 정신건강의학과 임상심리전문가 수련, 서강대학교 심리학과 교수

김진영: 서울대학교 대학원 심리학과 졸업, 서울대학교병원 소아청소년정신과 임상심리전문가 수련, 서울여자대학교 아동학과 교수

류명은: 성신여자대학교 대학원 심리학과 졸업, 서울대학교병원 소아청소년정신과 임상심리전문가 수련, 의정부 지방법원 고양지원 가사조사관 임상심리전문가

박혜근: 이화여자대학교 대학원 심리학과 졸업, 서울대학교병원 소아청소년정신과 임상심리전문가 수련, 임상심리전문가, 이화여자대학교 아동발달센터 심리치료실장

서승연: 가톨릭대학교 대학원 심리학과 졸업, 서울대학교병원 소아청소년정신과 임상심리전문가 수련, 임상심리전문가

이순희: 서울대학교 대학원 심리학과 졸업, 서울대학교병원 정신건강의학과 임상심리전문가 수련, 임상심리전문가

이혜란: 이화여자대학교 대학원 심리학과 졸업, 서울대학교병원 소아청소년정신과 임상심리전문가 수련, 임상심리전문가, 가천대학교 특수치료전문대학원 교수

전선영: 아주대학교 대학원 심리학과 졸업, 서울대학교병원 소아청소년정신과 임상심리전문가 수련, 임상심리전문가

한수정: 서울대학교 대학원 심리학과 졸업, 서울대학교병원 정신건강의학과 임상심리전문가 수련, 임상심리전문가

아동 · 청소년 심리장애 및 진단 시리즈 ①

그림을 통한
아동의 진단과 이해(3판)
HTP와 KFD를 중심으로
Diagnosis and Understanding of Children
through Projective Drawings (3rd ed.)

2002년 5월 30일 1판 1쇄 발행
2003년 2월 10일 1판 4쇄 발행
2003년 9월 5일 2판 1쇄 발행
2023년 1월 20일 2판 37쇄 발행
2023년 7월 20일 3판 1쇄 발행

지은이 • 신민섭 외
펴낸이 • 김진환
펴낸곳 • ㈜ **학 지사**
          04031 서울특별시 마포구 양화로 15길 20 마인드월드빌딩
대표전화 • 02-330-5114   팩스 • 02-324-2345
등록번호 • 제313-2006-000265호

홈페이지 • http://www.hakjisa.co.kr
인스타그램 • https://www.instagram.com/hakjisabook

ISBN 978-89-997-2933-1 93180

정가 22,000원

출판미디어기업 **학 지사**

간호보건의학출판 **학지사메디컬** www.hakjisamd.co.kr
심리검사연구소 **인싸이트** www.inpsyt.co.kr
학술논문서비스 **뉴논문** www.newnonmun.com
교육연수원 **카운피아** www.counpia.com